D'homme à homme

Jackson Grégory

Writat

Cette édition parue en 2023

ISBN : 9789359252919

Publié par
Writat
email : info@writat.com

Contenu

CHAPITRE I

STEVE PLONGE DANS LES EAUX PROFONDES

Le pouls de Steve Packard s'accéléra et une vive impatience apparut dans ses yeux alors qu'il s'enfonçait plus profondément dans les montagnes couvertes de pins. Aujourd'hui, il en était au dernier tour d'un délicieux voyage. Il y a trois jours, il avait quitté la ville ensoleillée de San Juan ; trois mois s'étaient écoulés depuis qu'il avait quitté un port des mers du Sud.

Là-bas, réunissant des marins dans une pension de famille sale au bord de l'eau, il avait soudainement grandi, et même tendrement, rappelé une terre plus propre qu'il avait parcourue étant enfant. Il regarda les années passées comme beaucoup d'hommes l'ont regardé depuis un complexe comme la pension de Black Jack, avec un peu de mélancolie. Abandonnant brusquement sa main non jouée et perdant sa mise dans un jeu de cartes, il s'était levé et avait repris le bateau pour traverser le Pacifique. La maison Packard aurait pu épeler son nom avec les sept lettres du mot « impulsion ».

Tard dans la nuit ou tôt demain, il descendrait le sentier menant à Packard's Grab, la vallée qui avait été celle de son grand-père et, à cause d'un élan de générosité inconsidérée de la part du vieil homme, celle du père de Steve également. Mais jamais celui de Steve, réfléchit l'homme à cheval ; La nouvelle de la mort de son père lui était parvenue cinq mois plus tôt, et avec elle la nouvelle des spéculations et des pertes considérables de Phil Packard.

Mais jamais l'argent entrant et sortant n'a été une préoccupation sérieuse pour Steve Packard ; et maintenant son anticipation était suffisamment vive. Le monde lui appartenait ; il n'avait pas besoin d'un document légal pour affirmer que le petit fragment du monde connu sous le nom de Ranch Numéro Dix lui appartenait. Il pourrait remonter dessus, peut-être en trouver un comme le vieux Bill Royce, le contremaître, à gauche. Et puis il pourrait continuer jusqu'à ce qu'il atteigne l'autre ranch Packard où son grand-père avait vécu et vit peut-être encore.

Après tout cela… Eh bien, il y avait de nombreuses plages ensoleillées ici et là le long des sept mers où il devait encore s'allonger et prendre le soleil. C'était maintenant une pure joie de constater comment les fûts de pin et de cèdre pointaient droit vers le bleu clair et sans nuages ; comment les petits ruisseaux coulaient à travers leurs cours usés ; comment les cailles se précipitaient vers leurs retraites broussailleuses ; comment la lumière du soleil éclaboussait les branches, chaude et dorée ; comment les vallées s'élargissaient et se rétrécissaient et les ravins aux bois épais produisaient une fraîcheur délicieuse et tentante sur les flancs des montagnes.

C'était une aventure pleine de sensations fortes que de contourner un virage sur un sentier étroit et d'être accueilli par un monument ancien dont on se souvient bien : un rocher au sommet plat où il s'était couché lorsqu'il était enfant, regardant le ciel et ravi de les promesses de vie murmurées ; ou une piscine où il avait pêché ou nagé ; ou un arbre sur lequel il avait grimpé ou sur les branches duquel il avait abattu un écureuil gris. Il abandonna un chemin de charrette qu'il aurait pu emprunter pour un sentier qui convenait mieux à son envie actuelle puisqu'il menait de manière plus intime dans les bois.

C'était la fin de l'après-midi lorsqu'il arriva à la douce montée qui donnait les premiers reflets du petit lac si semblable à un joyau bleu serti dans le vert poussiéreux des pentes boisées. Alors qu'il se levait sur ses étriers pour contempler une vue à travers les troncs d'arbres, il aperçut le bleu vif et vif d'un manteau.

"Maintenant, il y a une femme", pensa Packard sans enthousiasme. "Les bois étaient assez bien seuls sans elle. Comme Eden, je suppose. Mais elle arrive quand même. Et bien sûr, elle doit choisir le seul endroit dangereux sur toute la rive du lac pour s'exposer."

Car il savait comment, juste là où le manteau bleu captait la lumière du soleil, il y avait une berge à pic et comment l'eau clapotis l'avait creusée, l'arrachant année après année, de sorte que la terre meuble au-dessus était toujours prête à s'effondrer et à se déverser dans le lac. La personne qui portait le vêtement brillant bougea et se leva, lui tournant toujours le dos.

"Jeune fille, très probablement", hasarda-t-il son opinion.

Même si elle était trop loin de lui pour en être sûr, il avait senti quelque chose de propre à la jeunesse dans la qualité même de son geste.

Puis, tout à coup, il plaqua ses éperons sur les flancs de son cheval et descendit la pente en courant vers l'endroit où tout à l'heure elle avait fait un si joyeux contraste avec une verdure terne et des rochers gris. Car il avait aperçu l'éclair rapide d'un bras levé vers le haut, avait entendu un cri sourd, avait deviné plutôt que vu à travers les sous-bois son jeune corps tomber.

Comme il se jetait du dos de son cheval, son éperon s'accrocha au manteau bleu qui était tombé de ses épaules ; il lui donna un coup de pied sauvage. Il ôta brusquement ses bottes, resta un moment en équilibre sur la surface agitée de l'eau qui s'était refermée sur sa tête, distingua le mouvement d'un bras sous les cercles qui s'élargissaient et plongea tout droit.

Et si profondément sous l'eau qu'ils se rencontrèrent pour la première fois, Steve Packard avec un sentiment d'agacement qui était presque une simple irritation, la jeune fille se débattant frénétiquement tandis que son bras droit se refermait autour d'elle. Il se rendit vite compte qu'elle n'était pas tombée, mais qu'elle s'était jetée dans une querelle passionnée avec la vie ; qu'elle voulait mourir et qu'elle ne le remercierait guère pour son sauvetage.

Cette pensée fut suivie par une autre selon laquelle, dans son accès de terreur, elle faisait ce que fait toujours une personne qui se noie : perdre la tête, menacer de lier ses bras avec les siens et de l'entraîner avec elle.

Luttant à moitié aveuglément et silencieusement, ils remontèrent un peu vers la surface. Packard resserra son étreinte sur son corps, parvint à emprisonner un de ses bras contre son côté, frappa l'eau avec sa main libre, et ainsi, juste au moment où ses poumons semblaient prêts à éclater, il leva ses narines en l'air.

Il inspira profondément et se dirigea vigoureusement vers le rivage, cherchant une rive moins escarpée au fond d'une petite crique. Ce faisant, il remarqua comment ses luttes avaient soudainement cédé, comment elle flottait tranquillement avec lui, son bras libre les aidant même à progresser.

Un peu plus tard, il rampa hors de l'eau claire et froide jusqu'à une plage de galets, l'entraînant après lui.

Et maintenant, il comprenait que son destin et sa propre nature tête baissée l'avaient encore une fois complètement ridiculisé. La même connaissance lui était offerte librement dans une paire d'yeux gris qui le regardaient de manière assez flamboyante. Aucune gratitude là-bas pour une jeune fille héroïquement secourue à l'heure de sa suprême détresse ; juste la colère bondissante d'une fille au caractère brûlant qui avait été brutalement manipulée par un étranger.

Son maigre petit maillot de bain, bleu vif comme la cape abandonnée, le bonnet de caoutchouc rouge qui enserrait les cheveux de bronze — elle avait dû enfiler ce ridicule avec une rapidité incroyable pendant qu'il cligna des yeux — auraient pu être tout à fait convenables à d'autres yeux que ceux de Steve Packard. Maintenant qu'on lui disait simplement qu'il était un crétin maladroit, il n'avait conscience que du désir de la prendre dans ses bras et de la secouer.

"Eh bien!" elle haletait avec un mépris colérique qui le faisait grimacer. "Vous êtes à peu près la proposition la plus fraîche que j'aie jamais rencontrée !"

Plus tard, peut-être, il admettrait qu'elle était indéniablement et étonnamment jolie ; que les courbes de son petit corps blanc étaient délicieusement parfaites ; qu'elle en avait fait une brassée qui, en un autre temps, aurait mis le pur délire dans le sang d'un homme.

Tout à l'heure, il savait seulement que dans son moment de rien de moins que de stupidité, il l'avait mise en colère et que sa propre colère, bien que plus déraisonnable, n'était guère moins vive ; qu'il n'avait fait et n'a encore fait qu'un triste spectacle ; qu'il était trempé et froid et qu'il frissonnerait dans un instant comme un chien gelé.

"Pourquoi voulais-tu crier comme un Indien Comanche quand tu es entré ?" » demanda-t-il grossièrement, offrant la seule défense à laquelle il pouvait penser ou parler. "Un homme supposerait naturellement que vous tombiez."

"Tu ne pensais pas à une telle chose !" rétorqua-t-elle sèchement. "Vous m'avez vu plonger; si vous aviez l'esprit d'un lapin effrayé, vous sauriez que lorsqu'une fille se donne la peine d'enfiler un maillot de bain et se jette ensuite à l'eau, elle a envie de nager. Et d'être laissé seul", a-t-elle ajouté d'un ton cinglant.

Packard sentit la brise de l'après-midi traverser les vêtements mouillés qui lui collaient si près et frissonna.

« Si vous pensez, » dit-il aussi brusquement qu'elle avait parlé, « que j'ai sauté dans cet infernal étang de glace, vêtements et tout, pour le pur plaisir de faire votre charmante connaissance dans quelques dix pieds d'eau, tout ce que je pense, Ce que je peux dire, c'est que vous ne manquez en aucun cas d'apprécier pleinement votre propre attrait.

Elle ouvrit grand les yeux sur lui, allongée à ses pieds là où il l'avait déposée. Elle n'avait pas proposé de se lever. Mais maintenant, elle s'assit, ramenant ses genoux dans le cercle de ses bras croisés, inclinant la tête en arrière alors qu'elle le regardait.

"Vous avez du courage, M. Man," l'informa-t-elle froidement. « Chaque fois que vous pensez que je vais défendre un imbécile qui saute dedans et gâche mon plaisir et me gronde ensuite en plus, vous avez une autre réflexion de bonne taille à venir. Et croyez-moi, vous ' " Vous durerez bien plus longtemps dans ce coin de pays si vous vous occupez de vos propres affaires après cela et ne touchez pas aux affaires des autres. Obtenez-moi cette fois-là ? "

"Je comprends bien," grogna Packard. "Et je trouve assez touchante ta gratitude envers un homme qui vient de risquer sa vie pour toi."

"Gratitude ? Bah !" lui dit-elle en se levant brusquement. « Vous avez risqué votre vie pour moi, n'est-ce pas ? Elle rit d'un air moqueur. "Eh bien, espèce de gros idiot, j'aurais pu t'arracher aussi facilement qu'un saut périlleux si tu commençais à te noyer. Et maintenant, supposons que tu marteles la piste pendant qu'elle est ouverte."

Il lui lança un regard destiné à la flétrir. Cela échoua lamentablement, en partie parce qu'elle n'était manifestement pas du genre à se laisser flétrir par le regard d'un simple homme, et en partie parce qu'un violent et inopportun frisson le secoua de la tête aux pieds.

Jusqu'à présent, il n'y avait que de la colère dans les yeux de la jeune fille. Soudain, la lumière changea ; ce qui avait commencé comme un reniflement se transforma sans avertissement en un rire très amusé.

" Bon sang, M. Man, " le nargua-t-elle. " Vous êtes sûr d'avoir une superbe photo alors que vous vous tenez là, la main sur la hanche et que vous me regardez ! Comme un roi dans un livre d'histoires, sauf qu'il venait de se faire esquiver et essayait de dévisager l'autre gars. . C'est une chose que vous ne pouvez pas faire avec moi.

Ses yeux avaient l'adorable astuce de paraître se plisser d'une gaieté qui aurait été un phénomène extrêmement agréable à voir si elle avait ri avec lui plutôt que de lui. Dans l'état actuel des choses, Packard était tout à fait prêt à la détester chaleureusement.

"J'ajouterais à votre aimable information que le sentier est ouvert aux deux extrémités", lui dit-il d'un ton significatif. « Je vais trouver un endroit ensoleillé et faire sécher mes vêtements. Pas d'objection, je suppose ?

Il escalada la berge et se dirigea vers l'endroit d'où il avait plongé après elle, déterminé à récupérer ses bottes et ses éperons. Ses yeux le suivirent avec intérêt. Il l'ignora et entreprit de retirer une molette du tissu de la cape bleu vif. Sa voix lui parvint alors, exigeant :

"Qu'est-ce que tu fais maintenant ? Tu ne vas pas voler mes vêtements, n'est-ce pas ?"

"J'en aurais le droit", répliqua-t-il par-dessus son épaule, "si j'avais besoin d'une robe de chambre de fortune. Mais dans l'état actuel des choses, j'essaie de me débarrasser de mon aiguillon."

"Espèce de grosse brute !" » elle se lamentait, et voilà qu'elle arrivait en courant le long de la berge. "Tu oses juste déchirer ma cape et je te traquerai hors du pays pour l'obtenir ! J'ai parcouru quarante milles pour l'obtenir et c'est la première fois que je la porte. Stupide !" Et elle lui arracha le vêtement et l'éperon.

La doublure était soyeuse, d'une teinte dorée profonde et riche. Et déjà, il était déchiré, quoique infime, par l'une des pointes acérées. Son humeur, cependant, toujours prête, semblait-il, s'enflamma de nouveau ; la gaieté crépue disparut de ses yeux, ne laissant aucune trace ; la couleur se réchauffa sur ses joues alors qu'elle criait :

"Vous êtes comme tous les autres de votre race, grands et maladroits, vous vous entassez là où vous n'êtes pas à votre place, gâchez la face de la terre, gâchez les choses à droite et à gauche. Je me demande si le bon Dieu lui-même sait quoi. de toute façon, il a fait des hommes pour qui !

L'éperon incriminé, détaché par ses doigts rapides, décrivait un arc lumineux dans la fin du soleil, s'envolait au loin, plongeait dans un petit jet d'écume sautillant et descendait tranquillement dans le lac.

"Allez-y et récupérez-le, si vous êtes si désireux de sauver des choses", se moqua-t-elle. "Il n'y a qu'environ quinze pieds d'eau à creuser."

"Espèce de petit diable !" il a dit.

Car l'éperon et son compagnon lui avaient coûté vingt dollars il y a dix jours à la frontière mexicaine et il y avait attaché beaucoup d'importance.

"Petit diable, n'est-ce pas ?" rétorqua-t-elle volontiers. "Vous le saurez si vous ne restez pas sur votre côté de la route. Regardez cette larme ! Regardez-la !"

Elle s'était approchée de lui, lui tendant la cape, ses yeux levés vers les siens d'un air de défi. Il tendit brusquement la main et la posa sur son épaule mouillée. Elle rouvrit grand les yeux devant son nouveau regard. Mais malgré cela, son regard était totalement intrépide.

"Jeune femme," dit-il sévèrement, "alors aide-moi mon Dieu, j'ai la plus grande idée au monde de te prendre sur mes genoux et de te donner la fessée de ta vie. Si je me pressais là où je ne le fais pas appartenir, comme vous l'avez si gentiment dit, c'était au moins pour vous faire du bien. Une autre fois, je le saurais mieux ; je préférerais rendre un service à un chat sauvage.

"Enlève-moi tes sales pattes", cria-t-elle en s'éloignant de lui. "Et… donne-moi une fessée, tu veux bien ?" Le feu monta plus haut dans ses yeux, le rouge de ses joues fit place à un blanc plus colérique. "Si jamais tu oses me toucher à nouveau——"

Elle s'interrompit, haletante. Packard se moqua d'elle.

"Vous essaieriez de me gratter, je suppose", se moqua-t-il ; "Et puis, à l'instar de votre propre sexe, quand vous n'avez pas la force de faire passer quelque chose, vous pleurerez probablement!"

"Je ferais sauter ta vilaine tête de tes épaules avec un fusil de chasse", conclut-elle brièvement.

Et malgré l'extravagance des mots, Packard comprit qu'elle pensait exactement ce qu'elle disait.

Il avait de plus en plus froid et savait que dans un instant ses dents allaient claquer. Alors une seconde fois il lui tourna le dos, ramassa les rênes de son cheval et s'éloigna, cherchant un endroit dans les bois où il pourrait faire sécher et bronzer ses vêtements. Et comme la colère de Packard arrive vite et le plus souvent va dans le même sens, cinq minutes plus tard, autour d'une cigarette réconfortante, il souriait largement, voyant en un éclair tout l'humour de la situation qui lui avait réussi à se cacher jusqu'à présent.

"Et je ne lui en veux pas tellement, après tout," rigola-t-il. « Faire une belle plongée solitaire, pour qu'un imbécile d'homme l'attrape tout d'un coup alors qu'elle s'amusait à une demi-douzaine de pieds sous l'eau ! C'est suffisant pour éveiller un bon caractère sain. Ce qui, par le Seigneur, elle a!"

CHAPITRE II

MISS BLUE CLOAK SAIT QUAND ELLE EST BATTU

Une demi-heure plus tard, ses vêtements essorés et séchés au soleil d'une manière ou d'une autre, Packard s'habilla, se mit en selle et retourna sur le sentier. Et à travers les arbres, où leurs troncs accidentés ouvraient une vue dégagée, il aperçut à moins de deux cents mètres la tache de couleur gaie que formait le manteau bleu. Elle était donc toujours là, s'attardant sur la route qui serpentait le long des rives du lac, alors qu'il l'avait déjà imaginée au loin. Il se demanda pour la première fois où menait cette voie ?

Il tirait les rênes parmi les pins, attendant à son tour qu'elle reparte. La cape bleue ne bougeait pas. Il se pencha sur le côté pour mieux voir, scrutant autour d'une branche de cèdre basse. Sa trace ici menait à la route ; il devait la dépasser à moins qu'elle ne parte bientôt.

À côté de la teinte vive de son manteau, la lumière du soleil qui traversait la forêt lui montrait une autre couleur vive et gaie, une traînée de rouge dont il était d'abord incapable de se rendre compte à travers les sous-bois. Il aurait dit qu'elle était assise dans un chariot rouge surbaissé, si tel n'avait pas été le cas, il aurait dû voir les chevaux.

"Une automobile!" devina-t-il.

Il fit une vingtaine de marches et s'arrêta de nouveau. Effectivement, elle était assise là au volant d'une longue voiture de tourisme, l'affaissement de ses épaules faisant vaguement allusion au désespoir et peut-être à un moteur en panne. Son sourire s'élargit joyeusement. Il toucha son cheval de son unique éperon, prit une expression de grande indifférence et poursuivit son chemin. Elle releva brusquement la tête, le regarda vivement autour d'elle, lui remit son épaule.

Il s'engagea sur la route et avança avec une lenteur alléchante, sachant qu'elle voudrait faire demi-tour à nouveau et devinant qu'elle surmonterait son impulsion. Quelques pas derrière elle, il s'arrêta de nouveau, roulant une nouvelle cigarette et paraissant, comme il l'avait été avant la rencontre, l'homme le plus tranquille du monde.

Il la vit se pencher en avant, occupée à régler l'allumage et le démarreur ; il imaginait que la petite brise lui apportait la plus légère des exclamations réservées.

"Le vieux truc blâmé ne fonctionnera pas", rigola Packard avec une grande satisfaction. "Une voiture aussi. Boyd-Merril Twin Eight, le dernier modèle. Et des dollars en beignets, je sais exactement ce qui ne va pas — et elle ne le sait pas!"

Elle l'ignorait avec une si parfaite inconscience de sa présence dans le même monde qu'elle, qu'il en était ému jusqu'à une vive admiration.

"Je parie que son visage est quand même rouge comme une betterave", pensa-t-il joyeusement. "Et ici, Steve Packard, c'est l'endroit où vous ne vous précipitez pas jusqu'à ce qu'on vous appelle."

Elle se redressa, assise très droite, les deux mains tendues sur la roue inutile. Il remarqua l'équilibre de sa tête et y trouva quelque chose de presque royal. Pendant un moment, ils restèrent tous les deux très immobiles, il l'observait et sentait ses sens envahis par la sensation lumineuse que tout allait bien dans le monde, elle gardant son visage détourné et gardant ses pensées pour elle.

Bientôt, elle descendit et souleva le capot, regardant le moteur, désespérée. Mais il ne jeta pas un regard vers lui. Puis elle ferma le capot et retourna à son siège, essayant une fois de plus d'obtenir une sorte de réponse du système de démarrage. Packard se sentait plutôt rayonnant de partout.

"Je suis peut-être un chien sans vie et en plus un méchant profondément teint", a-t-il admis franchement. "Mais en ce moment, je passe un moment inoubliable. Et je ne parierais pas non plus dans quelle direction elle sautera ensuite - n'ayant jamais rencontré son type auparavant."

"Bien?" dit-elle brusquement.

Elle n'avait pas bougé, n'avait même pas tourné la tête pour le regarder. Si elle l'avait fait à ce moment-là, peut-être que le sourire extrêmement bon enfant de Packard, un sourire content et éminemment satisfait, ne l'aurait pas réchauffée.

"Parle moi?" » demanda-t-il innocemment.

"Je l'ai fait. Simplement parce qu'il n'y a personne d'autre à qui parler. Par hasard, vous ne connaissez rien aux automobiles, n'est-ce pas ?"

Tout cela était énoncé de manière très glaciale, mais n'avait aucun effet glacial notable sur l'humeur de l'homme.

"Bien sûr," lui dit-il joyeusement. "Connaissez-les, du pare-chocs avant au feu arrière. La vôtre est une Boyd-Merril, Twin Eight, le modèle de cette année. Système de démarrage et d'éclairage Fox-Whiting. Super petite voiture aussi, si vous me le demandez."

" Ce que j'allais te demander, " dit la petite voix froide, plus hautaine que jamais, " ce n'était pas ce que tu penses de la voiture mais si tu... si par hasard tu savais comment faire fonctionner cette misérable chose. "

"Bien sûr," répondit-il à l'arrière de sa tête, avec toute son ancienne manière agréable. "Sortez le bouton d'allumage ; appuyez sur la pédale de démarrage avec votre pied droit ; lancez l'embrayage avec votre gauche ; mettez-la en position basse ; relâchez votre embrayage lentement ; donnez-lui un peu——"

« Intelligent ! » Il s'était attendu à une telle interruption et rit quand elle arriva. "Je sais tout ça."

"Alors pourquoi tu ne le fais pas ?" » demanda-t-il innocemment. "Vous avez raison sur mon chemin, la route est étroite et je dois avancer."

"Je ne le fais pas", a-t-elle déclaré à la partie du monde qui se trouvait immédiatement devant son nez légèrement surélevé, "parce que ça ne marchera pas. J'ai retiré le bouton d'allumage et... et rien ne s'est passé. Ensuite, j'ai essayé il faut appuyer sur la pédale de démarrage et cette chose folle ne descendra pas."

"Je vois," dit Packard avec intérêt. « Vous ne savez pas grand-chose sur les voitures, n'est-ce pas ? »

"Le monde ne s'est pas créé du jour au lendemain", dit-elle acerbe. "J'ai ce truc embêtant depuis un mois. Tu sais ce qu'il y a ?"

Il a pris son temps pour répondre. En fait, il était si long à en parler que Miss Blue Cloak remua avec inquiétude et finit par lui lancer un regard interrogateur par-dessus son épaule, juste pour s'assurer, soupçonnait-il, qu'il ne s'était pas échappé et ne l'avait pas quittée.

"Bien?" elle a demandé à nouveau.

"Parle moi?" répéta-t-il en feignant de partir d'une profonde abstraction. "Oh, est-ce que je sais ce qu'il y a ? Bien sûr !"

Elle a attendu un temps raisonnable pour qu'il continue. Lui, assuré dans le sens de sa propre maîtrise de la situation, l'attendait. Entre eux, ils l'ont laissé pousser là, très tranquillement, dans le bois au bord du lac. Il la vit jeter un regard furtif vers le soleil déclinant.

"Si vous le savez," dit-elle finalement et quelque peu faiblement, mais toujours aussi froidement, "veux-tu me le dire ou non ?"

"Pourquoi," dit-il, comme s'il n'y avait pas pensé, "je ne sais pas. Si j'étais vraiment sûr d'avoir besoin de moi. Vous savez, c'est très difficile de dire de nos jours, quand vous tombez sur une demoiselle en détresse, si l'aide d'un étranger est la bienvenue ou non. S'il y a une chose que je ne ferai pas, c'est de me pousser en avant quand on ne veut pas de moi.

"Tu es un méchant animal !" elle a pleuré chaudement.

"Pour autant que je sache," reprit-il d'un ton serein, "la fin de votre voyage se situe peut-être au détour d'un virage, à une centaine de mètres environ. Et si je plongeais pour vous aider, je pourrais être soupçonné d'être un nouveau venu." gars."

"Il y a une demi-douzaine de kilomètres jusqu'au ranch", a-t-elle daigné lui dire. "Et il va faire nuit en un rien de temps. Et si vous voulez savoir, M. Smarty, c'est aussi proche que je l'ai jamais été et que je pourrai jamais demander quoi que ce soit à un homme ayant jamais vécu."

Il aurait pu rester là jusqu'à la tombée de la nuit juste pour le simple plaisir de la taquiner, lui faisant payer un peu pour le récent traitement qu'elle lui avait réservé. Mais il y avait dans sa voix une note de finalité qui ne lui échappa pas ; dans un instant, elle sauterait et repartirait à pied et il le savait. Finalement, il s'approcha de la voiture, en descendit et souleva le capot.

"Allumage", lui ordonna-t-il.

Elle retira le petit bouton. Ses yeux posés sur elle, son sourire franc et non dissimulé, il prit une pierre sur la route et avec elle tapota doucement sur l'arbre qui partait de la pompe. Immédiatement, il y eut ce petit sifflement qu'elle attendait.

"Démarreur", ordonna-t-il.

Et maintenant, son pied sur la pédale obtenait les résultats escomptés ; le moteur répondit en bourdonnant agréablement. Il ferma le capot et recula pour la regarder avec un mélange d'amusement et de triomphe. Son visage rougit lentement. Et puis, le surprenant par son imprévu inédit, un éclat de rire gai fit d'elle une tout autre fille, une créature capiteuse, radieuse, à la fois adorable et désirable.

"Oh, je sais quand je suis battu !" elle a pleuré franchement. "Vous m'avez fait passer un message aujourd'hui, monsieur l'homme. Et comme vous aviez toujours de bonnes intentions et que vous étiez tout simplement l'homme stupide que Dieu vous a créé, je suppose que j'ai été un petit chat. Bonne chance à vous et à un un sentier qui vaut la peine d'être parcouru.

Elle lui envoya un baiser amical du bout de ses doigts bruns, se pencha sur son volant et prit le premier virage de la route à une vitesse rapidement acquise qui laissa Steve Packard derrière lui dans la poussière et un émerveillement croissant.

"Et elle ne conduit que depuis un mois", fut son commentaire doucement sifflé. "Petit diable téméraire !"

Puis, à son tour levant un œil spéculatif vers le soleil à l'ouest, il poursuivit sa route, suivant la trace laissée par les pneus d'automobile qui patinaient.

CHAPITRE III

NOUVELLES D'UN HÉRITAGE

Lorsque Packard arriva à un embranchement de route, il s'arrêta et hésita. Les traces d'automobiles menaient à gauche ; il était tenté de les suivre. Et c'était sa manière, face à de telles impulsions, de céder à la tentation. Mais dans ce cas-ci, il a finalement décidé que le bon sens, voire la pure sagesse, allait dans l'autre sens.

Alors, quoique un peu à contrecœur, il a fait un écart vers la droite.

"Mais nous nous reverrons une autre fois, Miss Blue Cloak," réfléchit-il. "Car j'ai l'impression que ce serait bien de te connaître."

Une heure plus tard, il distingua une fenêtre éclairée, aperçue et perdue à travers les arbres. Conscient de son appétit d'homme, il remonta au galop la longue allée, se tourna devant un portail qui s'affaissait avec lassitude sur ses gonds, et se dirigea vers la porte de la maison éclairée. Le premier coup d'œil lui montra qu'il s'agissait d'une affaire longue, basse et décousue, ressemblant par son abattement à une porte tombante. Un type d'homme en désordre, en manches de chemise et fumant la pipe, s'est présenté à la porte, faisant taire sa demi-douzaine de chiens.

"Quelle est la chance d'avoir quelque chose à manger et un endroit où dormir dans la grange ?" » demanda Packard.

Le fermier agita largement sa pipe.

« Aidez-vous, étranger », répondit-il d'une voix qui se voulait hospitalière mais qui, par une longue habitude, avait acquis un ton désagréablement maussade. "Tu trouveras bien le dormeur, mais quand il s'agit de quelque chose à manger, tu peux me le prendre, tu trouveras une sacrément mauvaise cueillette. Descends, nourris ton cheval et entre."

Lorsqu'il entra dans la maison, Packard fut conscient d'une atmosphère étrangement nue et triste qu'il fut d'abord incapable d'expliquer. Car la pièce était grande, amplement meublée, joyeusement éclairée par un feu crépitant de bâtons secs dans la grande cheminée en pierre, et une lampe suspendue au plafond. Ce qui lui vint à l'esprit peu à peu : il fut un temps où cette chambre était richement, voire exquisément, meublée et aménagée. Maintenant, il présentait plutôt un spectacle déprimé, d'une splendeur fanée, assez semblable à celui d'un brave gentleman de la vieille école tombé parmi de mauvais compagnons et dans une mauvaise réputation en lambeaux.

L'hôte désordonné, plus désordonné que jamais ici en pleine lumière, traîna ses pieds chaussons sur le tapis élimé jusqu'à un placard d'angle, d'où il prit une bouteille et deux verres.

"Nous pouvons quand même prendre un verre", dit-il de ce ton dubitatif qui s'harmonisait si bien avec lui-même et avec son salon. "Après quoi, nous verrons ce qu'il y a à manger. Terry a viré le cuisinier la semaine dernière et il y a eu de petits festins depuis."

Packard accepta une boisson modérée, le fermier remplit généreusement son propre verre et ils burent debout. Cette cérémonie brièvement exécutée et les chaises confortablement traînées jusqu'à la cheminée, l'hôte de Packard cria à haute voix :

« Salut Terry ! Il y a un homme ici qui veut quelque chose à manger. Il reste quelque chose ?

" S'il a faim, " fut la réponse froide venant d'une pièce quelque part à l'autre bout de la longue maison, " pourquoi ne peut-il pas se nourrir lui-même ? Il veut que j'apporte ses rations là-bas et que je les lui donne à manger, je suppose ! "

Packard haussa les sourcils avec humour.

"Est-ce que c'est Terry ?" Il a demandé.

"C'est Terry," grommela le fermier. "Elle est dans la cuisine maintenant. Et si j'étais toi, mon partenaire, et que j'avais vraiment envie de manger, je resterais là-dedans pendant qu'il reste quelque chose." Son regard se tourna vers la bouteille sur la cheminée et se tourna vers le feu. "Je te suivrai dans une minute."

Ici, l'invitation était suffisante, et Packard se leva rapidement, sortit par la porte au fond de la pièce, traversa une pièce en désordre qui sans doute avait été conçue à l'origine comme salle à manger, et revint ainsi à la lumière d'une lampe et en présence de Mademoiselle Cape Bleue.

Il lui fit un salut et lui sourit joyeusement. Elle, perchée sur une table recouverte de toile cirée, les pieds bottés balançant, un épais sandwich dans une main et une tasse de café fumante dans l'autre, prit le temps de le regarder sérieusement de haut en bas et d'avaler avant de répondre à sa révérence par un Un rapide signe de tête semblable à celui d'un oiseau.

"Ne faites pas attention à moi," dit-elle brièvement, après avoir dégluti à nouveau. "Creusez et servez-vous."

Sur la table à côté d'elle se trouvaient du pain, du beurre, un rôti très sec et d'aspect noir et une cafetière plus noire mais plus alléchante.

"Je ne vous ai pas suivi exprès", a déclaré Packard. "Là où les routes bifurquaient, j'ai vu que tu avais tourné à gauche, alors j'ai tourné à droite."

"Tous les chemins mènent à Rome", dit-elle au coin du gros sandwich. "Quoi qu'il en soit, tout va bien. Je suppose que je te dois un bon repas et une nuit d'hébergement pour avoir été au travail lorsque ma voiture a calé."

"Sans parler de plonger dans le lac après vous", modifia Packard.

"Je *n'en* parlerais pas si j'étais toi", rétorqua-t-elle. "Voyant que tu t'es ridiculisé cette fois-là."

Elle renifla ouvertement l'air alors qu'il passait à côté d'elle en tendant la main vers un couteau de boucher et un rôti. "Alors tu es le genre de papa, n'est-ce pas ? Boire de l'alcool à chaque spectacle que tu as. Le Seigneur me délivre de sa principale erreur. C'est-à-dire un homme."

"Il le fera probablement", sourit chaleureusement Packard. "Et quant à moquer un type qui a pris une goutte de gentillesse avec un hôte hospitalier, eh bien, tout cela n'a aucun sens, vous savez."

Terry lui donna un coup de pied impudent dans ses talons hauts et ne lui accorda aucune autre réponse au-delà de ce geste facile. Packard prépara son propre sandwich, trouva le sel et se versa une tasse de café en fer blanc.

"Le sucre est là-bas." Elle leva la tête vers une étagère sur laquelle, après quelques recherches parmi un grand nombre de canettes vides ou presque, Packard la trouva. "C'est tout ce qu'il reste et il ne reste que peu de chose ; servez-vous mais n'oubliez pas que le petit-déjeuner arrive le matin."

"C'est l'ancienne maison de Slade, n'est-ce pas ?" » a demandé Packard.

"C'était à peu près à l'époque où le grand mur était en construction en Chine. Où étiez-vous ces deux cents dernières années ? C'est la place du Temple maintenant."

"Alors vous êtes Miss Temple ?"

« Teresa Arriega pour ma mère, Temple pour mon père », lui dit-elle de la manière rapide et lumineuse qui lui paraissait déjà caractéristique. "Terry pour moi, si tu le dis vite."

Il avait soupçonné dès le début qu'elle contenait du sang du Sud d'une certaine souche. Maintenant, il l'étudiait franchement et, juste pour l'éprouver, il dit négligemment :

"Si tu n'étais pas aussi bronzée, tu serais tout à fait blonde ; tes yeux sont gris aussi. Bleu-gris quand tu souris, gris foncé quand tu es en colère ; et pourtant tu dis que ta mère était mexicaine..."

"Mexicain, ton pied !" » lui lança-t-elle, son petit corps mince se raidissant perceptiblement, son menton fièrement levé. "Les Arriegas étaient des Castillans de sang pur, je veux que vous compreniez. Je n'ai rien de bâtard."

Il noya son rire satisfait avec une gorgée de café.

"Je cherche du travail", dit-il brusquement. « Connaissez-vous des exploitations de bétail par ici qui manquent de personnel ?

"Les hommes sont rares en ce moment", répondit-elle. "Un bon gardien de bétail est aussi difficile à localiser qu'un dodo. Vous pouvez trouver un emploi n'importe où si vous valez votre sel."

« Je pensais, » dit Packard, « à me rendre au Ranch Numéro Dix. Il y a un homme que je connaissais : Bill Royce, il s'appelle. Foreman, n'est-ce pas ?

"Alors tu connais Bill Royce ?" » contra Terry. "Eh bien, c'est quelque chose en votre faveur. C'est un bon éclaireur."

"Alors il est toujours contremaître ?"

"Je ne l'ai pas dit ! Non, il ne l'est pas. Et je suppose qu'il ne sera plus jamais contremaître de cette entreprise ou d'une autre. Il est aveugle."

Le vieux Bill Royce est aveugle ! Ce fut un choc, et Packard se rassit et la regarda sans voix. D'une manière ou d'une autre, c'était incroyable, impensable, rien de court. Le vieux éleveur qui avait été le héros de son enfance, qui lui avait appris à tirer, à monter à cheval et à nager, qui avait été si vif, si vif et si vif – aveugle ?

"Que lui est-il arrivé?" » demanda Packard à présent.

"Supposons que vous lui demandiez", rétorqua-t-elle. " Si vous le connaissez si bien. Il est toujours dans l'équipe. Un homme nommé Blenham est le contremaître maintenant. C'est le bras droit du vieux Packard, vous savez. "

"Mais Phil Packard est mort. Et———"

"Et le vieux 'Hell-Fire' Packard, le père de Phil Packard, ne mourra jamais. Il est tout simplement trop méchant par nature ; le diable lui-même ne l'aurait pas."

« Terry ! » » vint la voix de l'homme en désordre, censée être remontrative mais surtout remarquable par l'épaisseur de son discours nouvellement acquise.

Les yeux de Terry brillèrent et une bouffée de chaleur lui monta aux joues.

« Laisse-moi tranquille, veux-tu, papa ? » elle a pleuré vivement. "Je ne dois rien au vieux Packard ; non, ni à Blenham non plus. Vous pouvez marcher tranquillement tant que vous voulez, mais je suis blâmé s'il le faut. Si vous leur frappiez votre maudite vieille bouteille sur la tête et que vous preniez un couple où nous prendrions vie."

"N'oubliez pas que nous avons un invité avec nous", grommela Temple depuis sa place près du feu du salon.

"Oh, tire!" s'exclama la jeune fille avec impatience. Prenant un deuxième sandwich, elle enfonça violemment le couteau de cuisine dans le rôti. "J'ai l'idée de faire mes valises, de partir et de laisser la foule acharnée vous nettoyer jusqu'au dernier cuivre et ramasser vos os par-dessus le marché. Quand êtes-vous déjà arrivé quelque part en enlevant votre chapeau et en faisant un pas de côté pour un Packard ? Si vous êtes si motivé à vous souvenir, pourquoi n'essayez-vous pas de vous rappeler ce que l'on ressent en se tenant sur deux pieds comme un homme au lieu de ramper sur son ventre comme un ver ! »

"Mon cher!" » expliqua Temple.

Terry renifla et ne lui prêta plus attention.

"Papa était autrefois un homme", dit-elle sans baisser la voix, montrant plus clairement que jamais que Miss Terry Temple avait une façon de dire franchement ce qu'elle avait en tête, sans se soucier du tout de qui l'entendait. "J'espère qu'un jour il reviendra. Un vrai homme était papa, un homme d'homme. Mais c'était avant que les Packard ne le brisent, ne lui marchent dessus et ne le mettent hors de la piste. Et, croyez-moi, le Les Packard, même s'ils devraient être accrochés au premier arbre, sont quand même des hommes ! »

"C'est ce que j'ai entendu", a admis le plus jeune de la maison diffamée. "Vous les regroupez ensemble ? Ils sont tous pareils alors ?"

"Phil Packard est mort", rétorqua-t-elle. "Alors nous allons le laisser partir. Le vieux Hell-Fire Packard, son père, est le plus grand délinquant sorti de prison. Il est le seul qui reste, et à première vue, il continuera à vivre et à semer le trouble à nouveau. Cent ans."

« Il y avait une autre Packard, n'est-ce pas ? il a insisté. "Le fils de Phil Packard, le petit-fils du vieil homme ?"

"Je ne l'ai jamais connu", a déclaré Terry. Mais si tu veux savoir, c'est un vaurien, un vaurien et un imbécile. S'il ne l'était pas, il aurait continué son travail au lieu de déconner dans les sales ports des sept mers pendant que son vieux voleur de grand-père lui a volé son héritage.

"Comment ça va ?" » demanda-t-il brusquement. « Comment veux-tu dire par « lui avoir volé » ?

" De la même manière qu'il engloutit tout ce qu'il veut. Le ranch numéro dix devrait appartenir à cet imbécile maintenant, n'est-ce pas ? Et voici le chien de compagnie du vieux Packard, Blenham, qui dirige l'entreprise dans les intérêts du vieux Packard, tout comme si c'était le cas. le sien déjà. Demandez à un voleur de voler un voleur », conclut-elle brièvement.

Steve Packard se tenait bien droit sur sa chaise.

"Ça ne me dérangerait pas de comprendre tout cela," lui dit-il doucement. "Je pensais que Philip Packard avait vendu la tenue à son père avant sa mort."

"Il ne l'a vendu à personne. Il l'a hypothéqué jusqu'à la garde au vieil homme. Puis il s'est levé et est mort. Bien sûr, tout ce qu'il a laissé, équivalant pour la plupart à un tas de dettes, est allé à son bon pour- rien, mon fils."

Une lumière qu'elle ne pouvait pas comprendre, vive et vive, brillait dans les yeux du jeune Packard. Si ce qu'elle lui avait dit était vrai, alors l'ancien ranch, bien que communément considéré comme appartenant déjà à son grand-père, était légalement la propriété de Steve Packard. Et Blenham – oui, et le vieux Bill Royce – prenaient sa paie. Soudain, des possibilités infinies s'offraient à lui.

"Revivre!" rit Terry. "Nous parlions de votre recherche d'un travail. Il y en a un ici pour vous ; d'abord pour m'apprendre tout ce que vous savez sur l'intérieur de ma voiture ; ensuite... Qu'est-ce qu'il y a ? Je suis allé dormir ?"

Il a commencé. Il pensait à Blenham et Bill Royce. Alors que Terry continuait à le regarder avec étonnement, il sourit.

« Si cela ne vous dérange pas, » dit-il sans engagement, « nous allons oublier ce travail pendant un moment. J'ai laissé des affaires au ranch Packard qui m'appartiennent. matin. Peut-être que j'irai y travailler après tout.

Elle haussa les épaules avec dégoût.

"C'est un pays libre", dit-elle sèchement. "Seulement, je ne vois pas votre jeu. Autrement dit, si vous êtes un gars carré et non un escroc, taille numéro dix. Vous avez la chance d'aller travailler ici avec une foule blanche ; si vous voulez égaliser avec cette bande désagréable, c'est à vous de décider.

"Je vais les examiner," dit-il pensivement.

"Très bien, allez-y !" cria-t-elle avec une chaleur soudaine. " J'ai dit que c'était un pays libre, n'est-ce pas ? Vous seul pouvez brûler ça dans votre prochaine paille de blé : une fois que vous serez en route vers le troupeau avec cette bande, vous n'aurez plus besoin de revenir ici. Et vous pouvez emmener Blenham avec vous. " message pour moi : Phil Packard a poignardé papa et l'a trahi et a fait de lui à peu près ce qu'il est maintenant ; le vieux Hell-Fire Packard a terminé le travail. Mais quand même, le Temple Ranch est toujours sur la carte et Terry Temple aurait préféré " Éliminez un scélérat jusqu'au bout plutôt que de lui serrer la main. Et un de ces jours, papa reviendra à la vie ; vous verrez. "

« Je crois, se dit-il autant à lui-même qu'à elle, qu'il faudra que j'en parle au vieux Packard.

Elle le regarda avec incrédulité. Puis elle rejeta la tête en arrière et rit avec beaucoup d'amusement.

"Personne ne manquerait de deviner que vous aviez du courage avec vous, M. Lanky Stranger", cria-t-elle joyeusement. "Mais quand il s'agit d'affronter Hell-Fire Packard avec une bouchée de questions idiotes... Regardez ici, qui êtes-vous de toute façon ?"

"Pas grand-chose," répondit-il doucement et juste un peu amèrement. "Tom Fool, tu m'as nommé il y a quelque temps. Ou, si tu préfères, Steve Packard."

Elle se retourna de sa place sur la table pour se tenir debout, deux taches rouges jaillissant sur ses joues, le surprenant par la manière dont toute gaieté s'enfuit de ses yeux, qui se rétrécirent et devinrent durs.

"Cela voudrait dire le petit-fils du vieux Hell-Fire ?" » demanda-t-elle brusquement.

Il hocha simplement la tête, l'observant d'un air spéculatif. Sa tête monta encore plus haut. Packard entendit son père se lever précipitamment et se traîner sur le sol en direction de la cuisine.

"Tu es un morceau digne d'une vieille souche," dit Terry avec mépris. "Tu es un sacré sournois !"

« Terry ! » » réprimanda Temple avec avertissement.

Sa petite silhouette raide resta un moment immobile, sans qu'une paupière ne bougeât. Puis elle se retourna et sortit de la pièce en claquant une porte après elle.

"Elle est très nerveuse, M. Packard", dit Temple, lent et lourd et un peu incertain dans son articulation. « Très nerveuse, comme sa mère. Et parfois déraisonnable. Viens avec moi prendre un verre, et nous en discuterons.

Packard hésita. Puis il se retourna et suivit son hôte jusqu'à la cheminée. Soudain, il se retrouva sans autre enthousiasme pour la conversation.

CHAPITRE IV

TERRY AVANT LE PETIT DÉJEUNER

Une jeune voix gay chantant quelque part à l'aube réveilla Steve Packard et l'informa que Terry était debout. Il resta immobile un moment, écoutant. Il se souvenait de la chanson, qu'il n'avait d'ailleurs pas entendue depuis de nombreuses années, la ballade d'un cow-boy malade et solitaire dans une grande ville, aspirant à la campagne. Parfois, lorsque le bourdonnement de Terry était étouffé par les murs de la maison, la mémoire de Packard s'efforçait de retrouver les mots que ses oreilles ne parvenaient pas à saisir. Et le plus souvent, les mots, sortis de l'oubli, n'en valaient pas la peine ; aucun poète n'avait construit ce chant, qui, au contraire, avait atteint de belles proportions d'une centaine de vers, était le résultat d'une évolution naturelle comme une Odyssée moderne, ou une vigne tentaculaire qui était ce qu'elle était en raison de son environnement. Mais même si les répliques étaient défectueuses et les rimes mauvaises, et que la composition ne dépassait jamais le lieu commun, et tombait assez souvent en dessous, la ballade était sincère et signifiait beaucoup pour ceux qui la chantaient. Ses photos étaient simples. Steve, attrapant certains fragments et en cherchant d'autres, obtint des phrases telles que :

> "Mon lit sur des aiguilles de pin sèches, mon feu de camp flamboyant,
> L'odeur des feuilles mortes qui brûlent à travers la grande nuit grande ouverte,"

et avec des lèvres émues mais silencieuses, il rejoignit Terry dans le refrain triomphal :

> "Je me sens seul, malade des étoiles à travers les pins
> et des braillements des troupeaux… et du bruit des rochers
> qui descendent d'un sentier de montagne… et des collines…
> et de mon cheval… et des garçons. ' Je préfère entendre un
> kiote hurler plutôt que d'être le roi de Rome ! Et quand le
> jour viendra, si le jour arrive, par cries, je rentre à la maison
> !… De retour à la maison ! Entendez-moi venir, les garçons ?
> _Ouais_ ! Je l'ai dit : 'Je rentre à la maison !'"

Il s'assit dans le lit. Le parfum du café bouillant et du bacon frit assaillait agréablement ses narines. La voix de Terry était devenue silencieuse. Peut-être qu'elle prenait son petit-déjeuner à ce moment-là ? Avec une hâte un peu plus grande que le simple appel de son repas du matin ne semble le justifier, il s'habilla, passa ses doigts dans ses cheveux pour achever sa toilette et, traversant un couloir, passa la tête par la porte de la cuisine.

"Bonjour," appela-t-il agréablement.

Terry ne prenait pas encore son petit-déjeuner. A genoux, fouillant vicieusement dans le foyer d'un poêle extrêmement vieux et délabré, elle cherchait, selon la tradition séculaire de son sexe, à faire mieux brûler le feu. Son visage était rose, joliment rougi par la lueur du bois de chêne flamboyant. Les yeux de Packard s'éclairèrent alors qu'il la regardait, faisant un aperçu complet de la petite silhouette soignée, du haut de ses cheveux bronze jusqu'aux talons de ses bottes impeccables. Autour de son cou, légèrement nouée, se trouvait une écharpe de soie rouge flamboyante. L'idée le frappa que les fortunes du Temple, le ranch du Temple, le maître du Temple, tous étaient en train de tomber ou étaient déjà tombés dans divers états de décadence, et que seul dans les décombres Terry Temple faisait une tache de couleur gaie, que seul Terry Temple était déterminée à garder sa place au soleil.

Terry, après avoir éteint une bonne partie du feu, fit la grimace devant ce qui restait et se leva.

"J'ai pensé à toi", dit-elle.

"Bien!" dit Packard. "Tu peux me le dire pendant que nous prenons notre café."

Mais il ne manquait pas de remarquer qu'elle ne lui avait pas adressé un sourire de bienvenue en guise de bienvenue, que maintenant elle le regardait avec sang-froid et d'un œil critique. Dans son attitude matinale, il y avait peu de choses qui lui permettaient d'espérer une conversation libre et facile autour d'une table de petit-déjeuner.

"Vous me semblez," dit Terry brusquement et avec insistance, "comme une proposition plutôt astucieuse."

"Pourquoi?" » demanda Packard avec intérêt.

"Parce que," dit Terry. Il crut un instant qu'elle allait s'arrêter là. Mais après une pause réfléchie, pendant laquelle elle le regarda droit dans les yeux avec des yeux qui se voulaient simplement clairs et judiciaires mais qui étaient à peine troublés, elle reprit : « Parce que tu es une Packard, d'abord.

"Ecoute," protesta le jeune Packard d'un ton égal, "je ne pensais pas ça de toi ; honnêtement, je ne le pensais pas. Comment allons-nous un jour, toi et moi, arriver à quelque chose… en termes d'amitié, je veux dire… si tu commencer par me blâmer pour ce que fait mon vieux coquin peu recommandable de grand-père ? »

Terry renifla ouvertement.

"Oublie ce gag d'amitié avant d'y penser, n'est-ce pas ?" dit-elle rapidement. "Parler gentiment ne te mènera nulle part avec moi et tu ferais aussi bien de t'en souvenir. Cela ne t'achètera rien de commencer en me disant que j'ai de jolis yeux ou une fossette, et je ne supporterai pas. une petite minute pour que tu me fasses des trucs de fille… J'ai dit, pour commencer, tu es une Packard. Cela devrait suffire, Dieu le sait ! Mais ce n'est pas tout.

« Tout d'abord, » suggéra-t-il joyeusement, « est-ce que tu vas me demander de prendre le petit-déjeuner avec toi ? »

"Oui," répondit-elle brièvement. « Puisque tu es là et que papa t'a fait rester toute la nuit. Si tu étais le diable lui-même, je te donnerais à manger.

"Étant simplement le petit-fils du diable", sourit Packard, "et si je rentre et que je t'aide ? Je mettrai la table pendant que tu fais la cuisine."

"Je ne prends pas la peine de mettre une table," dit Terry aussi acerbe qu'elle savait le faire. "En plus, le café et le bacon sont tous deux cuits et c'est tout ce qu'il y a à cuisiner. Vous savez où sont le pain, le beurre et le sucre. Servez-vous. Il n'y a pas de lait."

Elle se servit son propre café, prépara un sandwich de bacon et de pain et alla s'asseoir comme il l'avait trouvée la veille au soir, sur la table, les pieds balançant.

Steve Packard s'était endormi rempli de grands espoirs la nuit dernière et s'était réveillé avec une nouvelle joie de vivre ce matin. Comme le cow-boy de la ballade, il n'avait rien désiré au monde sinon être de retour sur le champ de tir, et il avait réalisé son souhait, ou l'aurait réalisé dans quelques heures, lorsqu'il se serait rendu au Ranch Numéro Dix. Appréciant pleinement les préjugés de Terry, il avait eu l'intention de se rappeler qu'elle n'était « qu'une gamine, vous savez », et de la plaisanter pour qu'elle s'en moque. Maintenant, il était prêt à reconnaître qu'il n'avait pas réussi à donner à Terry son dû ; avec un soudain accès d'irritation, il lui comprit que si elle était résolue à se montrer distante et désagréable, il avait autre chose qu'une simple gamine à gérer. Fronçant les sourcils, il chercha son tabac et ses papiers.

"Aller manger?" » demanda négligemment Terry. "Ou non?"

"Je ne sais pas… pour l'instant", répondit-il en levant les yeux de sa cigarette. « Certainement pas si tu ne le veux pas.

« Ho ! » » railla Terry, la lumière vive du combat dans ses yeux. « Vous montez sur vos grands chevaux, n'est-ce pas ? Eh bien, restez là.

Packard alluma sa cigarette et lui rendit son regard d'un ton ferme.

"Enfant de fille, rien !" se dit-il. Et revenons à son épithète d'hier, "Petit chat sauvage".

"Alors," continua la jeune fille d'un ton neutre, reprenant la conversation là où elle s'était interrompue il y a quelque temps, "je vais dire ce que j'ai à dire. D'abord, parce que vous êtes une Packard. Ensuite, parce que c'était joli. Tu as fait un travail astucieux, ton coup, plonger dans le lac pour moi, faire comme si tu ne savais pas qui j'étais et saisir la première occasion de faire connaissance. Cela te fera beaucoup de bien ! Peut-être que je n'ai pas traversé les années l'école et vous avez fait des histoires à l'université ; tout de même, M. Steve Packard, Terry Temple n'est pas votre imbécile ni celui d'un autre homme ! Et, en plus de tout votre autre culot, pour essayer de me faire croire que vous ne saviez pas tu possédais ton propre ranch ! Et essayer de me pomper et tirer sur papa quand il était plein de whisky.… Pah ! Ton genre de mâle me rend malade.

"Vous pensez," proposa-t-il avec raideur, "que je suis main dans la main avec Blenham ? Et, peut-être, que je prends les ordres de mon grand-père, en essayant de vous en donner un ?"

"Penser n'est pas le bon mot", corrigea-t-elle sèchement. "Je sais."

Il haussa les épaules. Ce faisant, il se rendit compte qu'il n'avait rien d'autre à faire. Elle avait le truc de la finalité totale.

"Et," lui cria-t-elle alors qu'il se tournait brusquement pour quitter la pièce, "tu peux dire au vieux Hell Fire pour moi que peut-être il a le gros problème avec la situation en ce moment mais que ce n'est pas de chance de compter tes jetons jusqu'au match. C'est fini. Il reste encore un retour chez papa, et… et si toi ou ton vieux grand-père rugissant d'enfer penses que tu peux avaler la tenue Temple en entier, comme tu as fait beaucoup d'autres tenues…"

Packard sortit et claqua la porte derrière lui.

"Merde, la fille !" marmonna-t-il avec colère.

Terry, assise sur la table, devint très immobile, cessa de balancer ses pieds et se tourna pour le regarder prudemment depuis la fenêtre de la cuisine. Son regard était tout à fait joyeux.

"Les hommes sont toujours d'horribles créatures avant d'avoir pris leur petit-déjeuner," informa-t-elle avec complaisance le silence qui l'entourait.

CHAPITRE V

COMMENT STEVE PACKARD EST RENDU À LA MAISON

Si Steve Packard était retourné directement au Ranch Numéro Dix, il serait arrivé au siège du ranch bien avant midi. Mais une fois dehors, dans l'aube calme, il chevaucha lentement. Son esprit, lorsqu'il parvenait à le détacher de cet irritant Terry Pert, était consacré à une considération approfondie de ces conditions qui commençaient à lui apparaître.

Il était clair que son destin lui offrait une nouvelle voie à tracer, une voie qui l'entraînait par son attrait, le tentait par ses vagues promesses. Il n'y avait rien d'étonnant à ce que le ranch lui appartienne et le gère s'il avait les compétences et la volonté pour le travail ; ni encore dans le fait que la maison était hypothéquée à son grand-père ; Il n'était pas non plus étonnant que le vieil homme agisse déjà en tant que véritable propriétaire. Car jamais le plus vieux Packard n'avait eu besoin des subtilités, des subtilités et des détails techniques déroutants de la loi. C'était sa façon de voir clairement ce qu'il voulait, de se décider définitivement quant au résultat souhaité, puis de le poursuivre par le chemin le plus court. Et cette voie n'avait encore jamais abouti devant les tribunaux.

Ces questions étaient claires. Mais à mesure qu'il s'y attardait, elles devinrent complexes par d'autres considérations qui dépendaient de lui. Il devait surtout faire le point sur ce qui se trouvait dans son esprit et son âme, sur tout ce qui se cachait derrière son objectif actuel.

Revenir au Ranch Numéro Dix en disant : « C'est à moi et je compte l'avoir » était assez simple. Mais s'il s'engageait réellement dans la ligne d'action que cette démarche impliquerait, cela signifierait très évidemment une rupture nette avec la carrière familiale, sans but et sans responsabilité de Steve Packard.

S'il participait une fois au jeu, il voudrait s'en tenir à une confrontation ; s'il commençait maintenant à s'en prendre au vieux Packard, il finirait peut-être à la ferraille. C'était tout aussi bien de réfléchir avant de se lancer – ce qui le fit réfléchir à nouveau à Terry.

S'écartant du chemin d'hier, il suivit un nouveau sentier menant aux limites du ranch Temple et aux limites sud-est du ranch numéro dix. Dans un camp forestier situé sur le flanc des montagnes, juste après avoir traversé à gué les eaux supérieures de Packard's Creek, il déjeunait avec du café chaud et des petits pains chauds gras.

Il ouvrit les yeux avec intérêt alors qu'il observait une bande de bûcherons couper une forêt de pins.

"La foule du vieux Packard ?" il a demandé au cuisinier du camp.

"Bien sûr", fut la réponse négligente du cuisinier. Steve Packard poursuivit son chemin, devenu plus réfléchi qu'auparavant. Mais il s'orienta de-ci de-là dans une tournée d'enquête spéculative, cherchant à voir la plus grande partie du grand ranch tentaculaire, à noter exactement ce qui avait été fait, exactement ce qui était en train de se faire, avant d'avoir son entretien avec Blenham. Et ainsi les premières étoiles furent sorties avant qu'il ne revienne aux corrals d'origine.

Pendant que Steve descendait vers Packard's Grab depuis les contreforts, les hommes travaillant pour le Ranch Numéro Dix, après avoir dîné, célébraient la fin d'une dure journée de travail avec de la fumée de tabac et des discussions décousues.

Il y en avait une douzaine, aux yeux clairs, aux muscles de fer et au pied rapide jusqu'au dernier. Car partout où la paie Packard était perçue, elle allait dans les poches de tels hommes, déterminés, autonomes, sur lesquels on pouvait compter à la rigueur et qui, pour pouvoir être retenus dans le service qui exigeait de tels hommes, recevaient un meilleur salaire que les autres ranchs proposés.

Jeunes, pour la plupart aussi, turbulents quand, à l'occasion, leurs mains étaient oisives, des scalawags insouciants qui avaient gagné dans de nombreuses petites villes de bétail à travers le pays leur surnom de « cette bande sauvage de Packard », enclins à à toute allure et pourtant fiable.

Il y a de tels hommes ; Packard le savait, il les recherchait et les lui tendait. L'homme le plus âgé, à l'exception de Bill Royce, était Blenham, le contremaître, et Blenham n'avait pas encore fêté son trente-cinquième anniversaire.

Il y a dix ans, c'est-à-dire avant de venir dans le pays du bétail et de trouver du travail pour Packard, Blenham avait été sergent dans l'armée régulière et avait servi à la frontière. Désormais, dans ses relations avec ses subordonnés, il apportait ici tout ce qu'il avait appris de la vie militaire.

Il se tenait à l'écart, on le trouvait rarement dans les dortoirs, et il s'installait dans le vieux ranch. Il était précis et définitif dans ses ordres et réussissait à exiger une attention rapide lorsqu'il parlait et une obéissance immédiate lorsqu'il commandait.

Peu de ses hommes l'aimaient ; il le savait aussi bien qu'un autre et ne se souciait pas du claquement de ses gros doigts émoussés. Il y avait remarquablement peu de sentimentalisme chez Blenham. Il était un lieutenant compétent comme le maître des millions Packard, il gagnait et recevait son augmentation de salaire chaque année, il obtenait des résultats.

Ce soir, cependant, l'indifférence lourde et étudiée de l'homme à l'égard de tout ce qui l'entourait était ébranlée. Au cours de l'après-midi, quelque chose s'était mal passé et personne encore, à l'exception de "Cookie" Wilson, n'avait la moindre idée de ce qui avait plongé le contremaître dans une de ses crises de colère.

Demain, ce serait un sujet de ranch alors que Cookie aurait eu tout le temps de broder le mince tissu de ses suppositions ; car il revenait au cuisinier de répondre au téléphone du dortoir quand il y avait un message longue distance pour Blenham – et Wilson reconnut la voix du vieil homme Packard dans un accès de rage.

Sans aucun doute, le contremaître du Ranch Numéro Dix avait « fait une erreur » quelque part, et son chef, en très peu de mots et d'une marque à ne pas mal comprendre, l'avait pris à partie. En tout cas, Cookie était enflé de conjectures enthousiastes et Blenham était de mauvaise humeur. Toute la soirée, sa rate lui montait à la gorge, au point de l'étouffer ; maintenant, tout à coup, il l'a craché sur Bill Royce.

« Royce ! » » éclata-t-il brusquement.

L'aveugle était allongé sur le bord de sa couchette, au fond de la pièce, et fumait sa pipe. Il remua avec inquiétude.

"Bien?" Il a demandé. "Qu'est-ce que c'est?"

"Cool vieux concombre, n'est-ce pas ?" railla Blenham. "Allongé là comme un sac de bouillie pendant que tu m'écoutes. Bon sang, quand je te parle, lève-toi !"

La forme de Royce se raidit sensiblement et ses lèvres se resserrèrent autour du tuyau de sa pipe. Mais avant qu'il ait pu formuler sa réplique, une voix inattendue retentit de la part de l'un des quatre hommes qui commençaient tout juste une partie de pedro sous la lampe qui se balance, une voix jeune, impudente, claire, presque musicale.

"Dites-lui d'aller au diable, Bill", fut le conseil librement proposé.

Blenham se retourna sur ses talons, les yeux plissés.

"C'est toi, Barbee ?" » demanda-t-il sèchement.

"Bien sûr, c'est moi", répondit Barbee avec la même impudence froide. Et à l'homme en face de lui : « Distribuez-les, Spots ; vous et moi allons détacher ces deux clochards de leurs pièces de quatre bits très pronto *par* la bonne vieille route des hauts, des bas. , Jack, et le jeu. Allez-y, Spots-ol'-Spotty.

Blenham le regarda un instant, visiblement surpris par cette attitude du jeune Barbee.

"Je m'occuperai de toi quand je n'aurai rien d'autre à faire, Barbee," dit-il brièvement. Et, accordant à nouveau toute son attention à l'homme sur la couchette, "Royce, je t'ai dit quand je te parle de te lever!"

Vers le dernier d'entre eux, même vers le jeune Barbee, qui avait fait semblant de s'intéresser de manière générale aux cartes, ils se tournèrent vers Bill Royce et voir ce qu'il ferait.

Ils virent que Royce restait allongé un moment, les mains et les pieds raides et rigides, que son visage était devenu d'un rouge ardent qui jetait le blanc de la longue cicatrice sur son nez en contraste exsangue, que la chose la plus évidente dans le Le monde était que, pour le moment, son esprit était déchiré en deux sens, à double objectif, parfaitement équilibré, de sorte que, en proie à ses passions opposées, il était impuissant à remuer, une image d'impuissance, comme un homme paralysé.

"Blenham," dit-il immédiatement sans bouger, sa voix incertaine, épaisse et laide, "Blenham——"

"Je l'ai dit une fois", s'écria brusquement Blenham, "et je l'ai dit deux fois. Ce qui devrait suffire, Bill Royce ! Vous m'entendez ?"

Ils regardèrent tous avec intérêt. Bill Royce s'humecta les lèvres et présenta son pitoyable spectacle d'homme autrefois fort sur le point de céder à son maître, à l'homme qu'il détestait le plus sur terre. Un sourire apparut dans les yeux impatients de Blenham.

Le bref silence fut parfait jusqu'à ce que le jeune Barbee le rompe, non pas par un discours mais en sifflant doucement, musicalement, avec impudence. Et l'air que Barbee choisit à ce moment-là, bien qu'il ne soit pas tiré des classiques, remplit pleinement son rôle ; la chanson était une des préférées des pâturages, le refrain simple, profane et sincère. Traduites en mots, les joyeuses notes de Barbee étaient :

"Oh, je m'en fous de tout homme qui s'en fout de moi !"

Blenham comprit et lui lança un regard renfrogné ; L'âme hésitante de Bill Royce a peut-être puisé réconfort et force dans une sympathie exprimée sans un mot. En tout cas, sa réponse vint soudain :

"Je t'ai enlevé beaucoup de choses, Blenham," dit-il doucement. "Je serais heureux de prendre tout ce que je pourrais. Mais un homme ne peut pas tout supporter, non, même pas un ami absent. Comme l'a dit Barbee, vous savez où vous pouvez aller."

Cookie Wilson haleta, c'était le seul commentaire audible sur une situation entièrement nouvelle. Barbee sourit avec ravissement. Blenham continuait de froncer les sourcils, son air renfrogné passant subtilement de la férocité à l'émerveillement.

"Vous obéirez aux ordres," dit-il brièvement, "ou——"

"Je sais," répondit lourdement Royce. "Allez-y. Tout ce que vous avez à faire est de me virer."

Et maintenant, la pure merveille du moment était que Blenham n'avait pas donné congé à Royce en trois mots. Ce fut à son tour une hésitation, pour laquelle aucune explication n'était disponible. Puis, saisi d'une rage qui le rendait inarticulé, il se tourna vers Barbee.

Barbee aux cheveux jaunes à la table se leva rapidement, n'attendant aucune seconde invitation au regard de Blenham. Si l'on mettait en scène une pièce de moralité et recherchait la personnification de l'impertinence, il n'avait qu'à chercher plus loin que ce jeune arrogant. Il était justement à cet âge où l'on est déterminé à ce qu'il n'y ait aucune erreur sur son statut en matière d'âge et d'expérience du monde ; en bref, quelque chose de plus de vingt et un ans, quand le mâle de l'espèce considère comme une insulte des insultes d'être mal jugé comme un garçon. Ses cheveux étaient courts – Barbee les gardait toujours coupés court – mais ils persistaient malgré tout à se boucler, cherchant à s'exprimer partout en petits anneaux serrés ; ses yeux étaient très bleus et très innocents, comme ceux d'une jeune fille – et il était, en somme, à peu près aussi bon à rien qu'un jeune coquin qu'on pouvait trouver en dix jours de route. Ce qui en dit long quand on sait que ce trajet de dix jours pourrait se faire à travers la région du bétail, derrière San Juan.

"Tu vas me manger vivant ?" » demanda légèrement Barbee. « Ou me rôtir d'abord ?

"Pour deux cents," dit lentement Blenham, "j'oublierais que tu n'es qu'un enfant et je te giflerais!"

Barbee balaya une des pièces de cinquante cents sur la table et la lança au contremaître.

"Vous pouvez garder la monnaie à l'extérieur," dit-il avec mépris.

Il n'y avait rien de nouveau dans l'expérience de Blenham, ce n'était rien d'imprévu pour un contremaître de ranch que son autorité soit remise en question, qu'un esprit rebelle le défie. S'il voulait rester maître, la réponse du contremaître devait être toujours la même. Et promptement donné.

"Royce", dit Blenham, son hésitation passée, "tu es viré. Barbee, je vais t'embaucher tout de suite."

Blenham était peu verbeux, un tour appris de son maître. De l'autre côté de la pièce, Bill Royce s'était enfin relevé en s'écriant avec force :

"Salut ! Rien de tout ça, Blenham. C'est mon combat, le tien et le mien, avec Barbee juste qui se mêle là où on ne lui a pas demandé. Si tu veux des ennuis, prends un homme de ta taille, adulte. Aveugle comme Je suis – et vous savez le comment et le pourquoi – je suis prêt pour vous. Oui, prêt et anxieux.

C'était une diversion et les hommes dans le dortoir, reculés contre les murs, emportant leurs chaises avec eux pour qu'il y ait de la place pour tout ce qui se passait, manifestaient leur intérêt sans réserve. Si complètement qu'ils n'entendirent pas Steve Packard chanter loin dans la nuit alors qu'il se dirigeait lentement vers le ranch :

> "Et je préfère entendre un kiote hurler
> plutôt que d'être le roi de Rome ! Et quand le jour vient - si le
> jour vient - Par cripes, je rentre à la maison ! De retour à la
> maison ! Écoutez-moi venir, les garçons " Ouais ! Je l'ai dit.
> Je rentre à la maison !"

Mais en très peu de temps, le rythme flâneur de Steve Packard fut remplacé par une hâte brûlante alors que les sons s'échappant du dortoir le rencontrèrent, arrêtèrent son chant et l'informèrent que les hommes se battaient dans une fureur qui devait avoir quelque chose de pur sang. -soif dedans. Il courut vers la porte fermée, descendit de sa selle et ouvrit la porte.

Il a vu Bill Royce détenu par deux hommes, se battant contre eux pendant qu'il injuriait un homme que Steve devinait être Blenham ; il vit Blenham et un garçon aux cheveux bouclés et aux yeux bleus se débattre de haut en bas, frappant les coups sauvages de la rage. Il arriva juste à temps pour voir Blenham enfoncer un gros poing brutal dans le visage du garçon et pour remarquer comment Barbee tomba lourdement et resta un moment immobile.

Le moment était chargé d'émotions diverses, comme s'il s'agissait de courants électriques en lutte. Bill Royce, défendu par un homme qu'il n'avait jamais vu, avait donné toute sa gratitude et – cela signifiait la même chose pour Bill Royce – son amour ; après ce soir, il irait en enfer pour Barbee « jaune ».

Barbee, prévoyant la défaite sous la main dure de Blenham, souffrant dans son orgueil de jeunesse, avait fait naître, au plus profond de lui, une haine éternelle. Et Blenham, pour ses propres raisons et à sa manière, éclatait de rage.

"Lève-toi, Barbee", cria-t-il. "Lève-toi et, alors aide-moi———"

"Je vais te tuer, Blenham", dit faiblement Barbee, se soulevant un peu, ses yeux bleus flottant. "Avec mes mains ou avec un couteau ou avec un pistolet ou de toute façon ; maintenant ou demain ou à un moment donné, je vais te tuer."

"Ils vous ont tous entendu," cracha furieusement Blenham. "Tu es un imbécile, Barbee. Tu vas te lever ? Tu vas déjà te lever ?"

"Lâchez-moi, les garçons", marmonna Bill Royce. "J'ai attendu assez longtemps; je suis resté assez debout. J'ai été comme une vieille femme. Laissez-moi et Blenham finir ça."

Aucun d'entre eux n'avait remarqué l'entrée de Steve Packard. Mais maintenant, il les obligeait à faire le point sur lui.

"Bill Royce," dit-il brusquement, "garde ta chemise. Barbee, tu fais de même. Blenham, tu parles avec moi."

"Toi?" railla Blenham. "Toi ? Qui es-tu ?"

"Je suis l'homme de travail en ce moment", répondit Packard d'un ton sec. "Et à partir de maintenant, je dirige le Ranch Numéro Dix, si vous voulez savoir. Si vous voulez savoir autre chose, pourquoi alors vous n'êtes plus contremaître. Vous êtes viré ! Quant au contremaître sous moi, mon ancien partenaire, Bill Royce, aveugle ou non, a retrouvé son ancien travail.

Bill Royce est devenu rigide.

"Tu n'es pas... tu n'es pas revenu Stevie ?" Il murmura. "Tu n'es pas Stevie !"

En trois pas, Packard l'atteignit et trouva la main de Bill Royce dans la sienne.

"Tu as raison, Bill Royce," cria-t-il chaleureusement alors que ses mains et celles de Royce se joignaient enfin fort.

"Je suis viré, dites-vous !" Blenham était en pleine tempête, les yeux écarquillés. "Vicié ? Qui le dit, je veux savoir ?"

"Je le dis", répondit brièvement Packard.

"Toi?" cria Blenham. "Si tu veux dire que le vieux Packard t'a envoyé pour prendre ma place juste parce que... C'est un mensonge ; je n'y crois pas."

"Cette tenue n'appartient pas encore au vieux Packard", dit froidement Steve. "Est-ce que c'est vrai, Royce ?"

"Pas à la va-vite !" » répondit joyeusement l'aveugle. "Et ça ne le sera plus maintenant, Steve ! Pas maintenant."

Blenham parut perplexe. Frottant ses jointures écorchées, il regarda Steve, Royce, puis les autres visages, non moins perplexes que le sien.

"Personne ne peut me virer à part le vieux Packard," marmonna-t-il lourdement, même si son ton était troublé. "Sans que vous ayez reçu un ordre de sa part, tous signés et prêts à être lus..."

"Ce que j'ai," coupa sèchement Steve, "c'est le renflement de la situation, Blenham. Le ranch numéro dix n'appartient pas au vieil homme ; il est la propriété de son petit-fils, dont le nom est Steve Packard. Ce qui arrive également. être mon nom."

Blenham ricana.

"Je n'y crois pas", a-t-il lancé. « Vous attendez-vous à ce que je prenne ma charge à la demande du premier étranger qui arrive et m'invite à lui confier mon travail ? » Il rit au nez du nouveau venu.

Packard l'observa un instant avec curiosité, instinctivement conscient que le moment viendrait peut-être où il aurait été bon d'avoir pris correctement la mesure du lieutenant de son grand-père. Puis, avant de répondre, il regarda les visages des autres hommes. Quand il parlait, c'était à eux.

"Les garçons," dit-il doucement, "cette entreprise m'appartient. Je suis Steve Packard, le fils de Philip Packard, qui possédait le Number Ten Ranch et qui l'a hypothéqué mais ne l'a pas vendu à son père, mon grand-père. J'ai je viens de rentrer à la maison ; je veux avoir ce qui est à moi ; je vais payer l'hypothèque d'une manière ou d'une autre. Je ne me suis pas non plus lancé les manches retroussées dans les ennuis ; Blenham avait-il été un homme blanc au lieu d'une brute et d'un tyran il a peut-être gardé son travail sous mes ordres. Mais je suppose que vous savez tous quel genre de vie il a donné à Royce ici. Bill m'a appris à monter à cheval, à tirer, à me battre et à nager ; à peu près tout ce que je sais qui vaut la peine d'être connu. Depuis que je

Quand j'étais enfant, il a été le meilleur ami que j'ai jamais eu. Y a-t-il autre chose que vous aimeriez savoir, les garçons ?

Barbee s'était relevé lentement du sol.

"Le fils de Packard ou celui du diable", dit-il rapidement, ses yeux ne quittant jamais Blenham, "je suis avec toi."

L'homme que Barbee avait appelé Spotty au-dessus de la table de jeu et dont le surnom lui avait manifestement été attribué par les étranges touffes de cheveux blancs d'une jeune tête ébouriffée d'un brun très foncé, s'éclaircit la gorge et attira ainsi tous les regards. pour lui-même à son côté de la pièce.

"Bill Royce est aveugle, si seulement tu pouvais prouver d'une manière ou d'une autre qui tu es..." suggéra-t-il, son ton et son expression indiquant clairement sa volonté, voire son empressement, d'être convaincu.

"Même si je ne peux pas le voir", dit Royce, sa propre voix impatiente, "je sais ! Et je peux le prouver pour ma part par quelques petites questions - si vous me croyez sur parole, les garçons ?"

"Tirez", dit Spotty. "Personne ne t'a encore traité de menteur, Bill."

"Alors, Stevie," dit Royce, juste une nuance d'anxiété dans son regard alors que ses yeux aveugles parcouraient ici et là, "réponds-moi ceci : quel a été le premier cheval que tu as monté ?"

"Une jument", dit Steve. "Molly noire."

"Droite!" et la voix de Royce sonna triomphalement. "Suivant : Qui a cloué la planche au-dessus de la porte ? La vieille planche de cèdre ?"

"Je l'ai fait. Juste avant de partir."

"Et," continua Royce, sa voix un peu plus basse, "et qu'en as-tu dit, Stevie ? Je devais savoir..."

"Entraînez-le ! Dites-lui quoi dire, pourquoi pas vous ?" railla Blenham.

"Je ne pense pas que j'en ai besoin", répondit doucement Royce. « Vraiment, Steve ?

"J'étais plutôt un enfant à l'époque, Bill," dit Packard, un demi-sourire lui venant pour la première fois, un sourire étrangement doux. "J'étais en train de lire un conte des mille et une nuits ; c'est ce qui m'a mis cela en tête."

"Vas-y, Steve, vas-y !"

« J'ai dit que j'allais chercher fortune partout dans le monde ; que la planche au-dessus de la porte serait un signe si tout allait bien pour moi. Que tant que je vivrais, elle serait là ; si je mourais, elle serait là. automne."

Il y eut un petit silence haletant. Il fut interrompu par le rire joyeux de Bill Royce alors que la grosse main de Bill Royce frappait sa cuisse.

"Encore une fois, Steve ! Et le vieux tableau est toujours là. Allez le regarder, il est toujours là."

Une fois de plus, tous les regards se tournèrent vers Blenham. Pendant un moment, il resta incertain, regardant autour de lui. Puis, brusquement, il ôta son chapeau et sortit. Et le rire de Barbee, comme un écho maléfique de celui de Royce, le suivit.

CHAPITRE VI

DES BILLETS DE BANQUE ET UN AVEUGLE

"Il préférerait mettre le feu aux granges à foin", a déclaré Royce. "Tu ferais mieux de le surveiller, Steve."

Alors Steve, sortant, regarda Blenham, qui s'était dirigé rapidement vers le ranch et qui maintenant se retourna brusquement et s'arrêta net dans son élan.

"Il prépare quelque chose, Bill", concéda Packard. Et il appela doucement Blenham : "À chaque pas que tu fais dans ce ranch, je suis à tes côtés, Blenham."

Sur quoi Blenham, son hésitation passée, se retourna brusquement et descendit au corral, sellé et s'en alla.

Après le départ silencieux du contremaître en colère, Steve Packard et Bill Royce se rendirent ensemble au vieux ranch, où, confortablement installés dans deux grands fauteuils, ils discutèrent jusque tard dans la nuit. Un coup d'œil aigu autour de lui alors qu'il allumait une lampe sur la table montrait de la poussière et des ruines de Packard partout, à l'exception des quelques signes désordonnés de l'occupation récente de Blenham.

Une vieille selle étalée sur le sol du salon, jonchée de morceaux de cuir et de boucles ; à un clou pendait un éperon mexicain rouillé et à longues rangées ; sur la pierre du foyer se trouvaient de nombreux mégots de cigarettes et parfois un bout de cigare. Une porte ouverte montrait un lit renversé, les couvertures traînant jusqu'au sol.

"Je donnerais un an de ma vie pour bien te voir, Steve," dit Royce avec un peu de nostalgie. « Voyons voir : trente-cinq ans maintenant, n'est-ce pas ? »

"Bien", répondit Packard.

"Un gros ?" » demanda Royce. "Six pieds ou mieux ?"

"Une nuance mieux. Environ un pouce et demi."

"Pas lourd, cependant ? Un peu maigre et long, comme Phil Packard avant toi ?"

Packard hocha la tête ; puis, avec les yeux aveugles de Royce sur lui, il dit précipitamment :

"Encore une fois, Bill; plutôt maigre et long. Tu me reconnaîtrais."

"Bien sûr, je le ferais !" s'écria Royce avec impatience. « Un homme n'a pas autant changé en une douzaine d'années ; est-ce que je ne me souviens pas à quoi tu ressemblais quand tu t'es libéré pour voir le monde ! Tu n'as pas fait ta pile, n'est-ce pas, Steve ?

Packard rit négligemment.

"Je suis le seigneur et maître d'un bon cheval, d'une bonne selle, d'une bride et d'environ soixante-dix dollars", dit-il d'un ton léger. "Ce n'est pas vraiment une pile, Bill."

"Un ranch numéro dix", ajouta rapidement Royce.

"Et le Ranch Numéro Dix", approuva Packard. "Si nous pouvons nous en sortir."

"Quoi ? Comment s'en sortir ?"

"Il semble qu'il soit hypothéqué jusqu'au bout. Je ne sais pas encore pour combien. L'hypothèque et de nombreux intérêts courus doivent être remboursés. Il nous reste à découvrir l'ampleur du travail."

« Tu as déjà vu ton grand-père ?

"Non. J'aurais dû le rechercher, je suppose, avant de virer Blenham. Mais, étant fait de chair et de sang———"

"Je sais je sais." Et Royce remplit ses poumons d'un grand soupir. "En tant que Packard, vous n'avez pas attendu toute l'année pour arriver là où vous alliez. Mais il y aura beaucoup de formalités administratives qui ne pourront pas être éliminées ; il faudra tout démêler et dénouer. À moins que ton grand-père fasse le bon choix et annule tous les paris et te donne les mains libres et un nouveau départ ?

"De tout cela tu doutes plutôt, hein, Bill ?"

Royce hocha la tête sombrement.

"Je suppose que nous avons abordé les choses en quelque sorte", a-t-il déclaré avec regret. "Tu aurais dû le voir d'abord, n'est-ce pas ? Et puis tu as donné un coup de pied à son chien de compagnie dans les lattes quand tu as mis Blenham en conserve. Le vieil homme a raison d'être endolori, Steve."

"Je ne devrais pas être surpris", a convenu Steve. "Qui sont les Temples, Bill ?"

"Qui vous a parlé des Temples ?" vint la contre-question rapide.

"Personne. Je suis resté chez eux hier soir."

Royce grogna.

"Ça ne t'a pas pris toute l'année pour la retrouver, n'est-ce pas ?" » proposa-t-il sans détour.

"OMS?" » demanda Packard avec une vaine innocence.

"Terry Temple. La plus belle fille de ce côté des portes nacrées et des jolies filles. Quel genre d'homme es-tu devenu avec les femmes, Steve ?"

"Pas de dames, si c'est ça qui t'inquiète, mon vieux. Je ne connais pas une douzaine de filles dans le monde. J'ai juste demandé des nouvelles de ces gens parce qu'ils sont juste à côté de chez nous et parce qu'ils sont nouveaux venus depuis mon époque."

Royce grogna encore une fois, choisissant sa propre explication de l'intérêt de Packard. Mais, répondant à la question qui lui était posée, il répondit brièvement :

"Cette petite fille de Terry peut avoir tout ce que j'ai ; sa mère aussi était une classe, me dit-on. Je l'ai dit, elle est morte de honte quand elle a appris quel genre de colistière elle avait choisi. Et quant à lui, c'est une méduse à l'esprit tortueux. Il n'est absolument pas bon. Et, si je ne me trompe pas beaucoup, vous le connaîtrez très bien d'ici peu. Surveillez-le, Steve.

"Eh bien", dit Packard alors que Royce s'interrompait, sentant que ce n'était pas tout à dire de Temple ; "Allons-y. Et lui d'autre ?"

Mais Royce secoua lentement la tête, tandis que ses gros doigts épais remplissaient sa pipe.

"Nous n'avons pas toute la nuit pour rester ici et bavarder sur nos voisins", dit-il à l'instant. "Il y a d'autres choses à dire avant que les choses puissent être faites. Tout d'abord, et pour y aller, je suis très reconnaissant pour ce petit bluff que vous avez lancé à Blenham en disant que je suis votre contremaître. Ce dont vous avez besoin et ce que vous avez avoir, c'est un homme avec les deux yeux grands ouverts. Oh, je sais, Steve, " alors que Packard commençait à parler. "Vous m'auriez proposé le poste si mes jambes et mes bras avaient disparu aussi. Mais ça ne marche pas."

"Je vais avoir besoin d'un homme tout de suite", argumenta Steve. Je suppose que je vais devoir beaucoup courir partout, vérifier la loi, régler les paiements en retard, etc. Je ne veux pas quitter le ranch sans chef. Vous connaissez les hommes, vous savez. la tenue."

Mais Royce, même si ses lèvres se contractèrent, resta ferme.

"Je ne connais pas très bien les hommes non plus", a-t-il déclaré. "Ils ont tous été embauchés par votre grand-père. Mais ils sont tous vivants et ils connaissent tous le jeu. Je ne jurerai pas sur la mesure dans laquelle vous pouvez faire confiance à l'un d'eux, mais vous devrez trouver cela. faites-le par vous-même au fur et à mesure que nous avançons.

"Nommez-en un pour moi", fut la manière discrète de Packard d'accepter l'ultimatum de son ancien contremaître. "Je vais le mettre au moins temporairement."

"Voilà Yellow Barbee", suggéra Royce. " Quelque chose d'enfant, peut-être un peu sauvage et harum-scarum, peut-être ne vaut-il pas grand-chose. Mais ce n'est pas un homme de Blenham et il m'a rendu un bon service. "

Packard était déjà debout et se dirigeait vers la porte.

« Barbé ! » il cria. "Oh, Barbée !"

La porte du dortoir s'ouvrit, émettant son flot de lumière.

"Appelez-moi?" » fit la jeune voix froide de Barbee, impudente maintenant comme toujours.

"Oui, viens ici une minute, tu veux ?"

Barbee arriva, son large chapeau en arrière sur ses petites boucles serrées, son air fanfaron prononcé, ses doux yeux bleus brillant doucement – ses lèvres battues et meurtries et déjà gonflées.

"Entrez et fermez la porte", dit Packard.

Barbee entra et traversa la pièce pour se prélasser, le coude sur la cheminée, regardant curieusement Packard et Royce.

"Je suis ici pour diriger cette entreprise moi-même, Barbee", lui dit Packard tout en renvoyant régulièrement le regard du jeune. "Mais j'ai besoin d'un contremaître pour faire avancer les choses quand je suis obligé de m'absenter. J'ai confié le travail à Royce. Il ne l'aura pas. Il vous propose."

Barbee ouvrit les yeux un peu plus grand. De plus, la rougeur rapide qui montait sur ses joues brunes lui donnait un air plus enfantin que jamais, lui donnant presque un air de chérubin. Il parvenait néanmoins à paraître assez impassible, comme si ce n'était pas la première fois qu'on lui proposait un tel poste.

"Combien y a-t-il dedans ?" » fut ce que dit Barbee avec une grande indifférence.

Steve hésita. Puis il fronça les sourcils. Et finalement il a ri.

"Vous m'avez là", a-t-il admis franchement. "Tout l'argent que j'ai dans le monde ce soir est ici." Il renversa le contenu de sa poche sur une table. "Il y a environ soixante-quinze dollars. À moins que je puisse faire un tour quelque part avant le jour de paie, vous devrez tous prendre votre part au prorata."

Bill Royce remua nerveusement sur sa chaise, ouvrit la bouche, puis la referma sans un mot. Barbee haussa les épaules avec minutie.

"Je vais tenter ma chance", a-t-il déclaré. "Ça vaudrait le coup si je perdais ; juste pour en mettre un sur Blenham."

"Très bien", et Packard regardait toujours le jeune Barbee avec attention, se demandant à quel point ses capacités se cachaient sous cet extérieur quelque peu insatisfaisant. "Tu peux retourner voir les garçons maintenant et leur dire que tu es le patron quand je ne suis pas là. Avant qu'ils partent travailler le matin, tu reviens ici et nous discuterons de beaucoup de choses."

Barbee baissa la tête en signe d'acquiescement et peut-être pour cacher l'éclat de ses yeux, et marcha sur les talons jusqu'à la porte. La voix de Packard l'arrêta là.

"Juste une chose, Barbee : je ne veux pas que des ennuis commencent. Pas avec Blenham ni avec aucun des hommes du vieux Packard. Je sais ce que tu ressens, mais si tu travailles pour moi, tu devras me laisser être le seul. qui commence les choses. Compris ?

Le nouveau contremaître s'arrêta irrésolument. Puis, sans se retourner pour que Packard puisse voir son visage, et sans répondre, il baissa de nouveau la tête et sortit en claquant la porte derrière lui.

"Je ne suis pas sûr qu'il soit la bonne personne pour ce poste, Steve", commença Royce avec un peu d'anxiété. "Et je ne suis pas sûr s'il est carré ou tordu. Mais je ne connais pas mieux les autres hommes et..."

"Je vais le surveiller, Bill. Et, comme je l'ai déjà dit, je suis ici pour faire la plupart du travail de contremaître moi-même. Nous donnerons sa chance à Barbee."

Il revint à la table du haut de laquelle lui faisaient un clin d'œil les quelques pièces d'or et d'argent qui représentaient son fonds de roulement, et il les regarda d'un air interrogateur.

"J'ai une histoire à raconter, Stevie", dit pensivement Royce avec une grande bouffée de fumée. "Tu ferais mieux de l'écouter maintenant, pendant que nous sommes seuls."

Packard retourna à sa chaise, fit sa propre fumée et dit doucement :

"Allez-y, Bill. Je vous écoute."

"Barbee est parti, n'est-ce pas ? Et la porte est fermée ?"

"Oui."

"Alors rapproche-toi pour que je n'aie pas besoin de parler fort et que je l'enlève de mon système : avant la mort de ton père, il ne gagnait pas beaucoup d'argent, pas autant qu'il en dépensait. Il ' J'étais lié à un jeu de mining-stock qu'il ne connaissait pas très bien, et pendant longtemps, tout ce que j'avais nettoyé ici, il l'avait laissé tomber dehors.

« Et plus il s'enfonçait dans le trou, plus il jouait au jeu : il y avait des moments où je ne croyais pas qu'il se souciait de ce qui se passait. Chaque fois qu'il avait besoin d'argent, tout ce qu'il avait à faire était de tremper un autre plâtre sur le trou . ranch, emprunte encore à son père. Un vieux numéro dix est maintenant recouvert d'épaisseur, Steve, jusqu'à la garde.

"Eh bien, quand Phil Packard est mort, il l'a fait comme s'il avait fait tout le reste, comme s'il avait vécu, faisant croire à un homme qu'il était pressé d'en finir avec un travail. Monter à cheval une semaine et" la semaine prochaine, on m'envoie chercher là-bas. Il désigna d'un signe de tête une pièce isolée de la grande maison. "Et puis il m'a parlé de toi."

Packard attendit qu'il continue, sans faire de commentaire. Royce, penché sur sa chaise, se redressa un peu, se secoua et poursuivit :

"Il avait retiré de l'argent à la banque, tout ce qui lui restait. Je ne sais pas pourquoi, mais de toute façon, il l'avait sous son oreiller à côté de son vieux Colt. Et il me l'a donné en disant qu'il avait été surpris soudainement. et inattendu par sa mort, et pour que je m'en occupe et que je veille à ce que tu l'aies à ton retour. C'était en billets verts, un petit rouleau pas plus gros que ton pouce, et quand je les ai comptés J'ai failli tomber mort. Dix petits bouts de papier, Steve, et chacun valait mille dollars ! Phil Packard m'a glissé dix mille dollars cette nuit-là, pas une demi-heure avant son départ. Pour vous. Et je je les ai eu pour toi, Steve ; je les ai eus en toute sécurité pour toi. "

Ses grosses épaules se soulevaient et s'abaissaient dans un profond soupir ; il passa une main endurcie par le travail sur son front. Packard ouvrit les lèvres comme pour parler, mais resta silencieux pendant que Royce continuait :

"J'ai pris l'argent, Steve, et je suis sorti fumer une cigarette, et mes mains tremblaient comme si j'avais froid ! Dix mille dollars dans ma poche arrière ! C'était une nuit sombre et je n'en ai pas perdu dix-neuf." "Je cache la liasse dans un bon endroit sûr. Ce qui," lentement, "c'était la dernière fois que je le voyais!"

"Je pensais que tu avais dit--"

"Je l'ai mis en sécurité ? Oui. Mais je n'ai jamais rien vu depuis cette nuit-là, Steve. La nuit où ton père est mort, la nuit où j'ai caché l'argent, c'est la nuit où je suis devenu aveugle."

"Tu ne m'en as pas encore parlé, Bill," dit doucement Packard.

"Non, mais j'y vais maintenant. Cela fait partie du fil que je dois filer ce soir. Comme je l'ai dit, j'ai pris la liasse - ton père l'avait glissée dans une sorte de portefeuille plat - et je suis sorti. " Il faisait déjà nuit et il faisait noir. Dix mille dollars pour que je garde votre sécurité ! "

Il passa de nouveau la main sur son front.

"Je savais où il y avait une pierre dans les fondations du coin de la maison que je pouvais détacher ; où si je mettais les billets verts, ils ne se gâteraient pas s'il pleuvait ou même si la maison brûlait. Je les ai collés là-dedans, J'ai récupéré le rocher comme avant, je me suis assuré que personne ne me voyait et je suis parti tout seul fumer une cigarette.

"Parce que pourquoi ai-je pris ce risque ? Je n'ai pris aucun risque du tout, je te le dis, Steve ! Comment le savais-je, ton père délirait à l'arrivée, ce qui était carrément rapide, mais il donnerait le coup. Et dans le ranch, il y avait des hommes qui feraient n'importe quoi pour dix mille, donnez-leur le spectacle.

"Votre grand-père était venu et il avait amené Blenham avec lui et son mécanicien, Guy Little; et il y avait quelques nouveaux hommes dans la tenue que j'avais moi-même choisie et que je savais être des hommes coriaces.

"Non ! Je n'ai pris aucun risque, vu que l'argent était à toi et pas à moi. Je l'ai collé dans le mur et je me suis faufilé et pendant trois heures je suis resté accroupi là dans le noir avec mon arme. dans ma main, attendant et regardant. Ce qui jouait aussi prudemment qu'un homme pouvait le faire, n'est-ce pas, Steve ?

Packard se leva et vint aux côtés de Royce, posant doucement sa main sur l'épaule du contremaître.

"Il me semble que vous avez fait beaucoup pour moi, Bill," dit-il très simplement.

"Peut-être", dit Royce pensivement. "Mais pas plus qu'un partenaire ne devrait faire pour un autre ; pas plus que tu ne ferais pour moi, Stevie. Je ne te connais pas ? Donne-toi la chance que tu fasses autant pour moi ; eh, mon garçon. Eh bien, voici le reste de l'histoire : ton père était mort : le vieux Hell-Fire se mouchait pour que vous l'entendiez à un kilomètre et je me sentais faible et malade, sachant tout ce qui se passait. tout d'un coup, Phil Packard avait été sacrément gentil avec moi et voulait lui dire, alors maintenant c'était trop tard. Tard et comme il faisait noir, je suis descendu au dortoir, j'ai dit aux garçons de rester là. pour les ordres le matin, j'ai sellé mon cheval et je l'ai battu pour un endroit calme où je pouvais réfléchir. Je n'ai jamais voulu autant réfléchir de ma vie, Steve. Tu te souviens de la vieille cabane près du gros bois du côté est ? "

"Le vieux McKittrick ? Oui."

"Eh bien, j'y suis allé pour faire un feu dans la vieille cheminée et m'asseoir et réfléchir. Mais je dois vous parler d'un certain nom de Johnny Mills. Vous ne le connaissiez pas ; il travaille pour le Tenue de Brocky Lane maintenant. Eh bien, Johnny était un aussi bon cow-man qu'on voudrait, mais il fallait toujours le surveiller pour qu'il ne glisse pas pour aller chasser les cailles. Avec un fusil de chasse, il était le meilleur ailier. -shot dont j'ai jamais entendu un homme parler.

"Il avait l'habitude de se faufiler vers la cabane de McKittrick où il gardait un vieux fusil de chasse à chargement par la bouche, et il tirait des cailles autour d'eux qui jaillissaient là-haut alors qu'il aurait dû travailler. Puis il arrivait. et se vantait, racontant qu'il n'avait jamais raté un coup. Les garçons, juste pour taquiner Johnny, étaient allés à la cabane le jour même et avaient dégainé son coup, juste en laissant la poudre tranquille pour que Johnny réfléchisse. il avait raté quand il avait appuyé sur la gâchette et aucun birdie n'était tombé.

" Vous voyez où je veux en venir ? J'ai attaché mon cheval et j'ai commencé le long du petit sentier à travers les buissons de houx sauvages jusqu'à la cabane. Quelqu'un m'attendait et m'a donné les deux barils en plein visage. C'est à ce moment-là que et comment mes lumières se sont éteintes, Steve.

Ce fut un choc et Packard pâlit ; Royce avait mis si longtemps à donner ses explications, puis avait exposé la catastrophe avec une telle brutalité que son auditeur restait un instant sans voix. Présentement-

« Tu sais qui a fait ça, Bill ? Il a demandé.

"Si je le savais, c'est sûr, j'irais le chercher ! Mais je ne sais pas, pas sûr." Ses grandes mains se crispèrent jusqu'à trembler de leur propre tension. "C'est dur de devenir aveugle, Steve !"

Ses mains se détendirent ; il restait assis, regardant fixement ce néant noir qui l'engloutissait toujours. Lorsqu'il reprit la parole, ce fut tristement, désespérément, comme un homme communiant avec son propre chagrin, inconscient de la présence d'un auditeur :

"Oui, c'est normal d'être aveugle. S'il y a quelque chose de pire, j'aimerais savoir ce que cela pourrait être. Marcher dans le noir, toujours dans le noir, trébucher et tomber et entendre un homme rire. ... pour jeter tête première sur une boîte qui avait été glissée sur votre chemin - "

"Blenham a fait ce genre de chose ?" » demanda sèchement Packard.

Cela aurait fait du bien à Bill Royce de voir son regard à ce moment-là. Royce hocha la tête.

"Blenham a fait tout ce à quoi il pouvait penser", marmonna-t-il sans couleur. « Et il pourrait penser à bien des choses. Tout de même – peut-être un jour… »

"Et pourtant tu es resté, Bill ?" quand la voix de Royce s'est arrêtée.

« J'avais promis à ton père que je serais là – avec la pièce – à ton retour. Il savait et je savais que tu pourrais exploser et ne jamais avoir de nouvelles à moins que je ne sois là tout le temps. Un vieux Packard, après que je sois devenu aveugle, je suis allé le voir et il m'a promis que je pourrais rester tant que j'obéirais aux ordres. Ce que j'ai fait, quels qu'ils soient.

"Mais la fin est venue maintenant, n'est-ce pas, Steve, mon vieux partenaire ? Mais pour raconter cette histoire et avoir l'argent entre tes mains : je ne savais pas qui avait essayé de le faire pour moi, mais j'ai deviné ça devait être quelqu'un qui avait découvert d'une manière ou d'une autre les dix mille et pensait que je les avais sur moi. Quand je suis arrivé à la cabane et que j'ai d'abord essayé de me procurer une bouchée de tabac, j'ai trouvé mes poches. tout s'est retourné du mauvais côté. Cela aurait pu être Johnny Mills lui-même ; il ne savait pas que l'arme avait été trompée ; cela aurait pu être Blenham ; cela aurait pu être Guy Little ; cela aurait pu être quelqu'un d'autre. Mais je' J'ai toujours pensé et je prie pour que j'avais raison et qu'un jour je saurai que c'était Blenham.

Il se leva brusquement.

"Allez-y, Steve," dit-il, sa voix étant aussi terre à terre qu'autrefois. "C'est à vous de monter le troupeau sur vos propres simflouz maintenant."

"Vous l'avez laissé au même endroit ? Dans le mur de fondation rocheux ?"

"Oui. Je n'ai pas pu trouver un endroit plus sûr."

"Et tu n'y es pas retourné tous ces mois ?"

"Pas jusqu'à samedi soir dernier. Cela faisait à peine six mois. J'ai pensé que je m'assurerais une fois tous les six mois. J'y suis allé au milieu de la nuit et je me suis assuré que personne ne me suivait, Steve. Allez-y. ".

Packard passa son bras sous celui de Royce et ils allèrent côte à côte. La nuit était remplie d'étoiles ; il n'y avait pas de lune. Le mur, alors qu'ils contournaient le coin de la maison, brillait pâle ici et là où une surface blanche brillait vaguement à travers les ombres.

"Il n'y a personne autour, n'est-ce pas, Steve ?" murmura Royce.

"Personne", lui assura Packard. "Où est-il, Bill ?"

Les mains de Royce, tâtonnant le mur, s'arrêtèrent enfin sur un bouton de pierre près de la base des fondations. Il tira ; la pierre, grossièrement équarrie, s'enleva, laissant un trou béant. Royce y plongea la main, fouilla brièvement et en sortit aussitôt un portefeuille plat bien serré.

« Le vôtre, Steve ! » dit-il alors, une note rapide et palpitante de pure joie dans son cri. "Aveugle comme j'étais, je l'ai mis pour toi ! En voici dix mille, Steve. Et la chance de récupérer le vieux Numéro Dix."

Packard prenait le portefeuille qui lui était offert. Soudain, Royce le repoussa brusquement.

"Laissez-moi m'en assurer encore une fois", dit-il précipitamment. "Laisse-moi être sûr d'avoir bien réussi."

Il fouilla dans le portefeuille, ouvrit le rabat, en sortit le contenu, un joli paquet de billets de banque pliés. Il comptait lentement.

"Dix d'entre eux", annonça-t-il triomphalement en remettant le portefeuille à son véritable propriétaire.

Packard les a emmenés et ils sont rentrés à la maison. Les rayons de la lampe les rencontrèrent ; par la porte ouverte, de retour au salon, ils marchèrent côte à côte. La table entre eux, ils s'assirent. Packard posa le portefeuille et étala les dix billets.

"Bill," dit-il, et il y avait une note étrange dans sa voix, "Bill, tu as traversé l'enfer pour moi. Ne le sais-je pas ? Et tu dis que j'en ferais autant pour toi ? tu en es sûr, Bill ? »

Royce rit et se frotta les mains.

"Bien sûr, Stevie," dit-il.

Les yeux de Packard tombèrent sur la table. Devant lui se trouvaient les dix billets de banque impeccables. Chacun coûtait un dollar. Dix dollars en tout. Son héritage, sauvé par Bill Royce.

"Bill, vieil homme," dit-il lentement, "tu m'as appris à jouer à ce jeu. Priez pour que je puisse être aussi blanc avec un partenaire que vous l'avez été."

Et, froissant les billets d'un geste brusque, il les fourra dans sa poche.

CHAPITRE VII

LE VIEUX LION DES MONTAGNES DESCEND DU NORD

Il était peut-être huit heures, le matin bleu, sans nuages et toujours. Packard s'était brièvement entretenu avec Barbee ; les hommes du Ranch Numéro Dix s'étaient mis à leur travail. Steve et Bill Royce, chevauchant côte à côte, avaient gravi l'une des collines plates et sans arbres de la haute vallée et étaient maintenant assis en silence pendant que Royce tâtonnait avec sa pipe et que Steve jetait un long regard impatient à travers les prairies ouvertes parsemées de avec du bétail au pâturage.

Soudain, leurs deux chevaux et les autres chevaux broutant dans un champ plus bas relevèrent brusquement la tête, toutes les oreilles pointées vers l'avant. Et pourtant Steve n'avait entendu aucun son venant gâcher la parfaite sérénité de cette jeune journée. Il tourna un peu la tête, écoutant.

Puis, d'une certaine distance, lui parvint un son étrangement incongru dans le silence du début, un cri ou un cri sourd, un bruit sauvage, bruyant et hurlant qu'il ne pouvait pas cataloguer pour sa vie.

C'était faible parce qu'il traversait une si grande distance et pourtant c'était clair ; ce n'était pas le cri lancinant d'un lion de montagne, ni le cri d'un cheval frappé par la mort, rien de ce qu'il avait jamais entendu, et pourtant cela suggérait ces deux sons.

"Facture!" il a commencé.

"Je l'ai entendu," marmonna Royce. "Et je l'ai déjà entendu ! Dans une minute——"

Royce s'interrompit. Le son, calmé une seconde, revint, paraissant déjà beaucoup plus proche et plus hideux. Le cheval de Steve renifla et plongea ; certains des poulains du pâturage relevèrent les talons et s'enfuirent avec leur crinière et leur queue flottantes. Royce remplit et alluma calmement sa pipe.

Immobilité à nouveau pendant peut-être dix ou vingt secondes. Steve, sur le point de demander une explication à son compagnon, le regarda fixement alors que le bruit hurlant résonnait.

"Vous pouvez entendre le blâme à dix milles", grogna Royce. "Ce n'est qu'à environ la moitié de cette distance maintenant. Gardez un œil rivé sur la route qui traverse la vallée où elle débouche sur Blue Bird Cañon."

Et puis Steve a compris. Dans l'air clair de la vallée s'élevait un nuage de poussière grandissant ; à travers lui, hors de l'ombre du canon et dans la lumière du soleil, une automobile scintillante jaillit, à peine plus qu'une traînée lumineuse alors qu'elle filait à toute vitesse le long de la pente courbe.

« Terry Temple ? » haleta le jeune Packard. Royce se contenta de grogner à nouveau.

"Juste tu regardes", fut tout ce qu'il dit.

Et, n'ayant besoin d'aucune invitation, Packard observait. La sirène de l'automobile – il n'en avait jamais entendu une pareille, il savait qu'une telle chose ne serait tolérée dans aucun des centres de circulation du monde – fit retentir une longue note lamentable qui traversa la vallée en échos ondoyants.

Puis il devint silencieux alors que, après le dernier des virages dangereux derrière lui, le long roadster s'enfonçait dans la vallée. Packard, lui-même conducteur expérimenté, avec sa propre part de sang imprudent, ouvrit la bouche et regarda fixement.

Il était difficile de croire que les grands rouets étaient au sol ; l'engin ressemblait davantage à un avion se contentant de raser la terre mais avide de vitesse. Seule la façon dont il a plongé, fait une embardée, fait un écart et replongé à nouveau témoignait de pneus très gonflés aux prises avec des ornières et des trous de mandrin.

"L'idiot!" » a-t-il crié alors que la voiture négociait un virage sur deux roues sans aucun signe de diminution de vitesse. "Il va se transformer en tortue. Il roule à soixante milles à l'heure en ce moment. Et sur ces routes..."

"Il est plus probable que j'en fasse soixante-quinze", grogna Royce. "Il peut en faire dix de mieux que ça. Sur l'autoroute, il en a fait cent sans faute. Cette voiture, mon garçon..."

"Il va dans le fossé !" s'exclama Steve avec enthousiasme.

La voiture, qui roulait à toute allure, était déjà suffisamment proche pour que Steve puisse distinguer ses deux passagers, un homme penché sur le volant, un autre homme, ou un garçon, car la silhouette était petite, s'accrochant sauvagement à sa place sur le marchepied. , semblant toujours en danger imminent d'être rejeté.

"Il est ivre !" claqua Packard avec colère. "De tous les idiots aveugles !"

Un autre coup de klaxon strident, qui envoya de vieilles vaches tranquilles se précipiter d'un côté à l'autre pour s'écarter du chemin, et la voiture quitta la route et se dirigea vers le champ ouvert, se dirigeant tout droit vers la colline où se trouvaient les deux cavaliers. En secouant son cheval, Steve descendit à la rencontre des nouveaux arrivants. Et puis--

"Mon Dieu ! C'est mon grand-père ! Il est devenu fou, Bill Royce !"

"Pas plus fou que d'habitude", a déclaré Royce.

La voiture s'est arrêtée brusquement. L'homme sur le marchepied – il avait un visage d'homme, aux yeux vifs, perçants et avides, et le corps d'un petit garçon – sauta de sa place et disparut en un éclair sous le moteur. L'homme au volant se redressa et descendit en s'étirant les jambes. Steve, descendant de sa selle et s'avançant, le mesura avec des yeux étonnés.

Et c'était un homme que les hommes regardaient, c'était le vieux Packard. Plein d'années, il n'en était pas moins plein de vigueur, vigoureux, vigoureux et respirant. Une grande barbe blanche, coupée en carré, tombait sur toute sa poitrine ; sa moustache blanche était maintenant aussi courbée vers le haut qu'il y a cinquante ans, quand il était aussi un homme que les femmes pouvaient regarder.

Il était habillé comme Steve l'avait toujours vu, avec une culotte en velours côtelé noir, de hautes bottes noires, un large chapeau noir – un homme mesurant six pieds de haut, se portant aussi droit qu'une baguette, sa poitrine aussi puissante qu'un soufflet de forgeron, le mollet de sa jambe aussi épaisse que la cuisse de beaucoup d'hommes ; de grandes mains dures, aux doigts tordus par le travail ; le visage buriné comme celui d'un vieux capitaine de vaisseau, avec des yeux comme le bleu glacé d'un ciel clair d'hiver.

Sa voix lorsqu'il parlait retentissait soudainement, profonde, riche et chaleureuse.

« Étienne ? » il a ordonné.

Steve dit "Oui" et tendit la main, ses yeux brillants, réalisant de manière surprenante qu'il était extrêmement heureux de revoir le père de son père. Le vieil homme prit la main tendue dans une poigne ferme et la tint pendant un moment, tandis que, l'autre main sur l'épaule de son petit-fils, il regardait fixement Steve dans les yeux.

"Quel genre d'homme ont-ils fait de toi, mon garçon ?" » demanda-t-il sans détour. "Il y a en chacun de nous l'étoffe d'un imbécile, d'un escroc et d'un homme blanc. Qu'est-ce que tu es pour un homme ?"

Steve rougit un peu sous le regard direct et perçant, mais dit d'un ton ferme :

"Pas un escroc, j'espère."

"C'est quelque chose, si ce n'est pas tout", renifla le vieil homme en retirant sa main, il trouva et alluma un long cigare. "Blenham m'a dit que tu l'avais viré hier soir ?"

Le jeune Packard hocha la tête, observant le visage de son grand-père à la recherche du premier signe d'opposition. Mais tout à l'heure, le visage du vieil homme ne disait rien.

"Tu penses diriger l'entreprise toi-même, Stephen ?" vint doucement la question suivante.

"Oui. J'avais prévu de venir te voir dans un jour ou deux pour discuter de tout cela. Je comprends que mon père m'a tout laissé et que tout cela est assez lourdement hypothéqué pour toi."

"Euh. J'ai laissé Phil avoir une bonne somme d'argent sur le numéro dix d'abord et en dernier, mon garçon. Tu ne veux pas le payer ce matin, n'est-ce pas ?"

Steve a ri.

"Je suis fauché, Grandy," dit-il légèrement, adoptant inconsciemment l'ancien titre pour l'homme qui l'avait amené à l'aimer et à le détester une vingtaine de fois. « Mon fonds de roulement, estimé hier soir, s'élève à environ soixante-quinze dollars. Cela ne changerait pas tout à fait l'affaire, n'est-ce pas ? »

Les yeux du vieil homme se plissèrent.

"Tu veux dire que soixante-quinze dollars, c'est tout ce que tu as à montrer pendant douze ans ?" » demanda-t-il brusquement.

Encore une fois, comprenant à peine pourquoi, Steve rougit. Un homme devait-il avoir honte de ne pas avoir amassé des richesses, surtout quand il n'avait jamais eu en lui un désir soutenu pour l'or ? Il ne devait un centime à personne, il suivait son propre chemin, il ne demandait aucune faveur – et pourtant il y avait une lueur de défi dans ses yeux, une pointe de défi dans son ton, quand il répondit brièvement.

"C'est tout. Je n'ai pas mesuré la vie en dollars et en centimes."

" Alors tu as raté une foutue bonne mesure, mon fils ! Je ne dis pas que c'est le seul, mais ça fera l'affaire pour les premiers. Mais tu n'as pas besoin d'avoir peur, je suis allé dans le une entreprise de prédication… Et avec ces soixante-quinze dollars, vous commencez à diriger une grosse entreprise de vaches comme celle-ci, n'est-ce pas ?

Il y avait une lueur de moquerie dans les yeux bleu clair que Steve ne donnait aucun signe de voir.

"J'ai un gros travail à accomplir et je le sais", dit-il doucement. "Mais je vais aller jusqu'au bout."

"Il n'y a aucun doute sur l'ampleur du travail ! Il est grandeur nature, à la taille d'un homme, de la taille du numéro dix, si vous voulez le dire ainsi. Il faut qu'un vrai homme le fasse. Sachez à quel point vous êtes hypothéqué. pour?"

"Non. J'allais te le demander."

"Près de cinquante mille dollars, en comptant les intérêts impayés. Vous n'en avez jamais vu plus en un jour, je pense."

Steve haussa les épaules. Ceci pour cacher sa première envie de siffler. Cinquante mille… eh bien, il ne savait pas que le ranch Numéro Dix valait autant d'argent. Mais cela devait valoir bien plus si son grand-père avait autant progressé dans ce domaine.

"C'est un joli petit tas", admit-il négligemment.

Le vieillard grogna, fourra les mains dans ses poches et tira profondément sur son cigare. Steve a roulé une cigarette. Dans le silence qui les enveloppait, ils entendaient le bruit de la clé du mécanicien.

« Quelque chose ne va pas avec la voiture ? » demanda Steve pour briser un silence désagréable.

"Pas à ma connaissance. Il jette juste un coup d'oeil pour s'en assurer, je suppose. C'est pour ça qu'il est là. Il sait que je dois retourner chez moi en quelques secondes."

Steve sourit ; par la route des chariots, le ranch de son grand-père se trouvait à cinquante milles au nord.

"Tu ne penseras pas à rentrer avant midi."

"N'est-ce pas ? Mais je le ferai, cependant, mon fils ; Blenham reste dans les parages, attendant que je le dise, alors ce qu'il fera ensuite." Il ouvrit une grande montre et la regarda un instant, les lèvres pincées. "Je serai de retour à la maison dans juste une heure et demie. Tout ce que j'ai, c'est quinze minutes pour parler avec toi ce matin."

"Vous voulez dire que vous pouvez parcourir ces cinquante milles en une heure et quart !"

"Je l'ai fait en moins de temps ; si j'étais pressé, je le ferais en une heure chrono. Mais en tenant compte du temps mort, j'ai besoin de quinze minutes de plus. Et maintenant, si nous voulons arriver quelque part ———"

Il s'arrêta brusquement et resta à jouer avec sa grosse montre en la passant d'avant en arrière dans la boucle qu'il avait faite de sa lourde chaîne, son regard fixe et sérieux et scrutant son petit-fils.

"Stephen," dit-il brusquement, "Je ne joue aucun favori dans mon vieux âge. Et je ne donne pas de grosses sommes d'argent au hasard. Vous ne comptiez pas sur quelque chose comme ça. , était vous?"

"Non, je ne l'étais pas", annonça rapidement Steve. "Je me souviens de votre vieille théorie selon laquelle un homme devrait se frayer un chemin sans aide, que..."

" Que quoi qu'il ait, il doit l'obtenir avec sa seule tête et son ensemble de mains. Maintenant, les choses que j'ai à dire, je les cracherai une à la fois : d'abord, j'aimerais que vous veniez me rendre visite. " Je vais passer un moment chez moi. Le ferez-vous ? Aujourd'hui, demain, quand vous en aurez envie. "

"Oui, j'en serai heureux."

"C'est bien. Nex', même si tu étais la bonne personne pour ce travail, tu ne peux pas sauver ce ranch maintenant ; il est trop tard, il y a trop de choses à déterrer en trop peu de temps. J'ai mes crochets dedans. profondément et chaque fois que cela arrive, je ne lâche pas prise. Je veux que tu arrêtes avant de commencer.

Steve eut l'air surpris.

"Sûrement," dit-il avec émerveillement, "vous ne voulez pas que je vous donne le ranch simplement parce que vous détenez les hypothèques sur celui-ci ?"

"Les affaires sont les affaires, Stephen", dit sévèrement le vieil homme. "Parfois, entre Packard, les affaires sont un enfer. Ce serait ça pour toi. J'ai commencé à me procurer cette tenue et je l'aurais. Et en le faisant, je perdrais mon temps à part casser. " vous tous en mille morceaux. Mieux vaut laisser tomber. "

Steve ne s'y attendait guère. Mais il répondit calmement, voire avec légèreté.

"Je pense que j'aimerais essayer de le retenir."

"Cela fait deux choses", dit sèchement le vieil homme Packard. "Le numéro trois, c'est ici : Blenham me dit, tu as nommé Royce comme contremaître sous tes ordres ?"

"Je lui ai proposé le poste. Il pourrait l'avoir encore s'il le voulait. Mais il a refusé. J'ai confié le poste à un homme nommé Barbee."

« Barbé ! » s'écria le vieillard. "Barbee ! Ce canari jaune ? C'est lui ?"

"Oui," rétorqua Steve avec un peu de raideur. « Quelque chose ne va pas chez lui ?

"Je n'ai pas parcouru cinquante milles pour parler de geais, de canaris et autres", grogna son grand-père. "Mais voici une chose que je dois dire : ce ranch va bientôt m'appartenir ; c'est dans les cartes, face visible. Il est aussi bon que le mien maintenant. Je le gère moi-même depuis six mois. Je veux bien les choses, vous m'entendez ? Que savez-vous de la gestion d'une grande entreprise ? Qu'est-ce qu'un enfant sans moustaches comme Barbee en sait ? Vous pensez que je veux que tout se déroule dans le talon quand il s'agit de moi ? Non, monsieur ! " Non. Je ne le sais pas. Blenham connaît la configuration du terrain, Blenham connaît mes habitudes, Blenham sait comment diriger les choses. Je veux que vous remettiez Blenham au travail !"

Steve se mordit la lèvre, retenant une réponse chaude.

« Grand-père, » dit-il lentement, « et si nous prenions un peu plus de temps pour nous mettre au clair ? Je veux faire ce qui est juste ; je sais que vous voulez faire ce qui est juste et équitable. Je suis prêt à vous consulter sur les questions liées au ranch ; Je viendrai vous demander conseil, si vous me le permettez ; j'essaierai de garder le ranch à jour et" - avec un sourire - " entre mes mains et hors des vôtres. C'est une bonne proposition sportive. Mais quant à Blenham… »

« Remettez-le comme contremaître et je parlerai honnêtement avec vous. Je veux que Blenham revienne ici, Stephen. Vous comprenez cela ? »

"Et," s'écria enfin Steve avec un peu de chaleur, "je vous dis que je vais diriger le ranch moi-même. Et que je n'aime pas Blenham."

" Bon sang, " s'écria violemment le vieil homme, " écoute le garçon ! Tu n'aimes pas Blenham, hein ? Tu vas diriger le ranch toi-même, hein ? Eh bien, je te dis qu'il est aussi bon que le mien en ce moment ! Comment vas-tu ? Tu vas payer tes hommes, comment vas-tu leur acheter de la nourriture, où vas-tu trouver de l'argent de poche ? Allez dire aux gens que vous m'êtes hypothéqué pour cinquante mille dollars et voyez combien ils vous mettront en jeu en plus de ça. Ou venez vers moi et essayez d'en emprunter davantage, si vous pensez que je suis un gars facile. Eh bien, Steve Packard, vous—vous êtes un imbécile ! "

"Merci," dit sèchement Steve. "J'ai déjà entendu ça."

"Et vous l'entendrez encore, par le Seigneur ! En dix langues, si vous trouvez des hommes parlant autant de jargons. Ici, je viens courir tout ce chemin pour être décent avec vous, pour voir s'il n'y a pas un moyen de t'aider——"

"Aidez-moi à sortir de ma propriété", modifia Steve. "Je ne me souviens de rien d'autre que tu as proposé de faire pour moi !"

"Je l'ai dit une fois", criait son grand-père, ses deux gros poings soudain serrés et levés de manière menaçante ; "Tu es un jeune connard hurlant ! C'est ce que tu es devenu pour un homme, Stephen Packard. Viens ici les mains vides et essaie de me rebuter, n'est-ce pas ? Moi qui ai arrêté des hommes meilleurs que vous tous ma vie, moi qui ai déjà les hameçons en toi profondément, moi qui ne suis pas un vieux caïd dodderin' softy pour remettre à un vagabond paresseux et sans changement tout ce que j'ai accumulé année après année. Tu ? Rentrez et virez mes hommes, occupez-vous de mes affaires... Eh bien, espèce de jeune chiot impudent, vous : je vais vous faire mettre votre queue entre vos jambes et hurler comme un kiote avant d'en avoir fini avec vous. !"

Steve le regarda désespérément ; il aurait pu s'y attendre depuis le début, même s'il avait au moins espéré une amitié. S'il devait y avoir un conflit d'objectifs, il aurait pu souhaiter que celui-ci se déroule de manière amicale. Mais quand Hell-Fire Packard a-t-il jamais serré la main de l'homme auquel il s'opposait en quoi que ce soit, quand a-t-il jamais vu un rival commercial sans sabot fourchu, sans cornes et sans queue pointue ?

"Je suis désolé que tu voies les choses de cette façon, Grandy. Il est tout à fait naturel que je cherche à détenir ce qui m'appartient."

"Alors tais-toi, jeune imbécile !" s'enflamma le vieil homme. "Mais ne me demande pas de me tenir la main ! Je m'en prends à tes dents et à ton gros ongle ! Si le Ranch Numéro Dix n'est pas à moi en particulier avant que tu n'aies un an de plus, je veux savoir. pourquoi!"

"Je pense", dit le petit-fils, luttant contre lui-même pour retrouver son calme et son discours calme, "que je peux aborder toute autre affaire avec votre avocat. Intérêts échus———"

"Avocat?" tonna Packard senior. "Depuis quand ai-je recours à la justice et aux avocats dans ma pièce ? Vous pensez que je suis un escroc, monsieur ? Voulez-vous insinuer que je suis un escroc ?"

"Je ne veux rien dire de tel. Une hypothèque est une question juridique, le paiement des intérêts et du principal———"

"Gars Petit !" appela le vieil homme. "Guy Little ! Tu vas rester sous cette voiture toute la journée ?"

Le mécanicien apparut aussitôt, les mains et le visage gras et noirs et prit place sur le marchepied.

"Tout est prêt, monsieur", annonça-t-il imperturbablement.

Après une demi-douzaine d'enjambées, son maître atteignit la voiture ; en autant de secondes, le puissant moteur palpitait. Le klaxon hurlant donnait l'avertissement, les troupeaux tranquilles de la vallée écoutaient, levaient la tête et se mettaient au garde-à-vous, prêts à détaler d'un côté ou de l'autre selon le besoin. Les roues ont tourné, la voiture a cahoté sur les inégalités du terrain, a fait un brusque écart, a tourné, a pris de la vitesse et s'est enfuie en trombe vers la route de la vallée.

Trois fois avant de tirer dans la bouche de Blue Bird Cañon, le mécanicien crut que son employeur avait parlé ; à chaque fois qu'il écoutait, il ne parvenait à capter aucun autre son que celui émis par le moteur et les roues qui roulaient à toute allure. Une fois, il a dit : « Monsieur ? et j'ai eu seulement le silence pour une réponse.

Il secoua la tête et se demanda : ce n'était pas la manière de Packard de marmonner pour lui-même. Et de nouveau, prêt à sauter pour sauver sa vie alors que la grosse voiture prenait un virage dangereux, les yeux rivés sur le talus à quelques centimètres des pneus chantants, il capta un son à travers le souffle du sparton qui devait sûrement provenir du les lèvres du conducteur.

"Qu'est-ce que tu dis?" » a crié Guy Little.

Pas de réponse. Il aperçut fugacement un fermier à la tête de ses deux chevaux en plongée, là où l'homme les avait précipitamment écartés et remontés sur le flanc de la montagne. Ils continuèrent leur course. Et encore une fois, Packard avait sûrement dit quelque chose.

"Tu me parles ?" appelé Petit.

Puis, pendant une infime fraction de seconde, Packard détourna les yeux de la route et son regard rencontra celui du mécanicien. Les yeux du vieil homme brillaient étrangement.

"Merde, Guy Little," grogna-t-il bruyamment, "un homme ne peut-il pas rire quand il se sent loin ?"

Et Guy Little se rendit soudain compte que depuis qu'ils avaient quitté le Ranch Numéro Dix, le vieil homme riait avec ravissement.

CHAPITRE VIII

DANS LA VILLE DE RED CREEK

La petite ville de Red Creek avait sa propre individualité. Il aurait pu se targuer, s'il avait eu le moindre sens civique, de son éloignement. Elle se tenait à l'écart du reste du monde, à une distance sûre de toutes ses colonies rivales, et même séparée comme par méfiance de sa propre gare ferroviaire qui brûlait et brûlait au soleil à un bon demi-mile à l'ouest. Ayant grandi ici au hasard bien avant que le « Gap » ait été conquis par la « piste de fer », il a ignoré l'appel des rails scintillants et a refusé de s'étendre vers l'artère de circulation.

Plus que tout cela, Red Creek donnait l'impression, pas du tout incorrecte, de se diviser en deux sections vigilantes qui se regardaient avec méfiance, avec un penchant cynique et insociable. Sa rue principale était aussi large que l'avenue Van Ness et au milieu de celle-ci, comme une frontière entre deux camps hostiles, s'étendait un ruisseau qui partageait son nom avec la ville.

Les berges çà et là étaient du rouge brique d'un sol dont le principal minéral était le fer ; çà et là étaient masqués par des saules. Il y avait deux ponts peu sûrs sur lesquels les hommes passaient rarement.

Car l'esprit qui avait plané sur la naissance de Red Creek lorsqu'un berger du nord et un vacher du sud avaient installé leurs cabanes l'un en face de l'autre, vivait désormais ; longtemps après que les vieilles querelles furent mortes et que la totalité des pâturages eut été conquise aux éleveurs de bétail, une nouvelle base de querelles s'était offerte au besoin de Red Creek.

Une grande partie de cela, Steve Packard le savait, puisque c'était le cas à son époque, avant de partir errer ; il avait beaucoup appris de Barbee au cours d'une longue conversation avec lui avant de parcourir les vingt-cinq milles jusqu'au village. Le vieux Packard avait attiré une multitude de serviteurs car ses intérêts étaient grands, ses employés nombreux et ses salaires généreux. Et, dans toute la campagne sur laquelle il projetait son ombre, il avait cultivé et fait croître une bonne récolte d'ennemis, des hommes avec lesquels il avait lutté, des hommes qu'il avait largement qualifiés de menteurs, de voleurs et d'assassins, des hommes dont il avait contracté des hypothèques, des hommes que, dans le grand match qu'il a joué, il avait brisé. La moitié nord de Red Creek était généralement et significativement connue sous le nom de Packard's Town ; la moitié sud vendait de l'alcool et des marchandises, offrait de la nourriture et un logement à des hommes qui entretenaient peu de sentiments amicaux pour la « foule » de Packard.

Ainsi, à Red Creek, il y avait deux saloons qui se faisaient face à travers la cicatrice rouge du ruisseau ; deux magasins, deux comptoirs-repas, deux forges , chacun lorgnant jalousement son rival. A cette époque, le bureau de poste avait été sécurisé par la faction Packard ; l'opposition reniflait son mépris et attirait l'attention sur le fait que le constable résidait avec eux. Les honneurs étaient donc égaux.

Steve Packard est arrivé en ville en fin d'après-midi, son motif clair, son besoin urgent. Si Blenham avait volé ses dix mille dollars pour lesquels il avait un appel si impératif à présent, alors Blenham avait été celui qui avait remplacé les gros billets de banque par les petits ; il y avait une chance que Blenham, il y a à peine une semaine ce soir, ait récupéré les billets d'un dollar à Red Creek. Si tel était le cas, Packard voulait le savoir.

"Il y a des choses, Barbee", avait-il dit sans détour, "que je ne peux pas encore vous dire ; je ne vous connais pas assez bien. Mais ceci, je peux le dire : je veux récupérer l'étiquette de Blenham."

"Moi aussi", dit Barbee.

"C'est une des raisons pour lesquelles vous avez le poste que vous occupez en ce moment. Voici cependant un point, que c'est à vous de savoir ; je soupçonne fortement que, pour des raisons qui lui sont propres, Blenham n'a pas mis les pieds depuis la dernière fois. du temps au Ranch Numéro Dix. Il reviendra, il viendra fouiner la nuit, il aura peut-être un moyen de savoir la première nuit de mon absence et il reviendra ensuite. Il a laissé quelque chose là-bas et qu'il veut. C'est du moins ainsi que j'enchaîne mon pari. Et pendant mon absence, vous êtes contremaître, Barbee.

Une lumière vacillante dansait dans les yeux bleus de Barbee.

"Ordres de votre part, si Blenham se présente la nuit———"

"Pour lui lancer un fusil et le chasser ! Le moyen le plus rapide. Ce soir, je veux que vous vous accroupissiez sous un arbre et que vous restiez éveillé toute la nuit. Pendant ce temps, vous pouvez avoir deux jours de congé si vous le souhaitez."

"Si je pensais qu'il se montrerait," et la voix du garçon n'était guère plus qu'un murmure enthousiaste, "je ne pourrais pas dormir si j'essayais!"

Ensuite Packard avait parlé un peu de Red Creek, posant ses quelques questions et avait appris que Blenham avait ses amis à "Packard's Town" où Dan Hodges du salon Ace of Diamonds était un vieux copain, ce "Whitey" Wimble du Old Trusty Le saloon d'en face détestait Hodges et Blenham comme un poison.

"Nous, les garçons", a ajouté Barbee, "nous avons toujours traîné à l'As de Carreau, étant les hommes de Packard. Après maintenant, quand je me déchaîne, je vais me faire des amis de l'autre côté de la rue. Les amis, c'est parfois utile. à Red Creek", a-t-il ajouté en souriant.

La route, lorsque l'on arrive à Red Creek par l'est, se divise au premier pont, une bifurcation devenant la moitié nord de la rue croisée, l'autre la moitié sud. Steve Packard, remplissant ses yeux des deux rangées de cabanes similaires, hésita brièvement.

Jusqu'à présent, il s'était toujours rangé du côté de Packard ; lorsqu'il était enfant, il considérait la section rivale avec un grand mépris, la considérant comme inférieure, se moquant d'elle comme un pur-sang lèverait les lèvres devant un bâtard indigne. Le préjugé était ancien et profondément enraciné ; il éprouvait un subtil sentiment de honte, comme si les yeux du monde étaient rivés sur lui, le regardant se tourner vers les « mouffettes et les varmints » que son grand-père avait appelés ces habitants de la section diffamée.

L'hésitation fut brève ; il retint son cheval avec impatience vers la gauche, se dirigeant droit vers l'enseigne affichée sur la haute fausse devanture du salon Old Trusty. Mais si brève que fût son indécision, elle n'était pas terminée qu'il avait aperçu au fond de la rue les lignes incongrues d'une automobile du type rouge de course.

"Boyd-Merril. Twin Eight", pensa Packard. "Donc nous nous retrouverons du même côté après tout, Miss Terry Pert !"

Il y avait des germes de contenu dans cette pensée. S'il devait s'agir d'une guerre de tir entre lui et son grand-père, alors, puisque de toute évidence les Temples étaient déjà en conflit avec le vieil homme Packard, il était tout aussi bien que le destin ait décrété que lui et Terry devraient être du même côté du monde. clôture, du même côté du combat, du même côté de Red Creek.

Il chatouillait son cheval d'un léger éperon ; malgré la manière dont leur dernière rencontre s'était déroulée, il pouvait espérer avec quelque chose qui s'apparentait à un empressement à une autre rencontre. Car, se dit-il négligemment, elle l'amusait énormément.

Mais la rencontre n'était pas encore là. Il vit Terry, habillé avec désinvolture, voire impertinente, alors qu'elle sortait du magasin et sautait dans sa voiture, remarqua comment la lumière du soleil brillait sur ses bottes hautes, comment elle flambait sur son foulard rouge gai, comment elle brillait sur un acier bruni. boucler le bandeau de son chapeau. Aussi brillante qu'un rayon de soleil elle-même, aimant les couleurs gaies autour d'elle, au loin, elle brillait et scintillait.

Il y avait une légère ombre de regret dans ses yeux alors qu'elle lâchait l'embrayage et s'éloignait en courant. Elle se dirigeait vers la rue, lui tournant le dos, en direction de la gare isolée. Au nord, il aperçut un panache de fumée noire grandissant.

"S'en aller?" se demanda-t-il. "Ou juste rencontrer quelqu'un ?"

Mais il était venu à Red Creek pour une affaire sans rapport avec Terry Temple.

Il avait compris que Blenham, si c'était Blenham qui avait découvert le secret de Bill Royce et pas plus tôt que samedi soir dernier, n'aurait pas perdu de temps pour acquérir les billets d'un dollar pour son tour de substitution ; que s'il était venu les chercher à Red Creek la même nuit, après la fermeture du bureau de poste et des magasins, il les aurait cherchés dans l'un des deux saloons ; que, puisque les devises sont toujours rares dans les villes de bétail de l'Ouest, il aurait peut-être dû se rendre dans les deux salons pour les obtenir.

Packard a commencé ses investigations dans le salon Old Trusty dont les portes étaient ouvertes à la légère brise de l'après-midi.

Dans la longue salle, une demi-douzaine d'hommes oisifs le regardèrent avec un léger intérêt, détournant brièvement leurs yeux du solitaire, du journal, du jeu de cribbage ou de tout ce qui avait retenu leur attention insouciante lorsqu'il entra.

Un simple coup d'œil ne lui montra aucun visage familier. Il se tourna vers le bar.

Derrière, un homme polissait des verres avec des mains rapides et habiles. Steve l'a connu immédiatement pour Whitey Wimble. C'était un albinos prononcé, d'apparence en mauvaise santé, avec des oreilles trop grandes et fines, de petits yeux pâles et des dents qui ressemblaient à de la craie. Steve lui fit un signe de tête et fit tourner un dollar sur le bar.

"Prends quelque chose", suggéra-t-il.

Wimble lui rendit son hochement de tête, cessa de polir pour avancer quelques verres scintillants et sortit une bouteille derrière lui.

"Cordialement", dit-il apathiquement, prenant son whisky avec l'enthousiasme et l'expression d'un homme observant les ordres de son médecin. "Un étranger à Red Creek ?"

"Je ne suis pas venu ici," répondit Steve, "depuis plusieurs années. Je n'ai jamais vu la ville aussi calme. C'était un petit endroit plutôt gay, n'est-ce pas ?"

"Il est encore tôt", dit Whitey, revenant à sa tâche interrompue. "Comme samedi, les garçons des ranchs arriveront bientôt. Et puis, ce n'est pas toujours aussi calme."

Packard a fabriqué sa cigarette, l'a allumée, puis a dit avec désinvolture : « Comment êtes-vous réglé pour les billets d'un dollar dans votre coffre-fort ?

"Nary", répondit Whitey Wimble sans se donner la peine de regarder dans sa caisse. "Nous ne voyons pas beaucoup d'argent de poche à Red Creek."

"Je suppose que c'est vrai", a admis Steve. "Mais ils sont parfois utiles, quand vous voulez envoyer un dollar dans une lettre ou quelque chose de ce genre."

"C'est aussi une blague ; je n'y avais jamais pensé." Ce qui était sans doute vrai, puisqu'il n'écrivait ni ne recevait de lettres.

"Les hommes d'ici n'ont pas beaucoup besoin du papier-monnaie, n'est-ce pas ?" » continua Packard négligemment, son intérêt semblant se concentrer sur sa fumée de cigarette. "Je parierais que personne d'autre ne vous a demandé un billet d'un dollar pour les boissons au cours des six derniers mois."

"Vous perdriez", a déclaré Whitey. "J'en avais trois dans le tiroir pour l'âge d'un raton laveur ; cet homme me les a demandés justement l'autre soir."

"Oui?" Il masqua son empressement en poussant une pièce de monnaie en avant. « La boisson est pour moi alors. Laisse-moi prendre un cigare. »

Whitey prit également un cigare, indiquant amicalement la meilleure boîte.

« Qui vous a demandé le papier-monnaie ? » continua Steve. "Il en a peut-être un dont il n'a pas besoin."

"C'était Stumpy Collins. Le cireur de bottes d'en face."

"Je vais le chercher ; hier, il les avait, dites-vous ?"

Wimble secoua la tête, réfléchit un instant et dit :

"C'était samedi soir dernier ; je m'en souviens parce qu'il y avait une foule très intelligente et j'étais occupé et Stumpy n'arrêtait pas de me harceler jusqu'à ce que je m'occupe de lui. Il ne lui restera plus rien d'ici, cependant ;

ce n'est pas une façon pour Stumpy d'économiser son argent longtemps. Pour la première fois, je l'ai vu avoir trois dollars d'un coup. "

Du Old Trusty Steve traversa la rue, laissant son cheval devant la porte de Wimble où il y avait un gros peuplier et une ombre reconnaissante. Traversant le deuxième des deux ponts, il tourna son regard vers la gare ; la voiture de tourisme rouge brillait au soleil, un train de marchandises arrivait justement, Terry n'était pas visible.

"Elle mangera avant de rentrer à la maison", pensa-t-il en se précipitant vers la maison de Hodges, l'As de Carreau. "Je la verrai au comptoir-lunch."

Niché à côté de l'As de Carreau se trouvait un stand de cireur de bottes, une affaire folle et faite maison avec un siège poussiéreux. Le porteur du pinceau et du cirage n'était visible nulle part. Steve passa et se présenta à la porte du salon, souhaitant venir voir Hodges, le copain de Blenham. Car il ne fallait pas beaucoup d'imagination pour soupçonner que c'était Hodges, à la demande de Blenham, ou Blenham lui-même, qui avait envoyé Moignon de l'autre côté de la rue chez Old Trusty.

Ici, comme à la place de Wimble, quelques hommes flânaient les bras croisés ; ici comme là, le patron se tenait derrière son propre bar. Hodges, un homme petit et trapu avec la gorge, la poitrine et les épaules d'un combattant et une bouche large aux lèvres fines, se penchait en avant avec des manches de chemise sales, mâchant un moignon de cigare humide.

"Bonjour, étranger," proposa-t-il avec désinvolture. "Quel est le mot?"

« Vous connaissez Blenham, n'est-ce pas ? » demanda doucement Steve. "Ça marche pour le vieux Packard."

"Bien sûr, je le connais. Et lui ?"

« Vous l'avez vu récemment ?

"Il y a dix minutes. Pourquoi ? Tu le veux ?"

Packard n'avait pas prévu cela, n'ayant aucune idée de la présence de Blenham en ville. Il hésita, puis dit rapidement :

« Il n'est pas encore parti, n'est-ce pas ? Où est-il maintenant ?

"Jusqu'au dépôt. Il traîne une jupe. Et une jupe aussi, prends-la-moi."

Il rit.

Steve eut soudain envie de gifler ce visage large et laid. Cependant, comme il ne pouvait formuler aucune raison logiquement suffisante pour justifier son acte, il déclara à la place :

« Peut-être que je le verrai avant de me retirer. Si je ne le fais pas, demande-lui s'il a perdu une liasse comme ça ?

Fugitivement, il montra le petit rouleau de billets de banque devant les yeux de Hodges.

"Des billets verts ?" » demanda Hodges. "Combien?"

Packard rit.

"Pas tellement," dit-il légèrement. "Mais assez pour acheter un chapeau !"

"Si les chapeaux se vendent à dix dollars ou moins ?" osa Hodges.

Packard affecta d'avoir l'air surpris.

« Que savez-vous de la quantité contenue dans ce rouleau ? » demanda-t-il innocemment.

« Des billets d'un dollar ? dit Hodges. "Dix d'entre eux?"

"Tu n'as pas l'air d'un lecteur d'esprit."

"Eh bien, vous avez raison sur le fait que la liasse appartient à Blenham. Laissez-la-moi, si vous voulez. Je verrai qu'il l'obtiendra. Il n'y en a pas assez là-bas pour qu'un homme puisse la voler," ajouta-t-il d'un ton rassurant.

« Comment savez-vous que c'est celui de Blenham ? S'il vous avait dit qu'il l'avait perdu, il vous aurait dit où. Quelle est la réponse ? Où ai-je récupéré ça ?

"Blenham n'a pas dit qu'il n'avait rien perdu. Mais je sais que c'est le sien parce que c'est moi qui lui ai envoyé la plupart de ces factures."

"Dites-moi quand," et Packard tenait le rouleau dans une main serrée, "et je vous les laisserai."

"Las' samedi soir", dit Hodges après un bref moment de réflexion.

Packard jeta le petit pain au bar.

"Voilà l'argent. Dites à Blenham que je pensais que c'était le sien !"

Il se tourna vers la porte, le sang soudain agité par la certitude : Blenham avait volé les dix mille dollars, et le vol avait été commis pas plus tôt que samedi soir dernier. Juste une semaine – il y avait une chance…

"Hé, là", appela Hodges. "À qui vais-je dire si je quitte ça ? Quel nom, étranger ?"

Steve se tourna et le regarda froidement.

"Dites-lui que Steve Packard a appelé. Steve Packard, patron du Ranch Numéro Dix."

Et Dan Hodges, malgré son esprit stupide, sentit que quelque chose n'allait pas. Le regard de l'inconnu avait rapidement changé, ses yeux étaient devenus durs. Steve est sorti. Alors qu'il atteignait le trottoir, il aperçut une automobile rouge qui courait vers la ville depuis la gare. Derrière lui, chevauchant dans sa poussière, venait Blenham.

CHAPITRE IX

"C'EST MON COMBAT ET LE SIEN. LAISSEZ-LE PARTIR !"

Steve Packard, marchant rapidement, atteignit le pont ouest juste avant que les pneus avant de la voiture de Terry ne cognent sur les lourdes planches. Il aperçut Blenham qui courait derrière elle et sut que Blenham l'avait vu.

Mais ses yeux étaient désormais tournés vers Terry. Elle aussi l'avait reconnu à quelques mètres seulement de eux. Elle lui donna un coup de klaxon pour l'avertir et, ne ralentissant pas plus que ce qui était nécessaire pour le virage serré, traversa le pont. Il lut dans ses yeux que ce serait une joie éternelle pour Miss Terry si elle pouvait le faire détaler hors de son chemin ; le klaxon a autant dit : « Écartez-vous ou je vous écrase !

N'ayant aucune intention de passer sous les roues, Steve attendit le dernier moment puis sauta. Mais pas sur le côté comme Terry l'avait prévu. Obéissant à son impulsion et tentant sa chance, il sauta sur son marchepied alors qu'elle filait sur les planches rebondissantes du pont, saisissant la portière de sa voiture pour se stabiliser. L'exploit accompli en toute sécurité, il sourit dans les yeux surpris de Terry.

"Nous nous reverrons", rit-il sociablement. "Salut!"

Les lèvres serrées, elle concentra un instant son attention sur son volant et sur la route défoncée devant elle. Ses joues étaient rouges et devenaient encore plus rouges. Peut-être qu'une douzaine d'hommes, çà et là dans la rue, l'avaient vu. Elle avait voulu qu'ils voient ; cela l'aurait pas peu chatouillée de leur faire remarquer Steve Packard volant sauvagement sur le bord de la route pendant qu'elle passait par là. Elle ne comptait pas sur lui pour faire autre chose.

« Intelligent ! » elle a pleuré chaudement.

"Assez intelligent pour sortir de dessous quand arrive une automobile conduite par un auteur d'un homicide involontaire", rit-il, sentant un avantage et en tirant une profonde jouissance. "Vous ne savez pas, jeune femme, il faut parfois faire attention ? Maintenant, si vous m'aviez écrasé——"

"Je vais bien vous servir," renifla Terry.

"Oui, mais réfléchis ! Écraser un homme qui n'a pas encore eu le temps d'enlever ses éperons, pourquoi tu as eu toutes sortes de chances de crever ! Tu ne veux pas oublier des choses comme ça."

Terry se mordit la lèvre, appuya sur l'accélérateur, traversa la rue, fit un virage imprudent et arriva devant le comptoir du déjeuner.

"Sais-tu," remarqua Packard avec légèreté, ignorant le fait qu'elle lui avait répondu avec seulement le mépris de son silence, "tu me rappelles mon grand-père. C'est un fait ! Vous avez tous les deux le même petit truc en matière de conduite. Je me demande ce qui se passerait si toi et lui vous rencontriez sur une route étroite ?

"Au moins," dit Terry, le regardant d'un air belliqueux, "c'est un homme, s'il est un scélérat. Pas seulement un clochard !"

"Oh, je ne voulais pas te traiter de scélérat ! Ni encore dire que tu m'avais semblé viril. Bien sûr——"

"Oh, tu me rends malade !" s'écria Terry. Et elle s'éloigna de lui et entra dans la salle à manger.

Il la suivit d'un regard spéculatif. Puis il jeta un coup d'œil de l'autre côté de la rue. Blenham était descendu de cheval devant l'As de Carreau et regardait. Alors que Packard se tournait, Blenham entra dans le salon de Hodges.

"Je me demande ce qu'il aura à dire quand Hodges lui remettra son rouleau ?" songea Packard.

Eh bien, il avait atteint son objectif. Il avait fait tout ce qu'il avait espéré faire à Red Creek cet après-midi, s'était assuré que ses soupçons contre Blenham étaient justifiés par le fait et que le vol ne datait que d'une semaine. Il retourna lentement à son cheval devant le Old Trusty. Mais ses yeux étaient froncés, pensifs.

Quelle serait la prochaine décision de Blenham ? Que ferait Blenham, que dirait-il lorsque Hodges lui transmettrait le message de Packard ? Pourrait-il, dans un moment d'inattention, donner une indication sur la réponse à cette autre question qui était désormais devenue la seule considération : « Les plus gros billets de banque étaient-ils toujours cachés au Ranch numéro dix ou Blenham les avait-il déjà retirés ?

Au lieu de monter à cheval pour partir, Packard accrocha ses éperons à son corne de selle et se tourna de nouveau vers la place de Whitey Wimble.

La fin de l'après-midi s'est transformée en crépuscule, les premières étoiles sont apparues, Whitey Wimble a allumé ses lampes. Steve, informé du fait par le ronronnement d'un moteur, savait quand Terry quittait la salle à manger et se rendait au magasin pour rendre visite à la femme du commerçant. Allait-elle passer la nuit en ville ? On commençait à avoir l'impression qu'elle l'était.

De l'autre côté de la rue, Hodges sortit et alluma les grandes lampes de chaque côté de sa porte. Un cow-boy descendit de son cheval et entra, ses éperons clignant à la lumière d'une lampe comme s'ils portaient des bijoux. Un chariot s'est arrêté et deux autres hommes sont entrés à sa poursuite. Une voix éclata de rire soudain. Samedi soir était arrivé. Comme Whitey Wimble l'avait prédit, les garçons arrivaient et Red Creek était prêt à perdre un peu de sa tranquillité maussade de l'après-midi.

Une fois de plus, Packard traversa le pont et longea le trottoir en bois qui résonnait jusqu'à l'As de Carreau. Une douzaine de chevaux de selle étaient attachés à la rampe d'attelage. Parmi eux se trouvait le bai aux pieds blancs de Blenham. De haut en bas de la rue, des mégots de cigarettes brillants comme des lucioles allaient et venaient. Devant le salon, plusieurs hommes formaient une foule bon enfant et sans langue, dont la plupart avaient bu leur premier verre et commençaient à s'animer comme en devoir un samedi soir.

Un chariot à quatre chevaux est arrivé en ville depuis l'est pour déverser son contenu, de gros hommes costauds, à la porte de Hodges. Parmi eux, Packard reconnut un homme. Il était le cuisinier du camp de bûcherons auprès duquel il avait obtenu du café et des petits pains chauds l'autre jour, ce matin-là, après avoir refusé d'accepter l'invitation cool de Terry au petit-déjeuner.

"Je devrai surveiller ces gars demain", pensa-t-il alors qu'ils passaient devant eux, bruyants et impatients. "Grandy a certainement eu le courage de couper mon bois sans même votre permission."

Leur contremaître était avec eux ; un seul coup d'œil le désigna. Il était de ce type que le vieux Packard choisissait toujours pour diriger n'importe laquelle des unités Packard, une sorte de maîtrise confiante dans sa foulée, l'homme le plus grand d'entre eux, négligé et lourd, avec un visage brutal et des yeux durs. Joe Woods, son nom. Packard avait déjà entendu parler de lui, un tapageur et un dur au cou mais un bûcheron capable aux doigts calleux. Il suivit les hommes dans le salon.

À sa place derrière le long bar se trouvait Hodges, occupé à exécuter des commandes impératives, récupérant l'argent qu'il considérait comme étant le sien une fois sorti de la poche du payeur. Mais Packard fut frappé par le fait que le barman ne semblait pas content ; son visage était rouge et brûlant, ses yeux semblaient troublés. De temps en temps, il jetait un coup d'œil rapide à Blenham qui se tenait appuyé contre le bar à l'autre bout, tournant lentement un verre de whisky vide dans sa grande main, ne regardant rien d'un air renfrogné.

"Hodges est un imbécile et on vient de le lui dire !" était la réponse de Steve à la situation.

"Salut, Blenham !" appelé le grand Joe Woods. "Prendre un verre."

"Non," grogna Blenham au fond de sa gorge. "Je n'en veux pas. Je——"

Ses yeux, levés vers le patron du camp forestier, se tournèrent vers Steve Packard. Il s'interrompit brusquement, son regard changeant, inquisiteur, semblant plein de questions.

« Récupérer l'argent que j'ai donné à Hodges pour toi ? » demanda Packard en entrant dans la pièce. "Les dix billets d'un dollar que tu as laissés derrière toi ?"

"Ils n'étaient pas à moi", dit rapidement Blenham, la main dure sur le verre de whisky, son air vaguement nerveux. "J'ai dit à Dan de te les rendre."

Steve sourit.

"Drôle," dit-il négligemment. "Hodges a dit——"

"J'ai fait une erreur", a déclaré Hodges sèchement. "J'ai confondu Blenham avec un autre gars. Je ne sais rien de tout ça ici." Il a jeté le petit pain sur le bar. "Viens le chercher, si tu le veux." Packard s'est immédiatement avancé et a pris l'argent.

"Je pensais qu'il y avait une chance de gagner dix dollars, de l'argent facile, si je traversais la rue pour l'obtenir", a-t-il déclaré, regardant agréablement Hodges et Blenham. "Bien sûr, je le veux. C'est de l'argent de la chance, tu ne le savais pas ? Tu vois, quand un homme perd quelque chose, il perd une partie de sa chance avec ; quand un autre homme l'obtient, il a la chance avec. Merci , Blenham."

Blenham ne répondit rien. Ses yeux étaient brillants de colère et pourtant troublés par l'incertitude. L'incertitude était là pour être reconnue par celui qui la recherchait attentivement. Blenham ne savait pas exactement par où sauter. De là, Steve tirait une profonde satisfaction. Car il n'y aurait eu aucune raison d'indécision si Blenham avait su qu'il avait en sécurité ces autres billets de banque, plus gros.

Au fond de la longue salle, un homme distribuait des cartes à sept dollars et demi. Comme pour démontrer la véracité de sa vantardise à propos de « l'argent de la chance », Steve s'avança vers la table, le rouleau de billets à la main. On lui a distribué une carte. Sans le retourner pour le regarder, il le glissa sous les dix billets.

"Debout?" dit le concessionnaire.

Steve hocha la tête.

"Je joue ma chance", répondit-il.

Le croupier tourna un regard terne vers la carte de Steve, puis vers la sienne qu'il retrouva. C'était le quatre de trèfle.

"J'ai l'intuition qui va te battre, partenaire," dit-il nonchalamment. "Mais je reviendrai."

Il a retourné une autre carte, un deux.

"Cela va vous battre", suggéra-t-il. Il se pencha vers la carte de Steve. "À moins que tu n'aies un sept dans le trou."

Et c'était sept ; le sept de cœur rouge vif. Le croupier a payé dix dollars contre dix pour Steve.

"Répète?" Il a demandé.

"Pas ce soir", répondit Packard. "J'ai juste pris un seul battement pour montrer à Blenham."

Il se tourna et vit que Blenham s'était déjà glissé tranquillement hors de la pièce. Dan Hodges, le visage rouge vif, revenait tout juste de la salle de jeu. Avec lui se trouvait le grand patron du bois.

"Aventurier!" » a crié Joe Woods à Packard. "Abandonnez!"

Une joie rapide jaillit dans le cœur de Steve Packard ; il avait raison à propos de Blenham. Blenham, rempli d'anxiété, était déjà parti et se précipiterait vers le Ranch Numéro Dix pour s'assurer que les dix mille dollars étaient en sécurité ou avaient déjà été découverts par le propriétaire légitime. Il s'était enfui précipitamment mais, à la manière d'un homme prudent et pratique, il avait pris le temps de s'entretenir avec Dan Hodges et avait chargé Joe Woods de retenir Packard ici. Et donc, même s'il ne se souvenait pas d'avoir jamais fui un combat auparavant, Steve Packard était fortement dans cet esprit en ce moment.

"Joe Woods, je crois ?" » dit-il froidement, l'esprit occupé par le nouveau problème d'une nouvelle situation. « Patron de l'équipe forestière du côté est du Numéro Dix ? J'avais prévu de sortir demain pour vous parler, Woods. »

"Donc?" s'écria Woods. "Qu'est-ce qu'il y a à dire ce mot ce soir ?"

"Je n'ai pas le temps", fut la simple réponse. "Je suis sur le point de traverser la rue maintenant ; chez Whitey Wimble."

"C'est là que tu appartiens", grogna Woods, la mâchoire inférieure avancée, toute son attitude chargée d'intentions querelleuses. "Chez le Rat Blanc avec le reste des Willies !"

L'humeur toujours prête de Packard pénétrait dans la tête de Steve, battait dans ses tempes, martelait son pouls. Jamais auparavant un homme ne l'avait harcelé de la sorte. Mais il s'efforçait de se souvenir uniquement de Blenham, de prendre conscience du fait que c'était un peu le jeu de Blenham et que tout problème avec un autre que Blenham devait être évité à ce stade. Ainsi, même si les couleurs montaient sur son visage et qu'une petite lueur de feu lui apparut dans les yeux, il dit brièvement :

"Alors je ferais mieux de traverser, n'est-ce pas ? A demain matin, Woods."

Mais il y a toujours le mot pour fouetter le sang chaud dans la tête la plus froide, pour arracher la prudence d'un homme et lui injecter de la fureur à sa place, et Joe Woods, un homme franc et jamais subtil, y a mis la langue. À l'instant même, Packard renonça à penser à des problèmes secondaires comme un homme nommé Blenham et des billets de banque cachés.

Il a crié de manière inarticulée, a bondi en avant et a frappé. Joe Woods chancela sous le premier coup en plein visage, chancela sous le second et fut rejeté dans la foule serrée de ses partisans.

Les hommes autour de lui et Packard se retirèrent de côté et d'autre, laissant un espace vide au sol pour accueillir les deux paires de bottes traînantes. Joe Woods s'essuya les lèvres du dos de sa grosse main poilue, vit des traces de sang et chargea. Le bruit des coups donnés et reçus, des petits grognements et des frottements de pieds furent pendant un certain temps les seuls bruits entendus dans le salon de Hodges.

**[Illustration : Les hommes autour de lui et Packard se sont retirés
d'un côté et de l'autre, laissant un espace vide au sol.]**

L'attaque de Packard avait été rapide et sûre, non sans une certaine habileté ; contre cela, Woods opposait tout ce qu'il avait : une force lourde, une force lente et brutale, une endurance au dos large et à la poitrine profonde. Mais dès le début, il était clair pour tous ceux qui regardaient et Woods lui-même soupçonnait qu'il avait choisi le mauvais homme.

Steve était plus grand, avait la plus grande envergure et était doté par les dieux d'une force souple qui n'était pas moins que la puissance baissière du patron du bois. Avec dix coups portés, les deux hommes se balançant de façon vertigineuse, c'était manifestement le combat de Steve Packard. Mais une persistance sourde et obstinée était dans les yeux de Joe Woods alors qu'il secouait à nouveau la tête et chargeait.

Steve frappa au ventre et atterrit – durement. Woods a doublé; la sueur tombait en gouttes sur son front ; son visage devint soudain d'un blanc malade. Mais la lumière dans ses yeux, alors qu'il relevait la tête, restait inchangée.

"Il peut me lécher, je le sais ! Il peut me lécher, je le sais !" il marmonnait et continuait de marmonner. "Mais, par Dieu, il doit le faire !"

Et Steve l'a fait et les hommes l'ont regardé d'un air bizarre, l'évaluant à nouveau. Il a pris les coups de Woods quand il le fallait et a senti la douleur traverser son corps ; mais il se releva, riposta et força le combat avec régularité, pressant son adversaire sans relâche, semblant toujours frapper plus vite et plus fort.

C'est un poing sanglant enfoncé dans la gorge palpitante de Joe Woods, suivi de l'autre poing, semblable à un piston, dans l'estomac de Joe Woods, qui a mis fin au combat.

Le plus grand homme s'effondra et tomba lentement comme l'un de ses propres arbres qui venait de tomber, et resta là à regarder le visage de Packard avec des yeux ternes. Steve l'enjamba et se dirigea vers la porte.

"Je te verrai demain matin, Woods," haleta-t-il.

Mais une fois de plus, les bottes traînaient sur le sol et déjà plusieurs hommes, parmi lesquels Dan Hodges, se tenaient entre lui et la porte. Il se rendit compte que Blenham avait dû donner des ordres catégoriques et que Blenham avait le truc d'exiger l'obéissance.

"Retenez-le ici", cria Hodges, et étant un homme de peu d'esprit, il se retira précipitamment sous les yeux de Steve, poussant un autre homme devant lui. "Gardez-le pour le shérif. Commencer une bagarre à ma place, ça trouble la paix, c'est ça ! Je ne le supporterai pas !"

Packard recula de deux ou trois pas, les yeux plissés. A cet instant, il était sûr de ce qu'il voyait sur les visages d'au moins trois des hommes qui lui faisaient face ; ils allaient le précipiter ensemble.

Mais maintenant, Joe Woods était de nouveau debout. Packard recula encore plus, plaçant le mur derrière lui. Et puis vint une diversion. C'était Joe Woods qui parlait fortement :

"Je l'ai combattu loyalement et il m'a léché. Vous pensez que je suis le genre d'homme-femme qui signifie que vous participez à mon combat ? Reculez et laissez-le partir !"

"Blenham a dit..." cria Hodges.

"Merde Blenham et toi aussi", grogna Woods. "C'est mon combat et le sien. Laisse-le partir !"

Ils le laissèrent partir, se séparant lentement. Avec des yeux vigilants, Steve traversa la petite ruelle qu'ils formaient. A la porte, il se tourna et dit brièvement :

"Je te verrai demain matin, Woods!"

Puis il est sorti.

CHAPITRE X

UNE BALADE AVEC TERRY

De retour aussitôt au Old Trusty, en passant devant la voiture de Terry qui se trouvait toujours devant le magasin, Steve Packard demanda à utiliser un téléphone. Whitey fit un signe de tête en direction du bureau, une petite pièce à peine séparée de la plus grande. Un instant plus tard, la voix de Barbee répondait depuis le Ranch Numéro Dix.

"Il est en route, Barbee," dit rapidement Steve. "J'ai quitté Red Creek il y a quelques minutes. Je vais le suivre. Donnez-lui la chance de rôder un peu ; essayez de trouver ce qu'il cherche. Mais ne le laissez pas s'en tirer comme ça ! Compris ? Tirez sur les jambes sous lui s'il le faut. Je vous donnerai un mois de salaire pour le travail de nuit si vous le clouez avec les marchandises.

Reprenant le combiné, il sortit de nouveau dans la rue, sans prêter attention aux nombreux regards qui le suivaient. Ils savaient qui il était ; ils spéculaient sur lui. "Le petit-fils du vieux Packard", entendit-il dire un homme.

Dans l'obscurité épaisse sous le peuplier, il lui fallut plusieurs minutes avant d'être certain que son cheval avait disparu. Il avait lui-même attaché l'animal ; il n'y avait aucun morceau de corde qui pendait indiquant une corde d'attache cassée. Blenham, le pratique, avait simplement pensé aux détails.

"Blenham ne manque pas un seul pari", pensa-t-il sauvagement.

Il se retourna et rentra dans le salon. Le bourdonnement des discussions dans la longue pièce s'éteignit rapidement tandis que les yeux de nombreux hommes parcouraient à nouveau son chemin. Il fut frappé par le fait qu'ils parlaient tous de lui ; il savait qu'ils avaient dû marquer les signes que les poings de Joe Woods avaient laissés sur son visage ; il resta un moment à les observer, conscient pour la première fois de son œil droit enflé rapidement, cherchant à estimer ce que ces hommes faisaient de lui.

Il lui semblait que la seule émotion qu'il entrevoyait partout et à des degrés divers était la méfiance. Peu de raisons de s'étonner : c'était un Packard et ce n'était pas le côté Packard de Red Creek.

"Quelqu'un m'a mis sur pied", annonça-t-il sèchement. "J'ai laissé mon cheval dehors, attaché. Il n'est plus là maintenant. Savez-vous quelque chose à ce sujet, l'un de vous les garçons ?"

Ils ont regardé leur intérêt. Ici, un homme ne jouait pas avec le cheval d'un autre. Mais il n'y avait aucune réponse à sa question directe.

"Je dois rouler", continua-t-il doucement. "Qui peut me prêter un cheval de selle pour la nuit ? Je paierai le double de sa valeur."

Whitey Wimble a donné un long coup à son bar avec sa serviette mouillée.

"Si vous demandez des faveurs, il me semble que vous êtes du mauvais côté de la rue, n'est-ce pas, étranger ?"

"Ça veut dire que je suis un Packard ?"

"Vous m'avez eu la première fois. C'est Packard's Town là-bas. Votre foule———"

"Regarde mes yeux !" dit alors rapidement Steve.

Un grand homme avec une petite voix mince au fond de la pièce rigola.

"Je l'ai déjà vu", a déclaré Wimble.

"Vous connaissez Joe Woods ? Eh bien, il en a un autre comme celui-là. Vous connaissez Blenham ? Blenham l'a rendu malade à cause de moi ! Vous connaissez le vieil homme Packard ? Il est en train de faire Blenham à cause de moi. Vous voulez savoir pourquoi je veux un cheval ? Blenham a une longueur d'avance et Je veux le réviser ! Lui dire que c'est un escroc et un voleur. Maintenant, ce côté de Red Creek m'est-il ouvert ou est-il fermé ? Quelle est la réponse, Whitey Wimble ?

Wimble semblait à la fois impressionné et hésitant. Il y avait là un Packard à gérer et Whitey Wimble, lorsqu'il avait pris en charge le destin du Old Trusty, avait été clair sur le fait qu'il avait une vieille querelle mûre à entretenir ; et pourtant, en regardant les choses de l'autre côté, voici un homme qui portait le signe du poing de Joe Woods sur son visage meurtri, qui annonçait qu'il voulait s'en prendre à Blenham, qu'il y avait un conflit ouvert entre lui et le vieil homme Packard.

Whitey Wimble, commençant par avoir l'air perplexe, finit par tourner un visage affligé vers Steve.

"C'est un bon point," suggéra-t-il finalement. "Maintenant, allez-y, il me semble que..."

"Beau point !" s'écria Steve avec chaleur, une colère soudaine grandissant en lui alors qu'il pensait à la façon dont Blenham avait joué le jeu tout au long de la ligne, à la façon dont Blenham pourrait bien se révéler trop astucieux pour un garçon comme Barbee, à la façon dont une bande d'imbéciles prévenus ici dans le Old Trusty en niant lui, le prêt d'un cheval pourrait sérieusement aider Blenham pour lequel aucun d'eux n'avait d'amour. "Pourquoi, bon sang, mec, ne t'ai-je pas dit que Blenham vient de me faire passer un sale coup, qu'il est sur le point de s'en tirer, que tout ce que je demande, c'est un cheval pour l'écraser ? Qui va m'en laisser un ? Je suis pressé !

Jamais jusqu'à présent il n'avait réalisé à quel point les préjugés contre son sang étaient un facteur important dans la vie de la communauté. Partout, il voyait le doute, les yeux voilés, la méfiance. Il est évident que beaucoup d'hommes le tenaient pour un menteur ; irait même jusqu'à suggérer plus tard que Steve Packard avait eu l'intention de voler le cheval qu'il avait demandé. Steve regarda autour de lui un moment, son dos se raidissant. Puis, avec un petit grognement de dégoût, il traversa la pièce à grands pas.

"Au moins," lança-t-il par-dessus son épaule à Whitey Wimble, "je vais encore utiliser ton téléphone !"

Sans attendre une réponse et sans se soucier d'un claquement de doigts de ce que pourrait être cette réponse, il se dirigea vers le téléphone, raccrochant brusquement le combiné, disant brusquement à l'opératrice :

"Ranch numéro dix, s'il vous plaît. Pressé."

Il attendait avec impatience et cela lui semblait inexcusablement long. Finalement, l'opératrice dit à l'air distant des téléphonistes :

"Je les appelle."

Et encore--

"Je les appelle."

Et puis--

"Ils ne répondent pas."

Et finalement, et seulement lorsque Steve insista sur le fait qu'il devait y avoir quelqu'un au dortoir numéro dix à cette heure, la jeune fille dit :

"Attends une minute."

Et après ça:

"Il semble y avoir quelque chose qui ne va pas avec la ligne. Je ne peux élever aucun ranch par là. Nous enverrons un homme dehors dans la matinée."

Il ne pouvait donc même pas avertir Barbee que Blenham avait pris une longueur d'avance ; que Blenham était manifestement d'un même avis ce soir ; que c'était au jeune Barbee de garder les yeux ouverts et son arme armée. Il commença à comprendre pourquoi son grand-père avait fait de Blenham l'un de ses bras droits ; il avait le sang-froid et la rapidité d'action qui font le succès.

"J'ai un cheval pour toi, partenaire," dit une voix lente alors que Packard sortait du bureau. "Un cayuse imbattable pour les jambes et les poumons. Allez-y."

Steve le regarda avec impatience. C'était un petit garçon aux joues de cuir, aux yeux perçants et tranquille ; un étranger, évidemment un cow-boy.

"Je travaille pour Brocky Lane", proposa l'inconnu alors qu'ils sortaient ensemble. « Vous le connaissez, n'est-ce pas ?

"Je l'ai fait il y a une douzaine d'années," répondit distraitement Steve. "Où est ton cheval ?"

"Vous êtes Steve Packard, n'est-ce pas ? Vous avez rendu service à Brocky quand vous étiez enfant, n'est-ce pas ? Brocky me l'a dit. Brocky m'a fait une faveur. Je vous rends service. Cela nous arrange tout autour. Comme un cercle, tout en anneau, en quelque sorte ; vous comprenez ? »

"Oui", acquiesça Steve, sentant vaguement que le vacher avait sans le savoir abordé un problème de mathématiques supérieures. Il glissa une main dans sa poche.

Mais l'ami qu'une vieille bonté depuis longtemps oubliée avait élevé pour lui en cas de besoin, secoua la tête, ne voulut pas recevoir l'argent de Packard et le conduisit vers un hangar derrière le salon. De l'obscurité, il sortit un grand rouan aux yeux murés, rapidement sellé et bridé et remis à Steve.

« À talons ? » vint avec sollicitude le petit homme alors que Steve se mettait en selle.

"Non."

"Eh bien, Blenham l'est. Il passe par là tout le temps. Et c'est un bon tireur, disent les garçons. S'il y a du sang vraiment aigre entre lui et vous, ça ne sert à rien d'être un imbécile, n'est-ce pas ? " Le magasin devrait être encore ouvert ; il y a un fusil de chasse à double canon de première classe, d'occasion mais comme neuf, dans la vitrine. Seulement sept dollars et demi. "

"J'enverrai le cheval chez Brocky demain", a appelé Steve. "Et quant à être honnête, appelez-moi à tout moment pour obtenir la prochaine faveur. A bientôt."

"Au revoir," répondit l'homme à la voix lente.

Steve se dirigea vers l'est, réprimant l'empressement de sa monture, s'installant en selle pour quelques heures de dure chevauchée. Lentement, il réchauffait le gros rouan, le laissant sortir progressivement, régulièrement. Il sentait déjà qu'en réalité il s'agissait là d'un « endroit difficile à battre pour les jambes et les poumons ». Et l'avance de Blenham n'était qu'une question de minutes, une demi-heure tout au plus.

Mais avant d'avoir parcouru cinquante mètres, Steve fit tournoyer son cheval et revint directement au magasin. Après tout, puisque Blenham jouait à un jeu dans lequel les enjeux n'étaient pas inférieurs à dix mille dollars, puisque Blenham était sans aucun doute l'homme qui avait cherché à tuer Bill Royce il y a six mois pour le même argent, puisque Blenham était toujours « talonné » et c'était un bon tireur", pourquoi alors, comme le disait le cow-boy de Brocky Lane, "ça ne servait à rien d'être un imbécile." Et pour parcourir une centaine de mètres et acheter un Colt .45 et une boîte de cartouches, il ne fallait qu'un instant.

Dans le magasin, les longues étagères d'un côté contenaient des marchandises sèches, tandis que sur les étagères opposées, une variété de produits d'épicerie était exposée ; vers l'arrière se trouvait l'assortiment de quincaillerie du commerçant près d'un comptoir rempli de pulls, de bottes, de chaparejos, le tout pêle-mêle désespérément. Au flanc de cette confusion se trouvait une vitrine contenant une assez belle ligne d'armes de poing. Steve, son œil trouvant ce qu'il cherchait, se dirigea directement vers l'arrière de la maison. Et puis, regardant par une porte ouverte qui donnait accès au salon de la famille du commerçant, son regard rencontra celui de Terry. Elle se levait, enfilant ses gants.

"C'est ton train maintenant", disait une voix de femme.

Packard entendit le sifflement d'un moteur lointain. Il souleva son chapeau, elle se retourna rapidement, lui rendant son dos à regarder.

"Voici ce que je veux", dit Steve alors que le commerçant venait à ses côtés. "Ce .45 et une boîte de cartouches."

Terry se tourna à nouveau rapidement et il surprit un petit regard intéressé dans ses yeux légèrement écarquillés. Un homme n'achète pas une arme et une boîte de cartouches à cette heure de la nuit s'il n'en a pas l'utilité. Packard reprit ses nouveaux achats, sortit, se remit en selle et dévala la rue avec fracas.

La nuit était brillante d'étoiles, claire et douce. Bientôt, avec seulement une poignée de kilomètres derrière lui, la lune se leva au-dessus de la crête lointaine, dans une lumière pleine, glorieuse et généreuse. Il desserra un peu ses rênes, donna la tête au gros rouan et traversa le pays aux lumières fantomatiques.

De temps en temps, remarquant un vieux point de repère dont il se souvenait, il jetait un coup d'œil à sa montre ; Plus d'une fois, après avoir remis sa montre dans sa poche, il se pencha en avant et tapota l'encolure du cheval.

Puis — il avait parcouru un peu plus de la moitié de la distance et traversait les ombres épaisses de Laurel Cañon, qui marque le début de la longue montée — l'imprévu s'est produit ; un imprévu auquel, il le savait maintenant, il se serait pleinement attendu s'il n'avait pas toujours compté sur Blenham jouant seul.

Au milieu de la tache d'encre formée par les lauriers se dressant contre la lune, il y avait un point à travers lequel les rayons de la lune se frayaient un chemin, créant un bassin de lumière. Alors que Packard pénétrait dans cette zone lumineuse, il entendit un coup de fusil, d'une puissance surprenante ; j'ai vu le crachat de flammes juste là-bas, peut-être à dix pieds, certainement pas à plus de vingt pieds ; sentit le gros rouan plonger sous lui, courir en chancelant et sombrer.

Il glissa hors de la selle au moment où le cheval s'écrasait dans les buissons au bord de la route, et ce faisant il vida son revolver dans l'ombre d'où était parti le coup de fusil. Mais il savait qu'il était idiot d'espérer frapper ; l'homme avait eu le temps de choisir son emplacement, de se cacher avec un rocher ou une bûche tombée, de laisser ouverte derrière lui un chemin vers la sécurité et l'obscurité.

"Ce n'est pas Blenham lui-même, mais un membre de son groupe qui a fait ça", marmonna Packard en se tournant vers le cheval tombé. "Juste pour me remettre sur pied. Il n'est pas prêt à tuer quand il voit une autre solution. Et pour dix dollars, il pourrait engager un de ses vassaux pour tuer un cheval."

Eh bien, c'était juste un autre tour pour Blenham. A pied, il devait maintenant se rendre autant qu'il le pouvait à la ferme Pinchot, quelques trois ou quatre milles plus loin, y demander un cheval et prier pour que Barbee soit à la hauteur de sa tâche. Mais d'abord, il ne doit pas laisser le grand rouan souffrir inutilement et désespérément.

Il alluma une allumette et fabriqua une torche allumée avec un petit brin d'herbe sèche. Aimant un bon cheval comme il l'était, il sentit une sorte soudaine et tout à fait nouvelle de haine envers Blenham couler dans son sang.

Ce fut avec un profond soupir de soulagement qu'il se redressa lorsqu'il vit que soit le hasard, soit une habileté remarquable avec un fusil avait sauvé le rouan de Brocky Lane de toute douleur prolongée.

Packard a continué, cherchant à gagner le temps qu'il pouvait, se lançant à maintes reprises dans un jogging-trot dans une pente descendante, conservant le vent et la force pour les montées, restant la plupart du temps dans l'ombre mais prenant sa chance. encore et encore au clair de lune.

Pourtant, il lui semblait qu'il était inutile de se presser maintenant ; que Blenham avait fait de son avantage une piste sûre ; qu'autant ralentir, faire une cigarette, prendre son temps. Et pourtant, étant le genre d'homme qu'il était, il restait obstiné, se disant qu'une course est la course de tout le monde jusqu'à ce que la bande soit brisée ; que Blenham pourrait avoir ses propres problèmes quelque part à l'avenir ; qu'arrêter de fumer n'a servi à rien et qu'il n'est pas bon d'être un « abandon ». Mais il avait peu d'espoir de retrouver Blenham ce soir-là.

Et puis, alors qu'il n'était à pied que depuis vingt minutes, un bruit de tambour faible et régulier, qui s'amplifiait régulièrement tout au long de la nuit, quelque part derrière lui, mit un nouveau et rapide mouvement dans son sang. Il s'arrêta, resta un moment presque essoufflé, écoutant.

Les tambours doux devinrent plus forts ; Soudain, au sommet d'une colline, les deux phares d'une automobile brillèrent dans ses yeux. Terry Temple, sa course faite à Red Creek, courait vers sa maison.

"Et je vais encore battre Blenham!" s'écria Steve.

Là où le clair de lune brillait le plus et le plus blanc sur la route, il sauta pour qu'elle ne puisse manquer de le voir, levant les deux bras pour lui faire signe de s'arrêter. Ses phares l'ont aveuglé un instant ; il entendit le coup d'avertissement de sa corne ; il soupçonna brièvement qu'elle allait refuser de s'arrêter.

Incroyable – et pourtant il n'avait pas pensé à ses propres émotions probables. Qu'un homme saute sur la route devant elle, tout à coup, agitant les bras et lui criant de s'arrêter... Eh bien, elle se croirait tombée entre les mains d'un voleur de grands chemins !

Elle avançait tout droit, sa corne émettant un long et soutenu cri de menace. Packard grinça des dents ; soit elle ne le reconnaissait pas et était obligée de s'en sortir, soit elle le reconnaissait et acceptait l'occasion de souligner son attitude à son égard.

En tout cas, elle passait par là, elle en qui résidait son seul espoir de venir à bout de Blenham. S'il la laissait échapper, il ferait tout aussi bien d'arrêter, d'arrêter par dégoût total du monde.

Avec le monde ? Dégoût de lui-même, du fait qu'il avait laissé Blenham le battre, du fait qu'il n'était pas vraiment un homme, que son vieux grand-père avait raison à son sujet. Sa voiture se précipitait sur lui ; s'il laissait passer ça, eh bien, il laisserait non seulement une fille se moquer de lui, mais il laisserait passer sa chance. Sa chance qui paraissait plus grande que la machine venant en sens inverse et plus réelle ; sa chance, non seulement pour cette nuit, mais pour toujours.

Car si Blenham le battait ce soir et que son grand-père le battait encore plus tard, il savait qu'il quitterait la campagne autour du Ranch numéro dix, qu'il abandonnerait tous les efforts soutenus pour faire quelque chose de sa vie, qu'il retourner à la dérive, arrondir ses jours à la manière des douze dernières années. C'est pendant que la voiture de Terry fonçait vers lui que tout cela lui traversa l'esprit.

Il était possible que, sachant qui il était, Terry essaie de le mettre hors de la route, comptant avec confiance sur son saut vers un lieu sûr au dernier moment ; il y avait une autre possibilité qu'elle se soit trompée sur ses motivations et qu'elle le renverse dans une sorte de panique de légitime défense.

Packard, avec sa conception plutôt claire du caractère de la jeune fille à suivre, a vu le seul moyen de maîtriser la situation. Se retournant, lui tournant maintenant le dos, il se mit à courir, roulant à toute vitesse sur la route devant elle. Alors qu'il parcourait les lignes dures autour de sa bouche, elle s'adoucit en un sourire rare : il lui ferait deviner pendant une minute, de toute façon. Et le temps qu'elle ait fini de deviner...

Il avait réédité son exploit de l'après-midi au pont de Red Creek. Terry, dans son premier étonnement que l'homme se retourne et coure droit devant elle, ralentit, l'esprit hésitant. Que faisait-il ? Puis il y a eu des ombres soudaines dans une partie étroite de la route, un virage serré, la nécessité absolue de ralentir encore un peu, et puis...

"Tout va bien, vas-y !" » appela Packard à la légère. Il se tenait sur son marchepied.

Elle avait jeté son chapeau à la fraîcheur de la soirée. Alors qu'ils sortaient de l'ombre, il pouvait voir ses yeux. Il repoussa son propre chapeau et Terry vit ses yeux. Pendant un instant, tandis que la voiture fonçait à toute vitesse, aucun des deux ne parla.

En la regardant, il avait entrevu un émerveillement, une contrariété qui se transformait rapidement en colère, et une certaine assurance que Miss Terry Temple avait bien l'intention de se souvenir de cette journée et de régler ses comptes avec Stephen Packard.

En retournant son regard, Terry n'avait vu qu'une seule émotion dans ses yeux : un pur triomphe. Elle ne pouvait savoir comment son homme, venant tout juste de réussir cette première tâche qu'il s'était fixée, éprouvait une soudaine confiance en l'avenir.

"Si je t'avais laissé passer", dit doucement Packard, "j'aurais eu l'impression d'avoir laissé passer mon destin !"

"Ne commence pas à te rafraîchir juste parce que c'est le clair de lune !"

Steve eut l'air perplexe, comprit, releva la tête et rit joyeusement. Puis, son visage redevenu sérieux, il la considéra d'un air spéculatif. Maintenant, pour la première fois, il se rendit compte que Terry transportait déjà un passager. Un petit homme, japonais, immaculé et effrayé à tel point qu'il claquait des dents.

Il s'agissait d'Iki, qui était arrivé à Red Creek ce soir en train et devait cuisiner pour le ranch du Temple. Tout à l'heure, il était foutu à sa place, prêt à sauter si Steve bougeait, son sac à main serré dans sa main potelée, à moitié déjà offerte. Steve rayonna sur lui, puis tourna son regard, toujours spéculatif, vers Terry.

"Est-ce que tu veux me dire," dit Terry acerbe, "pourquoi tu me gênes toujours ? Tu penses que tu es intelligent, grimper à bord comme un singe ? Tu as fait l'affaire deux fois ; dois-je faire attention pour toi à chaque fois que je sors en voiture ? »

"Il se trouve que je suis pressé", a déclaré Packard. "Et continuez votre chemin. Quelqu'un a abattu mon cheval là-bas pour moi."

Ses yeux devinrent réellement ronds ; Iki frissonna de manière audible. Mais dans le cas de la jeune fille, l'émotion suscitée par les paroles de Packard fut de courte durée. Pourquoi un homme devrait- il tirer sur le cheval sous Steve Packard ? L'incrédulité a remodelé ses yeux ; lui cria-t-elle alors que son pied appuyait sur l'accélérateur :

"Vous pensez que je suis du genre à croire toutes les histoires que vous pouvez raconter ? Si vous voulez savoir ce que je pense, Steve Packard, vous êtes un menteur !"

Il rit, bien content du moment et de la situation, bien content de sa compagne réticente telle qu'elle était.

"Et sais-tu que ce que je t'ai dit cet après-midi était vrai ?" » répliqua-t-il joyeusement. "Vous êtes comme mon flamboyant vieux Grandy ! Au lieu d'être mon grand-père, il devrait être le vôtre. Bon sang, Miss Terry Pert," faisant monter le sang sur ses joues avec son rire, "cela pourrait aussi être arrangé ! n'est-ce pas ? Toi et moi——"

"Oh!" » s'écria Terry, et il n'avait aucun doute sur le fait qu'elle pensait ce qu'elle disait. "Oh, je te déteste ! Oui, pire que je déteste le vieux Feu de l'Enfer : de toute façon, il reste en dehors de mes traces. Et toi, espèce de gros tyran, espèce de combattante, tu—tu———"

Juste à temps, il devina son intention, passa la main sur le volant et lui saisit la main droite. La voiture fit un écart dangereux pendant un moment, puis revint à sa trajectoire régulière alors que l'autre main de Steve se refermait sur la gauche de Terry. Lentement, mettant doucement sa plus grande force contre la sienne, il lui ôta automatiquement son pouvoir.

« Calibre trente-huit ? dit-il froidement. "Il n'y a rien de petit dans ta façon de faire les choses, n'est-ce pas ? Et tu voulais me percer un trou, je suis obligé !"

Le visage de Terry brillait blanc dans la lumière pâle ; et il savait, au regard de ses yeux, qui semblaient en contradiction avec les siens, que c'était le blanc de la pure rage.

"Je préfèrerais aussi bien vous exploser la tête que tirer sur un serpent à sonnettes", annonça-t-elle sèchement.

"Je te crois," grogna-t-il. "Tout de même, si seulement tu voulais———
"

"Oh ferme la!" » cria-t-elle en libérant sa main de la sienne sur le volant et en continuant sa route de manière imprudente.

"Je voudrais mentionner", fit une voix incertaine d'un Japonais très pâle, "que je dois marcher debout. Je regrette beaucoup..."

"Oh ferme la!" s'écria Terry. "Fermez-la!"

Et pendant le reste du trajet, Iki et Steve Packard restèrent silencieux.

CHAPITRE XI

LA TENTATION DU BARBEE JAUNE

"C'est ici que je descends", dit Steve après un très long silence pendant lequel il observait le joli visage plissé de Terry tandis que Terry, agrippant son volant, assumait imprudemment les responsabilités de leurs trois vies, lançant la voiture dans la nuit au clair de lune.

Iki, poussant de temps en temps un long soupir frémissant et oubliant de respirer entre temps, s'accrochait fermement des deux mains.

"C'est ici que je descends", répéta Steve. Ici, la route suivait la ligne de sa clôture nord ; à moins d'un mile au sud, il pouvait voir une lumière semblable à une étoile tombée, brillant joyeusement à travers les arbres.

Il sentit plutôt que vit un rapide raidissement du petit corps déjà tendu de Terry ; J'ai imaginé que la voiture prenait progressivement de la vitesse, j'ai lu le but de Terry en un éclair. S'il la forçait à le porter, pourquoi alors elle l'emmènerait aussi loin que possible de son chemin.

"Terry Temple!" cria-t-il vivement en se penchant un peu vers elle. "Qu'as-tu de toute façon ? Et si nous ne sommes pas vraiment amis ? Je ne t'ai jamais fait de mal, n'est-ce pas ? Pourquoi, bon Dieu, ma fille, quand un homme te dit que son cheval a été abattu sous lui ; quand il est J'essaie de redresser le criminel au fond de tout ce désordre, que vous détestez autant que moi... Oh, je veux dire Blenham et vous le savez... "

"Menteur!" s'écria Terry en lui lançant un regard brillant et en revenant vers la route alternativement blanche avec la lune et noire avec les ombres. "Menteur à double titre ! N'ai-je pas vu votre cheval cet après-midi ? Attaché devant le bar à whisky de Wimble ? Oh, c'est là que je l'attendais ! Eh bien, et vous n'avez pas besoin de penser que j'ai regardé pour voir ou que je m'en souciais, non plus. ... quand je suis passé tout à l'heure, en quittant la ville, j'ai déjà vu votre cheval debout là. Vous n'avez donc pas besoin de... "

"Ce n'est pas possible", marmonna Steve. "Et pourtant... Quoi qu'il en soit, je dois descendre d'ici. Veux-tu arrêter, s'il te plaît ?"

"Non, je ne m'arrêterai pas s'il vous plaît ! Personne ne vous a demandé de monter à cheval à ma connaissance. Descendez par le même chemin !"

Packard a alors réalisé très clairement deux choses :

S'il sautait avec la voiture à sa vitesse actuelle, il se briserait probablement le cou ; s'il consacrait beaucoup de temps à discuter avec elle, il serait transporté aussi loin en cinq minutes qu'il pouvait marcher en une heure.

"Je parle affaires ce soir", lui dit-il sans détour. "Si vous ne ralentissez pas avant que je compte dix, je vais me pencher un peu - comme ça - et faire un trou dans votre pneu. Ensuite, si vous continuez, je vais faire un trou dans l'autre pneu. Comprendre?"

Terry rit moqueusement.

"Tu n'oserais pas !" lui dit-elle sereinement. "Ce serait une sorte de crime ; ils pourraient vous mettre en prison pour cela. Vous auriez peur de le faire."

"Un, deux, trois, quatre, cinq", compta-t-il vivement.

"Je chercherais à vous interrompre pour vous conseiller, oh, Miss Lady !" bavarda Iki. "Sa voix a un son sanguinaire."

"Six, sept, huit, neuf, dix", compta Packard.

Terry renifla. Il se pencha, elle vit le reflet de la lune sur son revolver.

Elle a débrayé et a bloqué les deux freins, durement. Steve se balança et tomba au sol. La voiture, comme si elle avait gagné en puissance grâce au fait d'être libérée de son poids, s'élança en avant, s'arrêta de nouveau.

"Pas vraiment amis ?" s'écria Terry, et il remarqua un nouveau tremblement dans sa voix. « Je devrais dire non. Toi… espèce de sacré serpent, toi !

Et elle disparut, tournant dans la nuit, cachée à lui par la première colline autour de laquelle la route courait. Il la regarda un moment, haussa les épaules, lui tourna le dos et se dirigea rapidement vers les corrals du Ranch Numéro Dix.

Il avait bien planifié ; il avait correctement mesuré les impulsions et les désirs de Blenham. De plus, il était arrivé à temps, juste à temps.

La lumière était dans le ranch. Même si peu après onze heures, il faisait nuit dans le dortoir, les hommes dormaient depuis longtemps. Mais Barbee était éveillé, son esprit tourné vers lui ; Sa voix et celle de Blenham, toutes deux calmes, rencontrèrent les oreilles de Steve alors qu'il se glissait dans le coin de la maison, passant sous la fenêtre où se trouvait la lumière.

Blenham parlait maintenant. Il était assis sans serrer sur une chaise, les mains l'une sur l'autre, inactif sur ses genoux. Barbee, les yeux plissés et vigilants, se tenait à l'autre bout de la pièce. Sur le sol, près de ses pieds, se trouvait un revolver ; de sa position, Steve devina que Barbee venait de le jeter en toute sécurité hors de portée de Blenham. Le propre pistolet de Barbee était dans la main du garçon.

"Tu es un enfant plutôt rusé, Barbee," disait Blenham d'une voix neutre. "Tu as eu le dessus sur moi ; tu es le premier à faire ce petit tour. Oui, tu es un gamin plutôt rusé !"

Barbee haussa les épaules, cracha et répondit à Blenham par un juron et un grognement :

"Personne ne te demande ton avis, Blenham."

Mais Steve a vu et Blenham a dû voir la lueur de triomphe dans les yeux de Barbee.

"Qu'est-ce que tu vas faire de moi ?" » demanda Blenham à présent.

"Rien", répondit Barbee. "Je te garde là où je t'ai amené jusqu'à ce que Steve Packard revienne. Ce qui devrait être le plus probable à tout moment maintenant."

"Il sera en retard", a déclaré Blenham. "Il ne sera pas là avant deux ou trois heures. Supposons que pendant que nous attendons, laissez-moi et toi parler !" » dit-il brusquement en s'asseyant en avant sur sa chaise.

"Bien?" dit Barbée. "Parlez et soyez damné avec vous, Blenham. Seulement, ne vous parlez pas dans le trou dans lequel vous vous trouvez en ce moment. Et, je vous le promets, vous faites un saut rapide pour vous évader, et" Je vais te tuer."

"Je sais," acquiesça Blenham. "Tu le ferais. Mais je ne vais pas essayer une chose aussi stupide. Je vais juste... Comme je te l'ai dit, parlons-en. Qu'est-ce que Packard te paie pour le travail de cette nuit ?"

" Ce n'est pas un idiot, si c'est ce que vous voulez dire. J'aurais fait le travail de ce soir et je serais heureux d'avoir l'occasion et vous le savez, Blenham, et je n'ai jamais demandé d'argent pour cela. Mais je suis Je retirerai un mois entier de salaire supplémentaire, si je vous ai comme vous l'êtes quand il arrive.

Blenham rit doucement. Puis il déplaça les mains posées sur ses genoux. Packard vit qu'ils étaient pliés librement autour d'un vieux portefeuille en cuir.

"Il est sûr de vous payer généreusement, Barbee", railla Blenham. "Vous le savez ! Eh bien, regardez ici : c'est à vous et vous pourrez le suivre si vous empochez votre arme et me laissez partir ! Je ne demande pas grand-chose et je paie mon chemin. Écoutez c'est fini, gamin!"

Packard a vu comment il a arraché un billet de banque d'une mince liasse de ses semblables ; comment il l'a lancé vers Barbee. Il est tombé au sol ; un petit courant d'air le faisait dériver ; Blenham y mit le pied.

"Regarde ça!" » cracha-t-il, donnant pour la première fois un signe de la tension dans laquelle il travaillait. "C'est à toi, si tu n'es pas idiot."

Barbee, pour ne pas se laisser tromper s'il s'agissait d'une ruse pour attirer son attention, dit sèchement :

« Lève-toi pendant que je comprends ! »

Blenham obéit ; Barbee se baissa vivement, tout en gardant les yeux rivés sur son prisonnier. Puis, le canon de son arme relevé d'un centimètre supplémentaire, il regarda ce qu'il tenait. Lorsqu'il regarda Blenham, ses yeux étaient ronds et sa bouche était un peu ouverte.

"Mon Dieu!" Il haletait. "C'est mille dollars!"

"Oui," dit doucement Blenham. " C'est mille dollars. C'est une petite somme, Barbee ; c'est, de toute façon, plus qu'un mois de salaire supplémentaire, n'est-ce pas ? Et c'est à toi si tu le veux ! Pensez aux fois où vous pouvez continuer, pensez de la façon dont tu pourrais faire ouvrir les yeux à Red Creek ! Et il y a plus à venir si tu prends ça et que tu me laisses aller regarder ma pièce et tenter ta chance avec moi quand je le dis. Quel est le mot, Barbée ?"

Packard, après s'être retenu si longtemps, resta immobile, apercevant inopinément quelque chose de l'âme de Barbee ; en regardant un petit drame humain, devenez spectateur de la bataille royale des deux factions rivales qui composaient le moi d'un homme.

Il lui semblait que le jeune Barbee était pâle et devenait de plus en plus pâle ; qu'un frisson le parcourut ; qu'il était, pour le moment, comme un drogué. Et, côte à côte, deux émotions, à la fois primitives et indubitables, sortaient de ses yeux : une haine sauvage envers Blenham, une avidité bondissante pour l'or.

Ainsi, oubliant un peu son propre intérêt pour cette scène, Packard observait, se demandant quelle en serait l'issue. Blenham a tenté. Barbee hésita.

« Juste ici dans ma main, » disait froidement Blenham, « il y en a neuf autres comme ça, Barbee. Dix mille dollars en tout. Mille pour vous pour juste rester à l'écart de mon chemin. "Tu es un gamin rusé. Maintenant, voyons si tu l'es. Attache-toi à un homme comme moi qui veut faire un tas, un putain de gros tas, Barbee - ou accroche-toi à un imbécile comme Steve Packard et prends sa paie au compte-goutte et" laisse-le être celui qui rassemble tout le gros chou frisé. Lui et moi quand tout va bien ; lui et moi avec toi, on récupère juste les restes. Lequel est-ce ? Hein, gamin ? Dans quel sens vont-ils ? tu y vas ?"

Barbee tenait le billet de banque dans sa main gauche ; lentement, ses doigts calleux se refermèrent étroitement autour de lui, le froissant, le serrant comme s'ils ne voulaient jamais le lâcher. Et puis lentement, les doigts s'ouvrirent pour que le morceau de papier froissé se trouve dans sa paume, sous ses yeux. Barbee passa sa langue entre ses lèvres sèches. Steve, le regardant par la fenêtre, vit dans ses yeux les deux lumières, celle de la haine, celle de la convoitise ; ils brûlaient côte à côte comme auraient pu le faire une bougie jaune et une bougie rouge.

Dans quelle direction Barbee irait-il ? Est-ce que Barbee était au courant ? Blenham ne l'a pas fait ; Steve ne l'a pas fait. Soudain, voyant comment les deux feux clignotaient dans les yeux de Barbee, Steve s'écria en lui-même :

"C'est injuste ! C'est trop demander à Barbee !"

Et à voix haute, enfonçant le nez d'un Colt .45 à travers la vitre qui se brisa bruyamment :

"Levez les mains, Blenham ! Bon garçon, Barbee. Vous l'avez, d'accord ! Surveillez-le pendant que je me glisse à l'intérieur."

Blenham sauta sur ses pieds, étendit les bras et jura sauvagement. Puis, brusquement silencieux, il se laissa tomber sur sa chaise, ses deux grandes mains lâchées sur le portefeuille caché dessous. Steve jeta une jambe par-dessus le rebord de la fenêtre et entra, son arme prête, ses yeux observant Barbee alors qu'ils semblaient être réservés à Blenham. Et Barbee, blanc maintenant comme il ne l'avait jamais été jusqu'à présent, frissonna, remplit ses poumons d'un long soupir et recula de quelques pas, fixant Steve, Blenham, mais surtout l'objet qu'il tenait à la main.

"C'est toi qui l'as fait passer, Barbee !" s'écria Steve chaleureusement.

Il tendit la main et arracha le portefeuille des genoux de Blenham. Les grandes mains de Blenham, se serrant lentement, tombèrent sur ses côtés ; Les yeux de Blenham, maussades et mauvais, s'accrochaient fermement à ceux de Packard.

"Vous m'avez sauvé mon héritage ce soir ; vous m'avez aidé à sauver mon ranch. Vous m'avez aidé à résoudre le problème avec un sale chien nommé Blenham !"

Comme un chien, Blenham montra les dents. Son visage dessiné était marqué à l'image de la fureur.

"Vous êtes l'image d'un sport mort", grogna-t-il en se déplaçant nerveusement sur sa chaise. "Je n'ai pas d'arme ; toi et Barbee en avez ; allez-y et appelez-moi de tous les noms que vous voulez !"

Steve comptait les billets de banque dans le portefeuille. Blenham avait dit vrai ; il y avait neuf billets de mille dollars. Il tendit la main à Barbee pour le dixième. Barbee, regardant étrangement comme quelqu'un qui se réveille brutalement de son sommeil et qui n'est pas encore sûr de ce qui l'entoure, lâcha le billet de banque. Ses yeux, qui se posèrent enfin sur Blenham, semblaient rouges et laids. Packard glissa le portefeuille dans sa chemise.

"Barbee," dit-il doucement, tout en s'occupant des moindres mouvements de Blenham, "cet argent m'a été laissé par mon père. Il l'a donné à Bill Royce pour qu'il le garde pour moi. Vous savez tout ce que Bill a apporté à Blenham ; maintenant vous savez pourquoi. Il y a tout un tas de canailles déversées à la porte de Blenham. Et, grâce à vous, nous avons enfin le bois mort sur lui !

"Qu'est-ce que tu vas faire de lui ?" Barbee, parlant pour la première fois depuis l'entrée de Steve, avait une voix rauque. Blenham remua de nouveau sur sa chaise ; maintenant, il n'y avait plus qu'une haine froide dans le regard du garçon. "Nous devrions pouvoir le mettre en prison pendant un bon bout de temps."

Blenham rit d'un air moqueur.

"Essayez-le!" » il a blâmé. "Voyez ce que vous pouvez prouver, prouvez réellement à un jury et à un juge ! Essayez-le ! Vous allez au tribunal et vous voyez..."

"Au diable la loi !" » coupa Steve, et bien que sa voix n'ait pas été élevée pour l'imprécation, Blenham lui lança un rapide regard surpris.

Et Blenham et Barbee, écoutant avec étonnement, comprirent qu'il s'agissait là d'un Packard qui parlait ; que dans la peau du petit-fils, même maintenant, se tient peut-être la grande majorité du grand-père intransigeant.

" Qu'est-ce que je veux avec la loi maintenant ? Blenham s'en sortirait, je suppose ; ou il obtiendrait une peine légère et la réduirait à rien s'il se comportait bien. Non, Blenham, si jamais tu vas en prison, ce sera la peine de quelqu'un d'autre. ce que je fais ; pas le mien. Est-ce juste la prison pour l'homme qui a abattu mon ancien partenaire de sang-froid, juste pour une poignée d'argent ? Est-ce juste la prison pour l'homme qui a fait de la vie de Bill Royce un enfer pendant six mois ? Juste une prison pour la brute qui s'est fait tirer dessus un cheval sous moi cette nuit ? Eh bien, bon sang... » Et finalement sa voix brisa la glace de sa retenue et résonna avec colère, pleine de menace : « Pensez-vous que je "Je vais te laisser passer de mes mains à celles du juge et du jury après tout ce que tu as fait ?"

Blenham se releva d'un bond et recula. La bouche du .45 de Steve le suivit d'un air menaçant.

"Barbee", dit Packard, sa voix une fois de plus sous contrôle, "va au dortoir et envoie Bill Royce ici. Ne réveille pas les autres garçons. Ensuite tu reviens ici avec lui. Et apporte un fouet avec toi. "

"Un fouet?" répéta Barbee.

"Oui ; un fouet. N'importe quel type auquel vous pouvez mettre la main en toute hâte ; un fouet, un fouet de poussette ou un fouet de taureau !"

Blenham regarda Barbee partir. Puis, entraîné dans un coin de la pièce, maussade et vigilant, il se leva, mordant nerveusement un gros poing poilu et serré.

CHAPITRE XII

DANS UNE PIÈCE SOMBRE

Bill Royce, à la hâte et à moitié habillé, arriva promptement à la maison, trébuchant sur les talons de Barbee. Blenham, dans son silence et sa vigilance ininterrompus, mordillait toujours son poing. Barbee apportait un lourd serpent noir à la main.

"Barbee dit que tu me veux, Steve ?" dit Royce depuis le seuil. "Et que Blenham est là ?"

"Oui, Bill," répondit Steve. Et à Barbee : " Fermez la porte derrière vous. Verrouillez-la. Donnez-moi la clé. Maintenant, fermez les volets des deux fenêtres. "

Barbee obéit silencieusement. Les yeux de Blenham le suivirent, semblant fascinés par le fouet que tenait Barbee.

"Écoute une minute, Bill," dit Steve quand Barbee eut fini. "Je veux te dire quelque chose."

Et, aussi brièvement que possible, il parla à Royce des billets de dix dollars substitués au véritable héritage, des résultats de sa soirée à Red Creek, du piégeage de Blenham par Barbee, de la récupération des dix mille dollars, d'un cheval abattu. mort sur la route de Red Creek.

"Alors", dit Royce à la fin, son esprit saisissant avec impatience un fait marquant, "J'avais raison, Steve ? Et c'est Blenham qui m'a donné les deux canons du fusil de chasse de Johnny Mills ? C'était Blenham, bien sûr, n'est-ce pas, Steve ? »

"Oui, Bill. C'était Blenham."

"Et... et Blenham est juste de l'autre côté maintenant ? C'est lui que j'entends respirer, Steve ?"

"Oui, Bill."

« Et… et pourquoi m'as-tu envoyé, Steve ? Qu'est-ce que tu vas lui faire ?

Packard fit signe à Barbee. Le garçon vint rapidement à ses côtés et lui donna le serpent noir. Steve l'a posé sur la main de Bill Royce.

"Je vais lui donner un avant-goût de ça, Bill," dit-il. « Et je te voulais ici. Tu ne peux pas le voir ; mais avant que j'en ai fini avec lui, tu peux l'entendre !

"Tu vas l'attacher et le fouetter, Steve ? C'est ça ?"

"Une meute de chiots bâtards de race basse !" s'écria Blenham avec colère, rompant pour la première fois son silence. "Des salauds et des lâches furtifs et sans vie !"

"C'est ça, Steve ?" insista Royce. "Tu vas l'attacher et lui donner un coup de fouet avec un serpent noir ?"

"Je vais le fouetter, pour ton bien, Bill," répondit sévèrement Steve.

Il ôta son manteau et le jeta derrière lui.

"Enlevez les chaises et la table, Barbee ! Non, je ne vais pas l'attacher ; ce n'est pas nécessaire, Bill. Je peux le manipuler avec mes mains sans l'attacher ; je vais le faire. Et puis je vais prendre le fouet et le passer sur lui jusqu'à ce que sa peau soit en lanières — ou jusqu'à ce qu'il supplie qu'on le lâche. Prêt, Blenham ?

"Veut dire que?" grogna Blenham, un nouveau regard dans les yeux. "Tu veux dire que tu vas me donner une pause égale ?"

Mais Bill Royce, assez tremblant d'un empressement qui ne lui était pas familier, s'était agrippé au bras de Steve, l'avait trouvé, le retenait en criant avec enthousiasme :

"Tu es un bon ami, Stevie ; tu es le meilleur ami de tous les temps et je le sais ! N'ai-je pas toujours su que tu serais comme ça ? Mais tu ne vois pas, Stevie, tu ne peux pas." tu vois, ce n'est pas suffisant qu'un autre homme le lèche, même si cet homme est mon partenaire, même si c'est Stevie lui-même qui le fait ! N'ai-je pas attendu et attendu de mettre la main sur lui !"

Blenham, un peu réconforté par les paroles de Steve, se moquait ouvertement maintenant.

"Allez, Blind Billy," se moqua-t-il. "Et quand je t'aurai jeté aux ordures, j'affronterai tes amis ! Un à la fois, tu sais comment on dit !"

Steve retirait la main de Royce de son bras.

"Laisse-moi faire ça pour toi, Bill," dit-il fermement. "C'est juste. Si tu pouvais voir, ce serait différent."

Mais Royce s'accrochait désespérément, criant avec insistance :

"Aveugle comme je suis, je peux le lécher ! Je sais que je peux le lécher ! Ne l'ai-je pas fait dans mon sommeil une douzaine de fois, une douzaine de façons ? Ne me suis-je pas toujours promis qu'un jour je l'aurais dans mes deux mains, je le sentirais se tortiller et se tortiller ? C'est mon combat, Steve, et — Blenham, où es-tu ?

"Ici!" s'écria Blenham. "J'en ai marre d'attendre !"

Royce se précipita vers lui. Mais Steve Packard a surpris son vieil ami à propos du corps, le retenant un instant.

"Facile, Bill," dit-il doucement. "Facile. J'avais tort, tu as raison. C'est ton combat. Mais prends ton temps. Enlève ton manteau. Barbee, tiens-toi près de cette fenêtre; si Blenham essaie de sortir, arrête-le. Je resterai ici. Tout est prêt. , Facture?"

"Prêt!" s'écria Royce, sa voix étant un rugissement d'impatience.

"Tout est prêt, Blenham ?"

"Je ne l'ai pas dit ?" railla Blenham.

"Alors..." et soudain Steve avait saisi la lampe, soufflant dans la cheminée et plongeant la pièce dans une épaisse obscurité - "va y ! La lumière est éteinte, Bill ! La pièce est dans le noir absolu. Tu es aussi bien. tel qu'il est. Et maintenant, vieux partenaire. Maintenant!"

Tout à coup, la pièce fut complètement immobile ; l'obscurité épaisse et impénétrable semblait presque un rideau palpable masquant ce qui se passait ; le silence était pour un peu littéralement essoufflé.

Puis vint le premier son faible et révélateur, le craquement lent et torturé d'une planche alors qu'un homme appuyait son poids dessus. Dans l'obscurité, à travers la pièce, Bill Royce avançait lentement, à la recherche de l'homme qui, surpris par l'action de Steve qui avait réduit son avantage sur un aveugle, se tenait dans son coin. Et puis, encore plus étrange à travers ce silence tendu, vint le rire sourd de Bill Royce.

"Bon garçon, Steve," dit-il doucement. "Je n'y avais jamais pensé ! Dans le noir, Blenham est aussi aveugle que moi ! Ça te plaît, Blenham ? Tu aimerais que ça se passe ainsi tout le temps ?"

La seule réponse de Blenham résida en sautant en avant, hors de son coin, et en frappant ; La réponse de Royce fut un autre rire discret. Il s'était écarté ; Blenham s'était débattu dans le vide ; Royce, redevenu adulte, connut un des moments de pure joie qui avaient été les siens au cours de ces derniers mois fatigués.

Packard et Barbee, fronçant les sourcils en vain à chaque petit bruit, ne pouvaient que deviner ce qui se déroulait à si quelques centimètres d'eux. Un pied qui gratte peut être celui de Royce ou celui de Blenham ; un long et profond soupir ou une respiration rapide, tantôt ici, tantôt là, pourraient émaner de l'un ou l'autre homme. Ce qui était étrange, pensaient Barbee et Packard, c'était que même dix secondes pouvaient s'écouler sans que ces deux hommes ne se prennent à la gorge.

Mais, un instant suprême enfin, Bill Royce se retrouva avare dans ses dépenses ; il faisait couler les secondes dorées entre ses doigts, il prolongeait l'expérience, en goûtait pleinement la joie.

Pour le moment, sa cécité n'était pas plus grande que celle de Blenham ; car un petit Blenham tâtonnerait, s'étonnerait, hésiterait et se tendrait à la manière que l'aveugle connaissait si bien. Et puis à la fin, quand la fin ne pouvait plus être retardée, Bill Royce infligeait la punition longtemps retardée.

Mais comme les natures des deux hommes étaient franches, que leurs haines étaient franches, qu'il y avait peu de finesse chez l'un et l'autre et qu'une grande impatience les animait tous deux, le jeu de Royce avec Blenham fut de courte durée.

Il y eut un brusque mouvement de pieds – et le rire de Royce ; un coup violent – et le rire de Royce ; un autre coup, un grognement et un juron haletant de Blenham – et le rire de Royce.

Et puis seulement un grattage de pieds de haut en bas, d'avant en arrière sur le sol nu, le bruit sourd de lourdes épaules contre un mur inattendu, l'impact d'un poing contre le corps. Dans l'obscurité totale, les deux hommes s'agrippèrent, se frappèrent, se balancèrent ensemble, s'écartèrent, pour ensuite se retrouver pour porter des coups plus durs et plus impitoyables.

Packard et Barbee retenaient maintenant leur souffle tandis que les autres haletaient librement ; Packard et Barbee, marchant rapidement tantôt dans un sens, tantôt dans l'autre tandis que les formes en combat se balançaient de haut en bas, cherchaient à évaluer ce qui se passait par les sons qui parvenaient à leurs oreilles.

Des imprécations murmurées, des frottements de pieds dans une danse grossière de rage, un autre coup violent et sourd, un juron de toux. Dont? Blenham, car après cela est venu le rire de Bill Royce. Un autre coup, de nouveaux coups et grattages de bottes – coup sur coup, malédiction sur malédiction – un homme tombant lourdement…

Qui était à terre ? Royce de Blenham?

"Facture!" appelé Packard. "Facture!"

Pas de réponse sinon celle de deux gros corps roulant ensemble sur le sol. Tous deux étaient à terre, Royce et Blenham. Tous deux se battaient, muets et furieux. Qui était au sommet ?

Aucun homme au-dessus longtemps, aucun homme sous l'autre plus d'une seconde. Les corps roulants frappèrent la jambe de Packard et il recula, leur laissant de l'espace. La poussière qui montait du sol lui remplissait les narines. La pièce devenait insupportablement proche, écœurante. La sueur doit maintenant couler des deux hommes. Packard renifla, enchanté par l'odeur âcre du sang frais. Les gros vracs roulaient, battaient et fouettaient ici et là…

"Enfer!"

C'était un cri de rage et de douleur mêlées ; il sortit de façon explosive des lèvres de Blenham. Le rire de Royce suivit ; Packard frissonna.

"Facture!" il pleure. "Facture!"

Royce ne répondit pas ; peut-être pour la très bonne raison qu'il n'a pas entendu. D'autres questions retenaient désormais son attention uniquement et exclusivement. La fureur du combat, la frénésie de haine le chevauchaient et lui, à son tour, chevauchait son ennemi. La raison froide et la soif de sang brûlant ne trouvent pas de place côte à côte dans le même cerveau. Une seconde fois, l'horrible cri de Blenham retentit. Packard craqua précipitamment une allumette et alluma la lampe.

Packard et Barbee ont emmené Royce ensemble, laissant Blenham s'allonger là. Les deux hommes étaient nus jusqu'à la taille, leurs chemises et leurs maillots de corps en haillons et en bandes pendaient de manière grotesque autour de leurs hanches ; Royce ressemblait à une danseuse de ballet hideusement peinte et burlesque en jupe comique. Seulement, il n'y avait rien de burlesque ou de comique dans son visage.

Packard, jetant un coup d'œil de lui vers le corps torturé de Blenham qui respirait par saccades et bruyamment, se retourna avec un soudain dégoût de sentiment et projeta le lourd serpent noir loin de lui. Il n'avait pas aimé l'odeur piquante du sang frais.

"Je l'ai!" dit Royce en tremblant. "Avec mes deux mains, je l'ai eu ! N'est-ce pas, Stevie ?"

"Mieux que tu ne le penses, Bill!" murmura Packard. "Mieux que tu ne le penses."

Il s'agissait d'un accident, du moins en ce qui concerne l'intention de Bill Royce. Packard le savait ; il savait que son ancien partenaire se battait avec acharnement, sans pitié, mais équitablement. Mais dans un sens plus large, s'agissait-il d'un accident ? Ou plutôt un simple châtiment rétributif décrété par une justice éternelle ? Là, dans l'obscurité totale, sans que personne ne puisse voir comment cela se passait, voici peut-être ce qui s'était passé :

Il y avait eu le vieil éperon mexicain aux longues rangées accroché au mur ; L'épaule de Royce ou celle de Blenham l'avaient renversé ; leurs pieds l'avaient poussé jusqu'au milieu du sol. Ils étaient tombés lourdement ensemble ; ils avaient roulé. Blenham avait le visage renversé, les mains de Royce l'inquiétant. L'éperon——

Mais la manière dont cela s'était produit importait peu. Le résultat était la chose. Blenham ne verrait plus jamais de son œil droit.

CHAPITRE XIII

AU CAMP DES BÛCHERS

Ils ont fait ce qu'ils ont pu pour Blenham – ce qui était peu – et l'ont laissé partir quand il était prêt. Avant le jour, il était parti, blanc comme un mort, l'air malade et sans un mot, à l'exception de ses mots d'adieu d'une voix étrangement calme :

"Je vais vous chercher tous les trois pour ça, aidez-moi !"

Ils lui avaient attaché la tête avec une bande arrachée à un vieux drap ; la dernière fois qu'ils le virent dans la lumière incertaine, ce fut ce bandage qui montait et descendait lentement à mesure que son cheval l'emportait.

Blenham parti, Barbee et Bill Royce redescendirent au dortoir, s'y glissant tranquillement. Steve Packard, seul dans le ranch, est resté assis à fumer sa pipe pendant une demi-heure. Puis il se coucha, les billets toujours dans sa chemise, son arme sous son oreiller.

À deux reprises la nuit dernière, il avait dit à Joe Woods, le patron du camp forestier : « Je te verrai demain matin.

Le matin venu, Steve a petit-déjeuner tôt, sellé son cheval et s'est dirigé à travers les champs pour rencontrer le soleil levant. Et il semblait à ses imaginations, frémissant dans la fraîcheur de l'aube matinale, que le soleil levant, ancien symbole de jeunesse, de vigueur et d'espoir aux ailes de triomphe, venait à sa rencontre.

A cette époque de la journée, surtout quand il chevauche et est seul et que les forêts s'épaississent tout autour de lui, l'homme est enclin à la confiance. Cela avait été simple, ainsi il y réfléchissait maintenant, d'avoir découvert la vérité sur les billets substitués la nuit dernière ; une question aussi simple avait été sa victoire à sept ans et demi, ou son énorme Joe Woods, ou sa récupération de l'héritage perdu.

Blenham, ou plutôt un agent de Blenham, avait tué son cheval ; et alors ? Son destin avait avancé ; Terry était venu ; il était rentré au ranch dans sa voiture et à l'heure.

Et si le ranch était hypothéqué et attribué à l'homme le plus dur des sept comtés ? Et si son grand-père était visiblement tombé à plat ventre devant le péché tentant du vieil homme, qui est l'avarice, et qui allait forcément le briser ? Le destin ne le faisait-il pas pour son favori ?

Pour Steve Packard, qui chevauchait pour rencontrer le soleil et tenir sa promesse envers le patron du bois, le monde était à l'heure actuelle un endroit extrêmement lumineux et charmant ; en cette heure d'optimisme bondissant, il pouvait même imaginer Terry Temple d'humeur rieuse et amicale.

Il se mit en selle si tôt que la fin de l'aube était encore douce dans l'air lorsqu'il passa sous les grandes branches des traînards des forêts qui tapissaient ses pentes orientales. Il remarqua qu'entre les fûts largement séparés, l'herbe était épaisse, riche et intacte ; réservé en cas de besoin. Il n'y avait pas encore de stock ici.

Il continua son chemin, s'engagea dans le sentier peu fréquenté qui le conduisit d'abord à la cabane des McKittrick, où un fusil de chasse à double canon, six mois plus tôt, avait valu à Bill Royce sa cécité ; puis au camp de bûcherons un mille plus loin. Tous deux étaient sur la rive du Packard's Creek ; le canal construit par les hommes de Joe Woods suivait le cours du ruisseau.

Le nouveau soleil dans les yeux, Steve baissa son chapeau sur son front et regarda autour de lui avec curiosité. Les bûcherons n'étaient arrivés que récemment ; tant de choses étaient évidentes. Ils étaient venus pour rester ; cela se voyait aussi clairement. Des dalles brutes de bois vert, toujours en train de sécher, de se tordre et de se fendre, avaient été grossièrement assemblées pour former un bâtiment long et bas où la cuisine, le fourneau et une table à deux planches indiquaient à la fois la cuisine et la salle à manger.

Une demi-douzaine d'autres cabanes et appentis, aperçus çà et là à travers les arbres, complétaient le camp. De grands arbres tombés – ils ne prenaient que le bois adulte – paraissant impuissants et désespérés, gisaient ici et là comme des géants brisés, majestueusement résignés à la hache du conquérant.

Ici, dans la paix et la tranquillité du jour rosé, cette incursion du commercialisme frappa soudain Steve à la fois comme un massacre et un sacrilège ; parmi les patriarches fidèles et leurs frères courbés, il était assis sur son cheval et regardait d'un air renfrogné le petit fouillis laid de bâtiments abritant les envahisseurs.

"Mon vieux grand-père bien-aimé avait du sang-froid avec lui", grogna-t-il alors qu'il pénétrait dans le petit village. "Comme d'habitude!"

Le cuisinier, bâillant, les yeux larmoyants, incroyablement ébouriffé, se remuait. Steve vit son dos et une bretelle traînante alors qu'il entrait dans la cuisine, portant du petit bois dans une main et un seau d'eau dans l'autre. Ce n'est que lorsque Packard, s'étant rendu à sa porte et ayant regardé à l'intérieur, fit sursauter le cuisinier et le fit se retourner, que les signes ternes d'une nuit de dissipation apparurent sur le visage de l'autre.

"Je me suis levé tard hier soir, je parie", rit Steve en se mettant en selle. Le cuisinier fit une grimace indéniablement éloquente d'un mauvais goût dans la bouche et se mit à genoux devant son poêle, s'installant lentement comme un homme aux articulations raides et rhumatismales ou bien à la tête qu'il n'entend pas secouer.

« Ivre hier soir, » grogna-t-il, se redressant sur ses hanches alors que son feu prenait. "Un homme qui s'enivre est un foutu imbécile. J'en ai marre de ça."

"Où est Woods ?" » demanda Steve. "Jusqu'à présent?"

"Oui, pourris-le, il est debout. Il est toujours debout. Il est... putain de fumée, j'ai une tête !"

"Où est-il?" » demanda Packard.

Le cuisinier se releva doucement et se serra un instant la tête à deux mains. Puis il le plongea progressivement dans son seau d'eau glacée. Après quoi, s'essuyant avec une serviette sale et posant le seau d'eau sur sa cuisinière, il tourna les yeux rouges vers Steve.

"Tu es le gars que j'ai nourri l'autre matin, n'est-ce pas ?" Il a demandé.

Steve hocha la tête.

"Plus encore," continua le cuisinier, "tu es le type qui a léché Woodsy hier soir à Red Crick ?"

Encore une fois, Steve hocha la tête.

"Et encore une fois, tu prétends diriger le ranch ici ? Et en être propriétaire ? Et être le petit-fils du vieux Hell-Fire ?"

"Je vous ai demandé où était Woods", lui rappela sèchement Packard. Le cuisinier leva la main comme pour parer un coup.

"Pourquoi tu cries dans mon oreille ?" gémit-il lamentablement. "Tu veux me trancher la tête ? Woodsy est là-bas, il parle avec un homme du nom de Blenham. Avez-vous déjà entendu parler de lui ?"

« Là-bas » signifiait clairement juste de l'autre côté du ruisseau, là où il y avait un petit espace plat et ouvert parmi les arbres dans lequel se trouvait l'une des plus grandes cabanes. Steve aperçut un tuyau de poêle qui dépassait de travers du toit du hangar ; remarqua un mince filet de fumée. Il traversa le ruisseau et se dirigea vers les quartiers du patron du bois.

Woods l'entendit et sortit dans la matinée éclairante, fermant la porte derrière lui. Ses yeux, comme ceux du cuisinier, quoique dans une moindre mesure, montraient les indications d'une nuit folle en ville. Steve devina qu'il ne s'était pas déshabillé de la nuit ; qu'il n'était pas tout à fait sobre en ce moment, même s'il se comportait régulièrement et parlait assez bien.

"Je pensais que tu te montrerais", dit doucement Woods, ses grosses mains dans ses poches, ses épaules contre le mur.

« Que fait Blenham ici ? » a demandé Steve.

Woods plissa les yeux dans un froncement de sourcils spéculatif.

"Il est presque mort. Il attend que je demande à un des garçons de le rejoindre et de l'emmener chez un médecin. Il dit que vous et deux autres gars lui avez arraché l'œil."

"C'est un menteur", annonça Packard avec colère. "C'était un accident. C'était un combat loyal entre lui et Bill Royce. Blenham est tombé sur un vieil éperon. Je t'avais promis que je serais là ce matin, Woods."

"Oui", a déclaré Woods. "Je t'attendais."

"Vous avez été franc avec moi la nuit dernière," poursuivit Packard doucement. "J'apprécie ce fait. Si jamais je peux vous rendre service, dites-le simplement. Voilà pour cette partie. Suivant : Peut-être avez-vous entendu dire que je suis le propriétaire du Ranch Numéro Dix ? Et que je dirige moi-même ? Je suis venu vous dire ce matin que nous arrêtons le travail ici. Je ne veux plus de bois.

Il y eut un petit tic au coin de la large bouche de Woods. Il ne répondit rien.

"Entends moi?" claqua Steve.

"Bien sûr que je vous entends", dit Woods avec insolence. "Blenham aussi ; il est juste à l'intérieur, là où il peut entendre. Je suppose que c'est avec lui que tu veux parler. Je retire mes ordres à Blenham et à personne d'autre."

"J'ai déjà parlé avec Blenham. Je lui ai dit de ne plus mettre les sabots sur mon ranch après aujourd'hui. Comme il est assez gravement blessé, je vous laisse l'emmener chez le médecin mais je ne veux pas de lui. "

Woods haussa les épaules.

« Mes ordres, tout chauds sortis de la bouche de Blenham, sont de rester au travail ici et de scier du bois », dit-il sans couleur. "Je lui enlève mon salaire et je fais ce qu'il dit."

Il ne semblait y avoir qu'une indifférence insouciante dans son geste alors qu'il tournait en partie le dos, regardant vers l'amont ; mais ce léger mouvement servit à montrer à Packard que Woods portait une arme à feu sur sa hanche, bien en vue. Eh bien, Woods lui-même avait dit : « Je vous attendais !

Hier soir et dans un but précis, Steve s'était armé ; ce matin, en partant pour cette course, il avait jeté le revolver dans un tiroir de la table du ranch. Il n'avait jamais été un tireur ; si les circonstances lui imposaient de partir armé, tant mieux. Mais ses sourcils se contractèrent avec colère devant la démonstration de la volonté de Woods de tirer.

"Regarde ici, toi Joe Woods !" il a crié. "Et écoute aussi, espèce de Blenham ! Je ne suis pas un chercheur de troubles ; je sais que c'est une chose très facile de déclencher une dispute qui verra plus d'un homme mort avant qu'elle ne soit terminée, et à quoi ça sert ? Mais je veux avoir qu'est-ce qui m'appartient en dépit de toi, de Hell-Fire Packard et du diable ! Le droit de l'ensemble de l'affaire est aussi clair que un et un : ceci est mon équipement, s'il est hypothéqué ; personne, à part moi, n'a à ordonner ma coupe de bois. . Et je dis que cela ne sera pas réduit. S'il y a des problèmes, c'est à vous, les gars. "

Aucun bruit ne venait de Blenham dans la cabine ; Woods, après avoir jeté un rapide coup d'œil au visage en colère de Packard, regarda de nouveau vers l'amont.

Pendant un moment, Steve Packard se mordit la lèvre, pris dans un tourbillon de rage impuissante. Jamais de réponse de Blenham, jamais de réponse de Woods ; déjà en colère, leurs silences l'exaspéraient. De l'autre côté du ruisseau, il aperçut le cuisinier debout à la porte de sa cuisine, écoutant et souriant d'un air maladif ; deux ou trois hommes, sortant pour leur petit-déjeuner, le surveillaient.

C'était un groupe laid, aux yeux rouges, pensa-t-il en les balayant de ses yeux brillants ; ils se battraient comme des chiens pour le plaisir de se battre ; tôt ou tard, si Blenham persistait, il aurait la tâche de les chasser de ses terres. Bien sûr, il pourrait aller « plus haut » ; il pouvait faire appel à son grand-père.

Il le pouvait, mais dans son état d'esprit actuel, il n'avait aucune intention de faire une telle chose. Son grand-père, auparavant, aurait dû retirer ces hommes.

"Ne me demande pas de me tenir la main !" lui avait crié le vieil homme. "Je vais après ta dent et ton gros ongle !"

Eh bien, si le vieil homme voulait des ennuis et une guerre à distance...

Son sang coulait vite et chaud dans ses veines ; son esprit travaillait fébrilement. Un seul homme contre la foule, il ne pouvait rien faire. Mais il pourrait retourner au ranch, rassembler une douzaine d'hommes, leur mettre des armes à la main, et être de retour ici en quelques heures.

Il vit les bûcherons sortir un à un dans la clairière près de la cabane du cuisinier ; je les comptais à mesure qu'ils entraient. L'idée d'une tasse de café le matin les attirait ; parmi les visages brièvement tournés vers lui, il reconnut plusieurs qu'il avait vus la nuit dernière dans le salon Ace of Diamonds. Il en vit deux atteler le gros chariot, de toute évidence le seul moyen de transport du camp. Ils s'apprêtaient à prendre Blenham.

Soudain, une nouvelle lumière éclaira les yeux de Steve ; il tourna brusquement la tête pour que Joe Woods ne doive pas le voir.

"Combien d'hommes avez-vous ici, Woods ?" Il a demandé.

S'interrogeant sur la question à laquelle Woods a répondu :

"Quatorze ; je commence un nouveau camp de l'autre côté de la crête."

Steve avait compté neuf hommes entrer dans le hangar du cuisinier ; avec la cuisinière, ils étaient dix ; les deux avec les chevaux faisaient douze. Il devrait y en avoir deux de plus. Il a attendu. Pendant ce temps, secrètement pour que Woods ne devine pas ce qu'il faisait ou ne voie pas la main occupée, il desserra son latigo, semblant simplement affalé sur sa selle ; Tandis qu'il faisait une demi-douzaine de remarques aléatoires qui rendaient Woods encore plus perplexe, il se déchaîna. Un autre homme était entré dans la cuisine. Treize.

"Quatorze en comptant toi ?" il a demandé à Woods.

"Oui."

Ensuite, ils ont tous été comptabilisés ; deux avec les chevaux ; onze dans le hangar ; Joe Woods devant lui.

"Ma sangle est lâche", dit Packard et il descendit de cheval, jetant l'étrier sur la selle hors de son chemin, ses doigts allant vers le latigo qu'il venait de desserrer.

Woods le regardait sans rien faire. Puis soudain, les deux hommes se tournèrent vers la cuisine. La porte avait été claquée ; il y avait un vacarme assez hideux comme celui de toutes les casseroles et poêles du cuisinier qui tombaient ensemble ; après cela, un éclat de rire, et enfin la voix du cuisinier s'éleva d'un ton plaintif. Woods sourit. Imperturbable par la présence de Packard, il dit avec désinvolture :

"Cookie Mos' a généralement une tête d'enfer après une nuit comme la nuit dernière. Les garçons le savent et s'amusent un peu avec lui!"

Les deux hommes attelant les chevaux avaient évidemment deviné, tout comme Woods, ce qui se passait dans le domaine du cuisinier ; en tout cas, ils attachèrent les chevaux en toute hâte et se dépêchèrent de voir. Packard, toujours occupé avec son latigo, les aperçut et les observa jusqu'à ce que la porte se referme derrière eux.

Son cheval se tenait entre lui et Woods. Il chatouilla l'animal dans le flanc ; il tournait, reculait, plongeait, attirant les yeux de Woods. Et la prochaine chose que Woods comprit clairement, c'était que Steve Packard était sur lui, qu'une des mains de Packard était sur sa gorge, que l'autre était allée chercher le pistolet sur la hanche de Woods et l'avait récupéré.

"Retourne dans ta cabane !" » ordonna Packard, enfonçant durement le canon du gros automatique de Woods dans les côtes de Woods. "Rapide!"

Tout à l'heure, Steve s'était dit : « Un seul homme contre la foule, il ne pouvait rien faire ! Exactement ce que Woods penserait ; ce que Blenham à l'intérieur penserait ; exactement ce que pensaient le reste des hommes depuis qu'ils lui tournaient le dos et l'oubliaient dans leur jeu de harceler le cuisinier.

Ce qu'il faisait maintenant était ce qu'il qualifierait, s'il entendait parler d'un autre homme qui tentait de le faire, de « une chose stupide à faire ! » Et pourtant, il s'était répété à maintes reprises qu'un homme avait de bonnes chances de s'en sortir malgré l'inattendu s'il frappait vite et fort et gardait son sang-froid.

Woods, complètement interloqué, se laissa reconduire dans sa cabine. Packard le suivit et ferma la porte. À l'intérieur se trouvait Blenham, allongé sur la couchette de Woods, la tête toujours enveloppée, une bouteille de whisky à moitié vide posée sur le sol à ses côtés. D'un œil larmoyant, il regardait tour à tour les deux hommes qui faisaient irruption sur lui.

"Blenham", s'écria Packard en se tenant au-dessus de lui tout en prenant soin de ne pas perdre de vue le visage actif de Joe Woods, "Je veux que le travail s'arrête ici et que cette foule d'hommes hors du ranch. Vous avez entendu ce que j'ai dit dehors, n'est-ce pas ? ?"

Blenham répondit lourdement :

"Woods, ne fais pas attention à ce que dit cet homme. Gardez tes hommes au travail. Et si tu as une autre goutte de whisky———"

"La bouteille est là où vous la mettez", rétorqua Woods. "Sous ton oreiller."

Blenham roula sur le côté, glissant sa main sous son oreiller. Tout le temps, son unique œil rouge brillait méchamment sur Steve, qui, plein d'esprit, reculait dans le coin d'où il pouvait en même temps observer Woods et cette main de Blenham qui faisait son stupide petit jeu de chercher une bouteille.

"Sortez-le par le cou, Blenham," dit sévèrement Steve. "Sortez-le par le cou et passez-le-moi, les fesses en premier ! *Sabe* ? Je devine le genre de boisson que vous aimeriez préparer."

L'œil de Blenham et les deux de Steve s'affrontaient ; Woods regardait avec intérêt. Il rit même lorsqu'enfin, avec une exclamation qui était autant un gémissement qu'une malédiction, Blenham sortit son arme et la jeta sur sa couverture. Steve le prit et le fourra dans sa poche.

"Il n'y a qu'une poignée d'hommes à la cuisine", a déclaré Woods avec humour. « Après m'avoir coincé avec Blenham, tu ne devrais pas avoir de problèmes là-bas ! »

"Combien d'hommes ?" » demanda doucement Steve. "Treize, si j'ai bien compté, hein, Woods ? Ce n'est pas un chiffre sur lequel placer vos espoirs ! Et maintenant écoutez ; je vais couper court : s'il y a des problèmes ce matin, si quelqu'un est blessé, rappelez-vous. que ceci est ma terre, que vous, les Jaspers, êtes en train d'entrer sans autorisation, que je défends simplement ma propriété. En d'autres termes, vous avez tort. Vous patinerez sur une glace assez mince si vous plaidez plus tard que vous obéissiez aux ordres. de Blenham ; suivez Blenham assez longtemps et vous arriverez à l'enclos. Maintenant, je sors. Vous et Blenham restez ici jusqu'à ce que je vous appelle. Je fermerai la porte ; vous la laissez fermée. Prenez le temps rouler une cigarette et réfléchir avant de commencer quoi que ce soit, Joe Woods. »

Puis rapidement, il ouvrit la porte, sortit et la referma derrière lui.

"Je tente ma chance", marmonna-t-il, les yeux durs, la mâchoire serrée et avancée. "Une bonne et longue chance. Mais c'est comme ça qu'il faut jouer !"

La porte de la cuisine, qui lui faisait face de l'autre côté du ruisseau, était toujours fermée. Steve fit une douzaine de pas en aval ; il pouvait désormais contrôler la cabine de Woods du bout de l'œil, regarder directement dans la cuisine lorsque la porte s'ouvrait, garder un œil sur l'unique petite fenêtre carrée.

"Tout est dans les cartes", se dit-il sombrement. « Un homme peut gagner un jackpot sur une paire de deux, s'il joue correctement ! »

À ce stade, Packard's Creek est étroit ; la distance entre l'endroit où il se tenait et la porte de la cuisine n'était pas supérieure à quarante pieds. Il déplaça le pistolet de Woods dans sa main gauche, prenant dans sa droite le revolver à l'ancienne de Blenham qui lui plaisait davantage. Puis, pour mettre les choses en route de la manière la plus énergique qu'il savait, il envoya une balle s'écraser sur le toit du cuisinier.

Le murmure des voix s'éteignit subitement ; c'était intensément calme pendant un moment ; puis il y eut une bousculade, un raclement de lourdes bottes et de bancs traînants, et la porte du cuisinier se claqua contre le mur extérieur, l'ouverture remplie de formes imposantes, alors que les hommes se pressaient pour voir ce qui se passait. Ce qu'ils ont vu, c'était le nez de l'arme de Blenham dans la main de Steve.

"Retourne là-haut", a crié Packard. "Reste tranquille pendant que tu m'écoutes."

Ils hésitaient, se demandaient. Un homme grogna quelque chose, la voix grave et truculente. Un autre homme a ri. Les formes remplissant l'embrasure de la porte commencèrent à se gonfler lentement vers l'extérieur alors que d'autres formes derrière elles se pressaient sur elles.

Dans la cabane de Woods, il y eut un peu de bruit.

"Vous les hommes, partez aujourd'hui", dit Steve précipitamment. "Aussi vite que vous pouvez tirer votre fret. Blenham et Woods vous accompagnent. Au total, vous êtes plus d'une douzaine et un seul de moi. Mais j'ai le pistolet de Woods et celui de Blenham et il se trouve que je ne suis pas sérieux. C'est ma tenue ; si vous commencez quelque chose et qu'il y a des problèmes, pourquoi vous êtes du mauvais côté de la barrière. De plus, vous risquez d'être blessé. Blenham et Woods s'arrêtent net ; pour autant que je sache. Vous seriez une bande d'imbéciles pour prendre plus de position qu'eux. »

L'homme qui avait ri et qui maintenant avançait son visage vers ses compagnons, sourit largement et annonça :

"Nous ne nous soucierons peut-être pas de l'endroit où Blenham et Joe descendent. Mais nous n'avons pas encore pris notre petit-déjeuner!"

"Vous n'avez pas de petit-déjeuner sur mes terres !" » dit sèchement Steve, plus effrayé à l'instant d'avoir affaire à de la bonne nature qu'à de la colère.

Car si la douzaine d'hommes présents se contentaient de rire, de sortir et de se disperser, il aurait les mains liées ; il ne pouvait pas abattre beaucoup de plaisantins et il le savait. Et ils le sauraient.

"Vous êtes en route maintenant ! Vous, là !" Il s'agit d'un grand jeune géant aux épaules voûtées, aux yeux bleus, aux cheveux paille, à l'allure nordique. "Sortez par ici, Sandy ! Et soyez vif."

Le nordiste haussa les épaules et parut belliqueux. Steve s'humidifia les lèvres.

"Vous ne pouvez pas me bluffer..." commença le nordiste.

Et Steve savait qu'étant allé aussi loin, il ne pouvait pas s'arrêter au bluff. Et il savait qu'il ne devait pas paraître hésiter.

"Je peux tirer aussi droit que la plupart des hommes", dit-il doucement. "Mais parfois, il me manque un pouce ou deux à cette distance. Vous les hommes, qui ne voulez pas prendre de risques inutiles, feriez mieux de donner à Sandy un peu plus de marge de manœuvre !"

L'homme aux épaules voûtées se redressa un peu, releva brusquement la tête, prit un nouvel air de défi. Lentement, Steve leva le canon de son arme – lentement, un homme s'éloigna du nordiste, un homme tomba vers la droite, un homme recula précipitamment vers la gauche. Il est resté debout au milieu de la porte ouverte. Il bougea un peu, croisa les poings sur les côtés, tourna la tête.

Encore un bruit venant de la cabane de Woods. Steve vit que la porte s'était doucement ouverte de six pouces. Il y eut un mouvement rapide à l'intérieur ; la porte était grande ouverte. Woods se tenait dans l'ouverture, un fusil à la main, le canon pointé sur la poitrine de Steve. Steve vit le regard de Woods, se retourna et tira le premier. La balle du fusil coupa en sifflant haut dans les airs ; Woods a laissé tomber le fusil, a chancelé et est tombé sous l'impact d'un missile en plomb provenant d'un revolver de calibre quarante-cinq. Le fusil se trouvait maintenant juste à l'extérieur.

Le jeune géant trapu aux yeux bleus et à la chevelure choquée n'avait pas bougé. Sa bouche était ouverte ; son visage était bêtement inexpressif.

"Levez les mains et sortez !" » Steve l'appela brutalement.

L'homme sursauta, regarda rapidement autour de lui, s'avança en levant ses grosses mains. Ils étaient toujours serrés mais s'ouvrirent lentement et lâchement alors qu'ils passaient au-dessus de sa tête.

"Tournez le dos par ici", ordonna Steve, sentant sa maîtrise du moment et sachant qu'il devait prendre l'avantage rapidement. "Ventre contre le mur. C'est tout. Ensuite !"

Un homme, l'homme qui avait ri deux fois, s'avança avec impatience. Il n'avait pas besoin d'être invité à lever les mains, ni encore à se mettre du côté de l'autre, la face contre le mur. Ses yeux étaient un peu exorbités ; ils n'étaient pas fixés sur Steve Packard mais sur le corps de Joe Woods. Le patron du bois gisait sur le seuil, moitié dedans, moitié dehors, se tordant un peu sur place.

Maintenant, l'un après l'autre, parlant à voix basse ou pas du tout, les ouvriers forestiers sortaient dans le calme du nouveau jour. Steve les comptait au fur et à mesure qu'ils apparaissaient, gardant toujours l'œil fixé sur la porte de Woods, se rendant toujours compte qu'il restait à s'occuper de Blenham, toujours attentif à la petite fenêtre carrée de la remise des cuisiniers. Une fois, il y vit un visage ; » cria-t-il en guise d'avertissement et le visage se retira précipitamment.

Ils étaient enfin dehors, treize hommes lui tournant le dos, les mains levées. En reculant, Steve se dirigea vers la cabane de Woods.

"Sortez, Blenham," appela-t-il sèchement.

Blenham l'a maudit mais est venu. Enjambant le corps de Woods, il dit d'un ton menaçant :

« Vous l'avez tué, n'est-ce pas ? Vous allez vous balancer pour ça.

"Reste là où tu es, Blenham." Il se demanda s'il avait tué Woods. Il considérait la question de manière presque impersonnelle à l'instant ; le jeu n'était pas encore joué, les cartes étaient sorties, l'esprit devait être calme, l'œil vif. "Vous deux, les garçons, au bout, venez ici et aidez-moi avec Woods."

Une fois de plus, le gros corps de Woods se tordit ; il s'est même retourné à moitié maintenant, et Woods s'est assis. Sa main se posa sur son épaule ; Steve vit la main devenir rouge. Le visage de Woods était blanc et tiré par la douleur. Ses yeux se tournèrent vers le fusil à ses pieds. Steve s'avança, prit l'objet et le jeta dans la cabine. Woods vacilla, pencha un peu en avant, se rattrapa, se stabilisa avec une main sur le montant de la porte et se releva en tremblant. Steve était émerveillé par lui.

"Si tu veux, Woods," dit-il doucement, "je te ferai conduire chez moi et j'enverrai chercher un médecin pour toi."

"Oh, bon sang, je n'ai pas été gravement blessé", a déclaré Woods.

Steve vit ses sourcils se contracter tandis qu'il parlait. La main rouge fut posée assez précipitamment sur l'épaule de l'un des deux hommes que Steve avait convoqués de l'autre côté du ruisseau.

Blenham se détourna et descendit le courant, vers le gros chariot. Woods le suivit, marchant lentement et péniblement, s'appuyant de temps en temps sur son appui.

Tandis que Steve les appelait, les hommes s'alignèrent le long du mur de la cuisine, se tournèrent et, les mains toujours levées, descendirent le courant. L'un après l'autre, ils montèrent dans le chariot. Deux ou trois ont ri ; pour la plupart, il n'y avait que des visages noirs et une colère grandissante. Beaucoup d'entre eux avaient beaucoup bu et peu dormi la nuit dernière ; pas un d'entre eux mais son café lui manquait.

Packard attrapa les rênes de son cheval et se mit en selle en criant :

"Je ne sais pas ce que vous attendez. Montez sur le siège, quelqu'un. Commencez. Blenham et Woods ont tous deux besoin d'un médecin. Et vous n'avez pas besoin de revenir pour tout ce que vous avez laissé; j'aurai toutes vos ordures. mis en boîte et transporté à Red Creek cet après-midi.

Un homme rassembla les quatre rênes et monta sur le siège élevé. Le frein fut serré, les chevaux dansèrent, mirent l'encolure dans leurs colliers et les roues tournèrent. Derrière eux, Steve Packard, toujours aux aguets, chevauchait pour les escorter jusqu'à une distance satisfaisante au-delà de la limite de sa propriété.

Terry Temple, devant la maison délabrée de Temple, s'amusait avec une paire de jumelles. Son grand chien-loup venait de renoncer momentanément à sa dignité habituelle et poursuivait un lapin. Terry avait ses jumelles braquées sur un champ lointain, curieux du résultat.

Soudain, elle perdit cet intérêt. Au loin, elle aperçut un gros chariot ; elle était remplie d'hommes debout. Elle a modifié sa concentration.
"Papa!" elle a appelé rapidement. "Oh, papa ! Viens ici !"
Son père est sorti sur le porche.
"Que veux-tu?" » demanda-t-il avec irritation.
Terry accourut vers lui, rouge d'excitation, et remonta les lunettes jusqu'à ses yeux. Temple esquiva, s'occupa de l'appareil de mise au point, baissa les lunettes et cligna des yeux sur la route.
"C'est juste un chariot, n'est-ce pas ?" il a ordonné. "Ressemble à--"
De nouveau, elle saisit les jumelles.
"Beaucoup d'hommes se lèvent", annonce-t-elle. "C'est l'équipe du camp forestier Packard. Il y a un homme assis sur le siège avant avec le chauffeur et il a un chiffon autour de la tête. Il y a une sorte de lit fait au fond du chariot ; un homme est allongé. En fait, je crois, papa Temple———"

» Elle s'interrompit dans un étrange petit cri. Derrière le chariot, un homme montait à cheval ; le soleil brillait sur un revolver à la main. Ils se rapprochèrent.

"C'est Blenham sur le siège avant avec un bandage autour de la tête !" elle a pleuré. "Il est blessé ! Et… papa, cet homme là-bas, c'est Steve Packard ! Et il chasse cette foule de son ranch, aussi sûr que tu es Jim Temple et que je suis Teresa Arriega Temple !"

Le temple a commencé.

"Qu'est ce que c'est?" » demanda-t-il avec une véritable démonstration d'intérêt.

Ensemble, ils regardèrent la route. Le chariot arriva et le cavalier derrière lui. Lentement, le regard de Terry changea. En un instant, ils dansèrent complètement. Et puis, obligeant son père à la regarder avec curiosité, elle éclata d'un rire délicieux en éclats de rire.

"Steve Packard", s'écria-t-elle, son exclamation destinée uniquement à ses propres oreilles et n'atteignant pas plus loin que celles de son cuisinier japonais nouvellement importé qui regardait par la fenêtre de sa cuisine juste derrière elle, "Je crois que tu es un homme blanc. après tout ! Et un gentleman et un sportif ! Papa, il a attrapé toute la foule et les a mis en fuite. Par gloire, il me semble qu'un homme est arrivé ! Peut-être qu'il me disait la vérité hier soir. "

Le chariot avança, s'arrêta devant la porte du Temple, la dépassa. Temple le regarda avec ce qui ressemblait à de la consternation. Steve, suivant le chariot, arriva devant la porte, s'arrêta, regarda les quatre chevaux tirer leur chargement au prochain virage de la route, compta son travail terminé et se tourna vers les Temples.

"Bonjour," appela-t-il joyeusement, très satisfait de la vie en ce moment. "Belle journée, n'est-ce pas ?"

Terry le regarda froidement. Puis elle lui tourna le dos et entra dans la maison. Iki, le nouveau cuisinier, la regardait avec étonnement.

"Il me semble très probablement certain", dit l'Oriental astucieux dans son âme, "que les habitants de ces lieux sauvages ont beaucoup de folie dans le cerveau."

Steve ramena son cheval sur la route et tourna son visage vers son propre ranch.

"Merde, cette fille," marmonna-t-il.

CHAPITRE XIV

LE BRISE-HOMME À LA MAISON

En peu de temps, le pays de l'élevage avait appris à connaître beaucoup de choses sur Steve Packard, fils de feu Philip Packard, petit-fils de Old Man Packard, connu de diverses manières. Red Creek bavardait dans ses limites et faisait état d'une sorte de querelle avec Blenham, d'une partie gagnante de sept et demi, d'une bagarre avec le grand Joe Woods. Red Creek était enclin à apposer le sceau d'approbation sur cette nouvelle Packard, car Red Creek, des deux côtés de sa rue querelleuse, était prêt à dire qu'un homme était un homme même lorsqu'il pouvait lui tirer dessus.

Au fil des jours, la renommée de Packard grandit. On racontait que lors d'une mêlée sauvage avec Blenham, il avait éliminé l'œil droit de cet individu capable ; et même si certains avaient cru de la part de certains des garçons du Ranch Numéro Dix que la perte de Blenham était le résultat d'un accident, il restait néanmoins incontestable que Blenham avait été blessé au ranch de Packard et en avait été chassé.

Ensuite, Packard avait suivi Blenham jusqu'au camp de bûcherons ; il avait affronté la foule dirigée par Joe Woods ; il avait été remarquablement près de tuer Woods ; il avait dispersé le camp et renvoyé les bûcherons. Il avait fait tuer un cheval sous lui ; il s'était disputé avec son grand-père ; il se tenait debout. En bref-

"Il est bien sûr, hors et hors Packard !" ils disaient de lui.

Certes, s'il y avait des hommes qui parlaient de lui en bien, il y en avait d'autres, peut-être autant, qui en parlaient en mal. Il y avait le barman de l'As of Diamonds, Joe Woods, Blenham ; ils avaient leurs amis et leurs parasites. D'un autre côté, en contrepartie, il y avait de vieux amis que Steve n'avait pas vu depuis douze ans ou plus.

Tel était Brocky Lane dont le cowboy avait prêté à Steve un cheval qui avait été tué sur la route de Red Creek. Le jeune Packard paya rapidement l'animal et reprit contact avec le chaleureux et généreux Brocky Lane.

Ce que les hommes avaient à dire de lui revenait en dernier lieu à Steve. Mais à environ cinquante milles au nord du Ranch Numéro Dix, sur les hectares les plus éloignés du plus grand ranch de l'État, il y avait un autre Packard auquel les rumeurs arrivèrent rapidement. Et cela parce que le vieux grand-père faisait tout son possible pour se renseigner sur les activités de son petit-fils.

« De toute façon, qu'est-ce qu'il est devenu pour un homme ? C'était ce que Hell-Fire Packard souhaitait vérifier.

Quand le vieil homme voulait aller quelque part, il commandait sa voiture et Guy Little. Lorsqu'il voulait des informations, il faisait venir Guy Little. Le mécanicien de petite taille était doué d'yeux qui pouvaient voir, d'oreilles qui pouvaient entendre et d'une langue qui pouvait mettre les choses au clair ; il devait être particulièrement enthousiaste à l'idée de conserver sa position dans la maison du vieil homme pendant cinq ou six ans.

Il était une fois venu chez son employeur, à moitié affamé et fatigué, avec un regard de terreur qui avait tendance à se retourner rapidement par-dessus son épaule ; Dès le début, le vieil homme avait eu plus que des soupçons que le petit garçon était un fugitif et, en plus, pressé.

Il l'avait immédiatement accueilli et lui avait apporté secours et réconfort. Le pauvre diable cherchait un nom et s'en faisait si manifestement un nouveau que Packard l'a surnommé Guy Little sur-le-champ, simplement parce que, expliqua-t-il, il était si petit. Et par la suite, les deux hommes se sont liés d'amitié.

La première venue de Guy Little avait été opportune. Le vieil homme venait tout juste d'acheter sa première voiture de tourisme ; pressé d'aller quelque part, son moteur ne répondit pas à ses premiers câlins et aux éclats de rage violente qui suivirent. Tandis qu'il le maudissait, l'injuriait, lui serrait le poing et jurait qu'il placerait un baril de poudre géante sous la chose et la soufflerait en flammes bleues, Guy Little passa une main aimante dessus, caressa sa crinière, pour ainsi dire, lui chuchota à l'oreille et fit ronronner le moteur. Le vieil homme Packard hocha la tête ; Ils avaient tous les deux besoin l'un de l'autre, un millionnaire au gros corps et un nain abandonné.

"Monte sur le marchepied, Guy Little", dit-il immédiatement. "Tu vas partout où je vais." Et plus tard, il en est venu à dire de son mécanicien : « Lui ? Eh bien, mec, il peut prendre quatre vieilles roues de chariot et un bidon d'essence et faire fonctionner ce foutu truc. C'est un cerveau d'automobile, c'est ce qu'est Guy Little. !"

Sur le ranch Big Bend, le plus grand et le favori du vieil homme parmi plusieurs propriétés apparentées, une entreprise qui jetait ses vingt mille acres de cette façon et de celle parmi les Little Hills et de chaque côté des eaux supérieures du ruisseau qui a finalement donné son nom à Red Creek, le doyen du nom de Packard avait convoqué Guy Little.

C'était une dizaine de jours après l'arrêt de toute activité dans le camp forestier du Ranch Number Ten. Il était assis seul dans sa bibliothèque, fumant la pipe et regardant par sa fenêtre et ses champs. Soudain, il se leva, se dirigea vers sa porte et cria dans le long couloir :

"Ho, là ! Guy Little !"

La maison était grande ; des chambres avaient été ajoutées de temps à autre au cours des trente ou quarante dernières années ; la bibliothèque du maître était de dimensions généreuses et aurait pu abriter un troupeau de cinquante chevaux. Cette chambre se trouvait dans le coin sud-ouest de l'édifice décousu ; Les quartiers de Guy Little se trouvaient en diagonale dans le bâtiment. Mais Packard n'a demandé aucun tintement de cloche électrique ; comme d'habitude, il se contentait de sortir la tête dans la salle et de crier de sa voix forte et retentissante :

"Ho, là ! Guy Little, viens ici !"

Après avoir donné son ordre, il retourna à son profond fauteuil en cuir et remplit sa pipe. C'était l'heure du crépuscule ; les lampes à charbon n'étaient pas encore allumées ; les ombres s'allongeaient et se confondaient dans les champs vallonnés. Les yeux de Packard, retirés du dehors, erraient le long de ses hautes étagères rarement utilisées, tombaient sur le seul volume porté sur la table à côté de lui, se dirigeaient précipitamment vers la porte. Au bout du couloir, on entendit le bruit de talons de bottes rapides. Il prit l'unique volume et le glissa hors de vue sous le coussin de cuir de son fauteuil. Le mécanicien était dans la pièce avant de pouvoir allumer sa pipe.

« Vous avez appelé, monseigneur ? »

Guy Little se tenait redressé pour tirer le meilleur parti de sa taille très modeste, les yeux droits devant lui, les mains sur les côtés, le menton relevé et immobile. Rien n'était plus évident que le fait qu'il ait imité le majordome anglais au burlesque – à moins qu'il ne soit encore plus évident que, dans le rôle qu'il s'était choisi, il était un échec ridicule. Il n'y a jamais eu d'homme moins conçu par nature pour ce rôle que Guy Little.

Et pourtant il a insisté ; au début de sa relation avec son employeur, l'âme gonflée de gratitude, l'imagination touchée par les splendeurs dans lesquelles son destin l'avait conduit, impressionné par le dominant Packard, il avait toujours eu envie dans une occasion comme celle-ci d'exiger avec raideur :

"Vous avez sonné, Votre Majesté ?"

Packard l'avait insulté, menacé et frappé jusqu'à…

« Vous avez appelé, monseigneur ? »

Mais même le vieux Hell-Fire Packard n'a pas pu l'amener plus loin.

"Oui, j'ai appelé", grogna le vieil homme. "Je t'ai crié dessus. Je veux savoir ce que tu as découvert. Allons-y."

Guy Little a fabriqué son petit arc de majordome.

"Votre parole fait loi, m'seigneur", dit-il, une fois de plus rigide et inflexible.

Même si Packard le savait très bien sans qu'on le lui dise et l'avait su bien des années avant la naissance de Guy Little, et bien que Guy Little ait répété la phrase à maintes reprises, le vieil homme l'accepta paisiblement comme une introduction nécessaire quoique totalement damnable.

"C'est comme ça", a poursuivi le mécanicien. "Je ne sais pas ce que tu pensais et je ne sais même pas ce que tu voulais penser, et je cherche à jouer la sécurité, j'ai ramassé la drogue partout. Ce qui veut dire que j'ai acheté des boissons des deux côtés de la rue, du whisky chez Whitey Wimble et encore de la même chose chez Dan Hodges. Et j'ai découvert plusieurs choses, m'seigneur. Si c'est votre souhait... "

"Crache-les, Guy Little ! Qu'est-ce qu'il est pour un homme ?"

"Premièrement", dit Guy Little, déplaçant ses pieds d'une fraction de pouce pour que son menton soit directement sur Packard, "c'est un ferrailleur. Il a tabassé Joe Woods, un homme plus grand que lui; plus tard, il a participé à une sorte de démolition. d'une fête au cours de laquelle, comme vous le savez, quelqu'un a arraché l'œil de Blenham ; après cela, à lui seul, il a nettoyé votre camp de bûcherons, quinze hommes comptant Blenham. Comptez-en un, c'est un ferrailleur.

Pendant un instant, il sembla que toute la lumière qu'il y avait dans la pièce qui s'assombrissait rapidement s'était centrée sur les yeux bleus, sous les sourcils blancs et broussailleux du vieil homme. Il tira profondément sur sa pipe.

"Allez, Guy Little", ordonna-t-il. "Qu'est-ce qu'il y a de plus ? Crachez-le, mec."

"Nex", rapporta le petit homme, "c'est un joueur né. S'il ne l'était pas, il ne se serait pas lancé dans une partie de Buckin' You ; il n'aurait pas joué à sept heures et demie comme il l'a fait à l'As de Carreau ; il n'aurait pas pris de longues chances en s'attaquant aux bûcherons de Woodsy avant le petit-déjeuner. Scrapper et joueur. Cela fait un total de un sur deux.

Le vieil homme fronça lourdement les sourcils, ses dents restant serrées sur son tuyau de pipe alors qu'il criait brusquement :

"C'est ça ! Tu l'as dit : joueur ! Merde ce garçon, je savais qu'il avait ça dans le sang. Et ça va le ruiner, le ruiner. Guy Little, comme cela ruinerait n'importe quel homme. Nous devons obtenir Cet imbécile d'esprit de jeu. Un homme qui prend toujours des risques n'arrive jamais nulle part ; tentez votre chance et vous n'en avez pas ! C'est comme ça, Guy Little ! Continuez, cependant. Quoi d'autre à propos de lui?"

"C'est un bon joueur", a déclaré le journaliste, "et il ne demande l'aide de personne. Il se tient debout comme un homme, mon seigneur. Quand il voit une dispute devant lui, il ne le fait pas. Je ne vais pas aller en justice avec ça ; non, m'seigneur ; non, en effet, m'seigneur. Il dit Comme un homme le ferait, comme moi et vous… et il tue lui-même ses propres rats.

"C'est son Packard ! Car, par Dieu, Guy Little, c'est un Packard même s'il a pris un mauvais départ ! Le fils d'un homme riche - une histoire de cuillère en argent - eh bien, cela gâterait un homme meilleur que vous n'avez jamais vu ! N'ai-je pas gâté mon fils Phil de cette façon ? Phil n'a-t-il pas commencé à gâter son fils Stephen de la même manière ? Mais c'est un Packard… et… et… »

"Et quoi, m'seigneur ?"

Le poing du vieil homme s'abattit lourdement sur le bras de son fauteuil.

"Et j'espère toujours qu'il va devenir un putain de bon Packard à ça ! Mais continuez, Guy Little. Quoi d'autre ?"

"Il est plutôt imprudent", a repris Guy Little. "Mais c'est presque la même chose que d'avoir l'esprit de jeu, n'est-ce pas ? La prochaine fois et la dernière, monseigneur, il a ce qu'on pourrait appeler l'œil pour une jolie fille."

"Au diable, dites-vous, Guy Little !" Le vieil homme, commençant à s'installer sur sa chaise, se redressa brusquement. "Est-ce qu'une femme essaie déjà de mettre ses crochets sur mon grand-fils ? Nommez-la-moi, monsieur !"

"Nom du Temple", dit Little. "Terry Temple comme on l'appelle, et c'est certainement une belle fête, si vous me demandez ! Chic des yeux aux chevilles et quand il s'agit de———"

« Attends, Guy Petit ! » » explosa le vieil homme Packard, se levant d'un bond, dominant bien au-dessus du petit homme, qui le regardait avec une expression sérieuse et placide. « Cette fille, cette diablesse, cette Jézabel ! Elle tend des pièges à mon garçon Stephen, n'est-ce pas ? Eh bien, homme vivant, elle n'est pas apte à gratter la boue du corral sur ses bottes. vers le bas, jade trompeuse, c'est ce qu'elle est, engendrée par un voleur de moutons, un égorgeur, un méchant, sans compter, un juron sans valeur ! Toute la meute de ces Temples, lui et elle, un grand et " Un petit d'entre eux devrait être pendu au sapin ! La bande de petits gars des prairies, essayant de piéger une Packard en mettant une idiote au visage de mastic dans leur piège. Je dis, Guy Petit, je vais faire en sorte que toute la foule chasse leurs trous !"

Et il jeta sa pipe loin de lui, si bien qu'elle se brisa en plusieurs morceaux sur la pierre du foyer.

C'était un long discours pour le vieux Packard et Guy Little l'écoutait avec intérêt. A la fin, quand le vieil homme retourna à sa chaise en grognant, le mécanicien reprit son récit.

"Mais elle est pure," affirma-t-il. "Comme une photo !"

"Visage de poupée", renifla le vieil homme, qui n'avait pas la moindre idée de ce à quoi ressemblait Terry Temple, ne l'ayant pas posé les yeux sur elle depuis des années. "Petit imbécile trapu, potelé et au nez plat. Je vais la chasser du pays, elle et son voleur de père."

" Et ", poursuivit Guy Little, " je n'ai pas exactement dit, m'lord, comment cette fête de Terry Temple était après lui. J'ai dit comment il était après elle ! C'est-à-dire comment, en rond. " D'après ce que je sais de lui, il a l'œil pour une belle femme. Ce que, contre toute argumentation, je maintiens, c'est la fille de Terry Temple. "

"Guy Little", s'écria vivement Packard, "tu es un imbécile ! Peut-être que tu sais tout ce qu'il y a à propos des automobiles et de l'essence. Quand il s'agit de femmes, tu es un imbécile."

"Ah, mon seigneur, pas du tout !" » protesta Guy Little, une lueur dans ses yeux comme une légère lueur d'un feu éteint. « Il fut un temps – avant que je mette mes sabots sur le sentier errant – où… »

Le reste serait peut-être mieux laissé entièrement à l'imagination et il en resta là. Mais le vieil homme n'a pas été touché par les propos et les vantardises de son acolyte pour la simple raison qu'il n'en avait rien entendu.

"Ces chiens du Temple," marmonna-t-il en regardant Guy Little qui lui rendait son regard d'un air de majordome, "sont des sangsues, des parasites, des sangsues maudits et des parasites. Ils pensent que je vais emmener ce garçon et lui donner tout ce que j'ai. " Ils pensent qu'ils voient une chance de l'épouser dans leur bande pourrie et de m'en glisser une de cette façon ! Cette imbécile de fille minaudeuse et rieuse essaie d'accrocher mon grand-fils ! Je vais leur montrer, Guy Little ; je vais les montrer à toute cette bande de maudits ! Je les exterminerai, racines, branches et feuilles fanées ! Par le Seigneur, mais je vais les chercher !"

"Il le fera", acquiesça Guy Little en s'adressant au tiers invisible pour ne pas interrompre directement le flot de paroles de son patron.

Mais pendant un moment, le vieil homme resta silencieux, passant nerveusement ses doigts calleux dans sa barbe, fronçant les sourcils dans le crépuscule qui s'épaississait sur le monde extérieur. Lorsqu'il reprit la parole, ce fut doucement, pensivement, presque tendrement. Et les mots étaient les suivants :

" Casser un imbécile et faire un homme, Guy Little ! C'est ce que nous allons faire pour Stephen Packard. Il a toujours eu trop d'argent, a eu la vie trop facile. Nous allons juste le mettre en pièces naturellement ; nous lui apprendrons la grande leçon de la vie ; nous ferons de lui un homme. Et quand ce sera fait, Guy Little, quand ce moment viendra... Va envoyer Blenham ici, " s'interrompit-il avec brusquerie.

Guy Little a réalisé sa révérence sur scène et est parti. La porte à peine fermée derrière lui, il criait à pleine voix :

"Hé, Blenham ! Oh, Blenham ! En route. Packard te veut !"

La porte claqua derrière lui. Une fois le dos tourné à « m'lord », Guy Little n'a pas attendu de se mettre hors de portée de voix pour devenir moins majordome qu'un moineau humain.

Blenham n'avait besoin que d'une seule convocation et cela aurait presque pu être murmuré. Il s'agitait dans sa propre chambre, attendant ce moment, sachant qu'il allait recevoir des instructions précises concernant Stephen Packard. Au-dessus de son œil droit, il y avait un cache-œil ; son visage était encore d'une pâleur maladive ; son seul œil valide brûlait d'une flamme maussade qui ne s'éteignait jamais.

Guy Little était le seul être humain au monde avec qui le vieil homme parlait librement, à qui il se déchargeait. Avec son lieutenant en chef Blenham, il était, comme avec les autres hommes, court, aux mots vifs et secs. Maintenant, ne semblant pas prendre en compte la défiguration de Blenham, en une douzaine de phrases brèves, il donna ses ordres.

Leur essence était claire. Blenham devait aller jusqu'au bout pour accomplir deux objectifs : le petit, faire du monde un lieu morne pour certains scélérats, nom de Temple ; le principal étant de briser complètement Steve Packard. Lorsque Blenham sortit et retourna dans sa propre chambre, le feu maussade dans son œil valide brûlait plus vivement, comme s'il s'agissait d'un combustible neuf.

Un peu plus tard, Guy Little revint, alluma les lampes, fit un petit feu dans la grande cheminée, et, ignorant la présence de son maître, alla se placer devant les hautes étagères. Après un long moment, il récupéra l'escabeau, le plaça, grimpa jusqu'au sommet et s'accroupit devant sa section préférée. Finalement, il rédigea un volume avec de nombreuses illustrations en couleurs ; c'était une histoire d'amour, sa *mise en scène* les demeures des seigneurs et des dames dont les aventures se déroulaient dans cette atmosphère romanesque qui avait captivé l'âme de Guy Little.

Lorsqu'il descendait et cherchait la grande chaise dans laquelle il se pelotonnait pour lire et mâcher d'innombrables bâtons de chewing-gum, mâchant vite quand l'action se précipitait, lentement quand il y avait une pause dramatique, s'arrêtant souvent la bouche grande ouverte quand l'intérêt était tendu et essoufflé. le tenait, il découvrit que le vieil homme était sorti.

Guy Little pinça les lèvres. Puis il se dirigea vers le fauteuil en cuir récemment libéré. Ne pas s'asseoir dedans ; simplement pour tirer le petit volume de dessous le coussin.

"'Paroles de Tennyson'", a-t-il lu à haute voix. "Qu'est-ce que c'est que ces choses ?"

Il tourna les pages.

"Pommes!" grogna-t-il de dégoût.

Sur quoi il porta son propre livre sur sa propre chaise. Mais, commençant à tourner les pages, il s'arrêta et leva les yeux avec étonnement.

"Drôle de vieux canard", songea-t-il. "Ici, je l'ai connu toutes ces années et je n'aurais jamais deviné qu'il lisait des pommiers !"

Il secoua la tête, s'avoua que le « vieux canard » était un vieux connard, retourna à son livre, commença à retirer le papier du premier chewing-gum et ne sut plus ce qui se passait autour de lui.

CHAPITRE XV

AU BÛCHE TOMBE

Étant donné que le ranch exploité par les Temples et le Packard Ranch Number Ten avait plus de trois kilomètres de frontière commune, il était inévitable que Steve et Terry se rencontrent fréquemment. Vraiment inévitable puisqu'ils étaient tous les deux jeunes, Terry aussi joli que l'image proverbiale, Steve du genre à rester d'une manière ou d'une autre dans l'esprit d'une telle fille. Elle lui montra le nez ; elle lui donnait une belle vue de son dos ; mais en parcourant le champ de tir de son père, elle laissa ses yeux voyager curieusement à travers la ligne.

De son côté, Steve, voyant où certains de ses veaux avaient envahi la propriété du Temple, suivit lui-même les veaux errants au lieu d'envoyer un de ses hommes. Et pendant qu'il chevauchait, il avait tendance à oublier son bétail égaré alors qu'il guettait à travers les arbres une écharpe flottante aux couleurs gaies.

Certainement des filles et des femmes qu'il avait connues, elle était la plus rafraîchissante ; elle était certainement la plus jolie après un style indéniablement impertinent. Et la vie ici ces derniers temps, avec Blenham et Woods disparus et sans nouvelles, était une affaire calme et sans incident.

Terry, pour sa part, se disait, ainsi qu'à tous ceux qui voulaient l'écouter, qu'il était un Packard, qu'il fallait donc se méfier, l'éviter, le considérer comme indigne d'attention d'une personne blanche. Sa race était toute tordue. Engendré et grand-père de précieux scélérats, il n'était que ce à quoi il fallait s'attendre. Et encore--

Car les « pourtant », les « si » et les « mais cependant » avaient déjà commencé à s'imposer, brouillant de nombreuses considérations jusqu'alors claires comme du verre taillé. Il n'avait pas menti au sujet d'un cheval abattu sous lui ; il avait participé au départ de Blenham du ranch ; il avait été assez homme à Red Creek pour fouetter Joe Woods ; et, à lui seul, il avait chassé une équipe de bûcherons rudimentaires de sa propriété.

De plus, il était indéniable qu'il avait un sourire bon enfant, que ses yeux, bien qu'enclins soit à être sévères, soit à se moquer d'elle, étaient francs et fermes, qu'il faisait une silhouette qui convenait bien aux yeux d'une fille comme Terry Temple.

"Oh, les Packard sont des hommes," dit Terry à contrecœur, "même s'ils sont des pirates !"

Ceci pour son père et, sans doute, pour le bien de son père. Car, malgré l'espoir vaillamment répété de la jeune fille que Temple « reviendrait encore » et redeviendrait l'homme qu'il était autrefois, il semblait en fait devenir de plus en plus inerte de jour en jour, communiant longuement devant sa cheminée avec son verre, passant d' un degré à l'autre. à un autre de désordre. Il lui donnait parfois « envie de crier et de courir dans la maison pour casser des choses ».

"Vous êtes impatient, ma chère", dit Temple en s'adressant à un très jeune enfant. "Et il y a des sujets que vous ne comprenez pas ; dont je ne peux même pas discuter avec vous. Mais," et il fit un clin d'œil très sournois, moins à Terry que simplement pour reconnaître sa propre perspicacité, "attendez juste un moment ! J'ai quelque chose dans ma manche, quelque chose qui... Oh, attends, ma chérie !"

Terry renifla.

"Je devrais être assez douée pour attendre maintenant," lui dit-elle, peu impressionnée. "Et si tu as autre chose dans ta manche que le bras flasque d'un inactif, alors ce doit être une autre bouteille de whisky ! Tu ne peux pas me flim-flam, papa, et tu devrais le savoir."

Elle quitta la maison en courant, le visage rougi de vexation, les yeux soudain humides. Il lui fallut tout le courage qu'elle pouvait rassembler dans son petit sein intrépide pour maintenir, après des jours comme celui-ci, qu'il restait encore un « retour » chez son père.

En une heure parfumée par les odeurs résineuses des pins des hautes terres et les parfums fraîchement libérés des petites fleurs blanches du soir épaisses dans les prairies, Terry sur son cheval préféré a traversé les longues ombres de la fin d'après-midi, chevauchant comme Terry montait toujours. quand sa poitrine était tumultueuse et son humeur montante.

Le cuisinier et garçon de maison japonais récemment importé la regardait depuis la fenêtre de sa cuisine, ses yeux perdant en fait leur dominante orientale et s'arrondissant ; un tour, celui-ci, de la part d'Iki chaque fois que Terry apparaissait dans son champ de vision.

"En partie oiseau," réfléchit Iki, "en partie fleur, en grande partie fille-diable sauvage ! Oof ! C'est agréable à regarder, mais pour sa femme Japonee, c'est mieux. Pensez-y."

Peu à peu, à mesure qu'elle chevauchait, laissant sortir son cheval jusqu'à ce qu'elle coure à travers les champs et dans les bois au-delà, l'image pitoyable de son père s'effaça de son esprit. Alors que la vision de Temple dans ses pantoufles usées s'estompait, une autre image se forma dans l'esprit de Terry ; une image qui était là plus que ce que la jeune fille avait encore réalisé.

Oui, en tant que types, les Packard allaient bien ; combien de fois s'était-elle avoué cela ? Mais en tant qu'individus… Oh, comme elle les détestait ! Et aujourd'hui, pour une raison qui n'était pas clairement définie dans la conscience de Terry, elle trouva commode de s'assurer avec une nouvelle insistance qu'elle détestait et méprisait les Packard avec une détestation croissante, et à partir de ce moment-là, elle continua et informa Miss Teresa Temple exactement. pourquoi elle regardait ceux du sang Packard comme elle le faisait.

Elle a invoqué une foule de raisons, les a classées en rangs comme autant de soldats pour faire la guerre à sa place, les a rassemblées, déployées, examinées et présentées en tenue vestimentaire, et les a toutes trouvées comme des mercenaires éminemment satisfaisants.

Il y avait une raison qu'elle mettait au second plan, cherchant à la garder cachée derrière les rangs serrés de ses frères d'armes. Et pourtant, il a insisté, de manière mutine, pour se mettre en avant. Cherchant à considérer les Packard en masse, comme une malédiction plutôt que comme des individus, elle se rendit compte qu'elle se souvenait assez clairement de Steve Packard.

En apparence, Steve Packard était un gentleman ; il avait ce vague quelque chose qu'on appelle la culture ; il se comportait avec l'assurance et l'aisance de quelqu'un qui connaît le monde ; il avait été à l'université – et Terry ne connaissait rien de plus à l'école que ce qu'on pouvait apprendre dans un lycée de campagne. Le père de Steve avait « brisé » financièrement son père ; si cela n'avait pas été le cas, Terry elle-même aurait eu son propre diplôme universitaire sur son mur ; Terry aurait connu quelque chose de plus sur le monde qu'elle ne le savait maintenant ; elle aurait été « une dame ».

"Oh, des cornichons !" » cria Terry à haute voix, mettant un terme brusque à ses pensées incontrôlables. "Quelle différence cela fait-il s'il connaît le latin et moi pas ? Et de toute façon, je ferais un superbe spécimen de 'dame' !"

Au-dessus d'une crête, elle vola, le soleil bas scintillant sur ses éperons et les surfaces polies de ses bottes, jusqu'au parfum crépusculaire d'un canon boisé, à l'embouchure d'un sentier silencieux, autour d'une large courbe, et pour son endroit préféré parmi tous ces bois. Un coin au charme envoûtant avec son ruisseau tentaculaire, ses arbres gros et largement dispersés, son herbe et ses fleurs. "Mossy Dell", l'appelait-elle, ayant emprunté le nom à une vieille romance lue à bout de souffle dans sa chambre.

Se glissant de sa selle et laissant son cheval brouter si un tel passe-temps lui convenait, Terry traversa les arbres et descendit le long du ruisseau scintillant, fredonnant doucement, sa voix confondue avec le gargouillis du petit ruisseau bruyant, ses yeux devenant enfin satisfaits. .

Elle souriait à moitié à une pensée obscure avant d'avoir fait vingt pas ; elle jeta son chapeau et le laissa reposer, avec l'intention de revenir le chercher plus tard ; elle dégrafa le foulard autour de son cou, découvrant sa gorge blanche à l'invitation fraîche de l'heure, elle laissa ses cheveux brun bronze tomber en deux tresses lâches et bouclées sur ses épaules, jouant avec les extrémités au fur et à mesure.

Venir ici à des moments troublés modifiait l'humeur de la jeune fille tout comme une heure dans une cathédrale tranquille peut apaiser l'âme de l'orthodoxe.

Un peu plus loin, de l'autre côté du ruisseau et juste au détour d'un autre virage, se trouvait un grand cèdre tombé, dont le tronc géant traversait huit ou dix pieds à la base. Approximativement, il marquait la frontière entre le Temple Ranch et le Ranch Numéro Dix ; c'était tout à fait comme si le désert lui-même avait abattu le grand arbre en travers d'un vieux sentier pour indiquer une ligne à ne pas franchir.

Au sommet de ce monarque des bois, Terry avait l'habitude de s'asseoir, le dos contre l'un des gros membres, ses talons frappant les côtés moussus, tandis qu'elle jetait un coup d'œil de la propriété du Temple à la terre de Packard et se disait à quel point c'était beaucoup plus beau. son côté que l'autre.

Juste à l'endroit où l'arbre était tombé, le lit du ruisseau était rocheux et inégal ; l'eau tourbillonnait, tourbillonnait et plongeait bruyamment dans ses bassins. Terry, grimpant de son côté du gros rondin, n'entendit que les cris du ruisseau. Elle agrippa les branches mortes, se releva, glissa un peu, reprit pied ; La tête de Terry, son visage rougeâtre, ses yeux jamais plus brillants, surgit d'un côté de la bûche juste à temps avec le tic-tac de l'horloge de son destin.

[Illustration : la tête de Terry, son visage rougeâtre, ses yeux jamais plus brillants, surgit d'un côté de la bûche.]

C'est-à-dire au moment même où Steve Packard, grimpant de l'autre côté, levait la tête au-dessus du sommet. Un grognement étonné de Steve qui, dès le premier sursaut de la rencontre, a failli tomber à la renverse ; » une petite éjaculation étouffante de Terry dont les yeux s'écarquillèrent merveilleusement – et tous deux s'installèrent silencieusement à leur place sur le cèdre et se regardèrent. Il y avait à peine trois ou quatre pieds entre le bord du chapeau de Steve et le nez retroussé de Terry.

"Bien?" » demanda Terry avec raideur.

"Bien?" » contra Steve.

Il la considérait très sérieusement. Il n'avait jamais vu une fille se matérialiser ainsi hors de l'espace et de ses propres pensées. Cette confrontation soudaine avait un goût de surnaturel ; pour le moment, cela le déconcerta et il se contenta de regarder avec émerveillement les doux yeux gris si proches des siens et de noter la courbe de ses lèvres, leur rougeur, la fossette qui, bien que disparue maintenant et, il se sentit , caché, avait laissé derrière lui une trace de lui-même dans sa fuite précipitée.

" S'il y a une chose que je déteste pire qu'une punaise de pomme de terre, " dit Terry, " c'est un gars frais ! Tu penses que tu es drôle, n'est-ce pas ? "

"Frais ? Drôle ?"

Il haussa les sourcils. Et puis, ses soupçons étant clairs pour lui, sa gravité disparut comme la fossette de Terry avait disparu et il baissa la tête et rit. Il rit tandis que la jeune fille aux couleurs de plus en plus foncées et aux yeux s'assombrissant le regardait avec indignation.

"Tu crois que j'ai fait ça exprès ?" s'écria-t-il avec une immense bonhomie. « Que je t'espionnais ? Que j'ai attendu que tu commences à grimper ici et qu'en même temps j'ai relevé la tête ? Tout exprès ?

"C'est exactement ce que je pense !" » lui dit Terry avec chaleur. "Tu... espèce de grand malin ! Partout où je vais, tu dois continuer à venir ?"

"Je vais te dire quelque chose", dit Steve. "Si j'étais monté ici juste pour t'offrir une petite fête surprise ; si j'avais su que tu étais là et que j'aurais pu lever la tête comme tu l'as fait pour la tienne, tu sais ce que j'aurais fait ?"

"Quoi?" Terry, dans sa curiosité, daignait demander.

"J'aurais embrassé la plus jolie fille que j'ai jamais vue !" il en riant. " Honnêtement envers grand-mère ! C'est exactement ce que j'aurais fait. En l'état actuel des choses, tu m'as à moitié fait peur ; j'ai été aussi près que tu le voulais de faire un excès de recul et de me briser le cou. "

"Pas aussi près que je le souhaite. Et quant à m'embrasser, Long Steve Packard, tu essaies juste ça un jour quand tu veux qu'on te gifle bien et fort au visage et qu'une balle te soit injectée en plus !"

« Tu le penses ? sourit Steve.

"C'est certainement le cas", rétorqua-t-elle avec insistance.

"Proposé simplement à titre d'information ?" il voulait savoir. "Ou comme un défi ? Ou une invitation ?"

Comme elle ne répondait pas tout de suite, se contentant de mettre beaucoup d'éloquence dans un regard, ce qui d'ailleurs n'avait aucun effet visible sur sa bonne humeur naissante, il ajouta :

"Si vous me gifliez, cela en vaudrait la peine. Si vous me tiriez juste une balle dans l'ongle ou quelque chose comme ça, cela en vaudrait quand même la peine." Il l'examina d'un œil critique. "Même si tu me branchais carrément sur le pouce——"

"Si vous ne le savez pas," l'informa-t-elle d'un ton distant, "vous entrez en ce moment là où vous n'êtes pas recherché. Plus tôt vous quitterez les terres du Temple avec vos grands pieds, mieux cela me plaira!"

"Terre du temple ? Depuis quand un arbre est-il considéré comme une terre, Temple Miss Teresa Arriega ?"

"Tu trouves ça drôle ?" se moqua-t-elle.

"Et en plus," continua-t-il, "l'arbre est sur la propriété Packard. Vous voyez cette vieille souche de pin là-bas ? Et ce gros rocher là-bas ? Ces choses marquent la ligne de démarcation et vous remarquerez que nous sommes de mon côté !"

L'humeur de Terry s'enflamma plus haut dans ses yeux, plus brûlante dans ses joues.

"Nous ne le sommes pas ! Et vous savez que nous ne le sommes pas ! La ligne passe là-bas, juste au-delà de ce gros rocher blanc au bord du ruisseau. Et vous êtes à dix bons pieds de mon côté. Où, s'il vous plaît, vous n'êtes pas recherché." ".

"Ce n'est pas une pensée assez jolie pour supporter une répétition", proposa-t-il cordialement. "Regarde ici, Terry Temple, à quoi ça sert——"

"Tu y vas ? Ou tu as juste l'intention de t'accroupir là comme un crapaud et de me gâcher la vue ?"

"Les crapauds sont de gros animaux", la corrigea-t-il. "Je ne le suis pas. Plutôt un ouaouaron, si tu veux. Qu'est-ce que je vais faire ? Pourquoi, juste m'accroupir, je suppose."

Tandis qu'il s'appuyait contre le membre qui soutenait ses épaules, Terry remarqua qu'il portait bien en vue à ses côtés le lourd Colt qu'il avait acheté l'autre soir à Red Creek. Une nouvelle habitude, avec Steve Packard.

« Tireur, n'est-ce pas ? se moqua-t-elle. "Je l'aurais peut-être su. Les hommes armés sont tous des lâches."

Il soupira.

"Vous pouvez être la jeune femme la plus irritante que j'aie jamais rencontrée. Et pourquoi ? Que vous ai-je déjà fait, à part vous sauver de la noyade ? Puisque nous sommes voisins, pourquoi ne pas être de bons amis ? Au fait, où portez-vous votre pistolet?"

"C'est différent avec une fille", dit-elle sans détour. " Elle a une excuse. Avec celle qui remplit les bois ces derniers temps, elle a tendance à en avoir besoin. "

"Et tu n'aurais pas peur de l'utiliser ?"

"Je ne suis pas là pour discuter avec toi toute la journée," observa froidement Terry. "Et tu ne m'as pas dit ce que tu fais sur mes terres."

"Votre terre ?" il a ordonné.

"De mon côté de la ligne, alors."

Il réfléchit à la question.

"Je suis ici pour rencontrer quelqu'un," répondit-il finalement.

"J'aime votre culot ! Vous organisez un rendez-vous avec vos amis ici ! Steve Packard, vous êtes le—le—le———"

"Continuez", a-t-il incité. "Vous aurez besoin d'un gros mot maintenant ; toute autre finition sonnera plate."

"—le Packard *le plus* Packard dont j'ai jamais entendu parler !" conclut-elle. "Vous et votre ami--"

"Pas plus mon ami que le vôtre", dit-il en l'interrompant. « Un individu nommé Blenham. Et je ne suis pas ici tant pour le rencontrer que… disons pour le repousser.

Terry a expliqué que, puisqu'il était pratiquement impossible à tout moment pour un Packard de dire la vérité, il lui mentait simplement pour le plaisir de cet exercice sournois. Comme elle était sur le point de le dire avec insistance lorsque Steve dit "Sh!" et pointé. Elle entendit un bruit de broussaille et aperçut les cornes d'un bœuf ; l'animal arrivait sur le sentier du côté Packard.

"Regarde juste", murmura Steve. "Et reste assis tranquillement. Cela ne te fera aucun mal de savoir ce qui se passe."

Le gros bœuf s'engagea dans le sentier, s'arrêta et renifla, puis remonta le ruisseau. Derrière en venaient un autre et un autre, émergeant des ombres, passant à travers la lumière qui s'estompait rapidement, revenant dans les ombres qui s'étendaient sur la superficie boisée du Temple. En tout, neuf gros bouvillons. Et derrière eux, assis librement sur sa selle, venait Blenham.

Ce n'est que lorsque le dernier bœuf eut franchi la ligne que Steve se releva brusquement, debout sur le gros rondin, les mains sur les hanches. Terry levant les yeux vers son visage vit que toute la bonne humeur avait disparu et qu'il y avait quelque chose de menaçant dans l'assombrissement de ses yeux.

"Attends, Blenham!" il a appelé.

Blenham tira rapidement les rênes.

"C'est toi, Packard ?" » demanda-t-il doucement.

"C'est vrai", répondit brièvement Steve. "Au travail aussi, Blenham. Tout le temps."

Blenham rit.

"Il semblerait que," dit-il, son regard ressemblait à un ton éloquent d'une insinuation qui embrassait méchamment Terry. "Si vous m'invitez à rejoindre votre petite fête, je n'ai pas le temps. Merci quand même."

Puisque la conscience d'une personne peut receler simultanément plusieurs impressions nettes, Steve Packard, tout en pensant à d'autres choses, sentait que jamais jusqu'à ce moment il n'avait véritablement détesté Blenham ; non, ni ne le respectait comme cela ferait partie de la sagesse de le faire.

Le regard de l'homme parcourant le côté jeune fille de Terry Temple était comme celui d'une limace rampant sur une fleur sauvage et fournissait une nouvelle et peut-être la note clé de la laideur de Blenham. Il était évident pour Steve que le lieutenant de son grand-père était mauvais, absolument mauvais ; que, malgré les vieux adages contraires, il y avait là un personnage sans la moindre trace de rédemption ; après la voie purement et simplement Packard, ce plus jeune Packard était prêt à condamner d'emblée.

Et plus loin, à tout cela, Steve remarqua comment Blenham avait tiré les rênes rapidement mais n'avait montré aucun tremblement d'inquiétude ; Il avait considéré que, même si l'homme avait été complètement surpris, il n'avait donné aucun signe de surprise, mais avait répondu à un appel aigu d'une voix froide et calme. Donc, pour résumer, en voici un à détester et à surveiller.

"Que fais-tu sur mes terres, Blenham ?" » demanda brusquement Steve. « Et où conduisez-vous ces bœufs ?

Blenham s'assit sur sa selle, baissa son large chapeau sur ses yeux ; ainsi il cachait en partie le patch qu'il portait depuis qu'il sortait des mains du médecin.

"Je ne suis plus sur vos terres", répondit-il. "Et quant à ces bœufs, qu'est-ce que ça vous fait, de toute façon ?"

Le défi ouvert était une chose que Steve n'avait pas recherchée.

"Vous cherchez encore plus d'ennuis, Blenham ?" » demanda-t-il brièvement.

Blenham haussa les épaules.

"Je m'occupe des affaires", dit-il lentement. "Non, je ne cherche pas d'ennuis, pour l'instant. Puisque tu veux le savoir, je bizue ces brutes de vache en sortant du numéro dix et en direction du North Trail. Je vais " Ils sont au trot jusqu'au ranch de Big Bend, où ils appartiennent. "

Steve haussa les sourcils, se demandant pour le moment. Blenham n'attendait pas l'obscurité totale pour déplacer ces bœufs ; il ne manifesta aucune inquiétude d'être découvert ; maintenant, il admettait calmement qu'il les conduisait au ranch du vieux Packard, où ils appartenaient. Il était possible qu'il ait raison.

Depuis quelques semaines qu'il était de retour, Steve n'avait pas eu le temps de connaître toutes les têtes de son vaste domaine ; Alors que les bœufs avaient trotté à travers les ombres et à l'air libre, ses yeux avaient été moins tournés vers eux que vers l'arrivée de Blenham et il n'était pas sûr des marques.

Il sentit que les yeux de Terry, alors qu'il était assis très immobile sur sa bûche, étaient fixés sur lui.

"Blenham," dit-il sèchement, "je ne sais pas à qui appartiennent ces bovins. Mais je sais ceci: s'ils sont à moi, je vais les récupérer; s'ils ne sont pas à moi, je vais les récupérer. juste le même."

"Comment tu comprends ça ?" » demanda Blenham.

"Je prétends que ni vous ni aucun autre homme n'avez à faire sortir du bétail de mon champ de tir sans me consulter au préalable."

"Ce sont des vaches Big Bend", marmonna Blenham. "Les ordres du vieil homme——"

« Maudit soit les ordres du vieil homme ! La voix de Steve résonnait avec colère. " S'il ne peut pas être honnête avec moi, ne peut-il pas au moins me laisser tranquille ? Faut-il qu'il t'envoie ici pour faire des affaires avec moi ? Si tu veux des ordres, Blenham, prends-moi simplement ceux-ci : retourne au vieil homme du ranch de Big Bend et dites-lui que le bétail de mon ranch, je le garde ici jusqu'à ce qu'il puisse prouver qu'il lui appartient ! Vous comprenez ? S'il peut prouver que ces bœufs lui appartiennent - et je ne crois pas qu'il le puisse et vous Je peux lui dire ça aussi — pourquoi alors, qu'il m'envoie l'argent pour payer leurs pâturages et il pourra les avoir. Et en attendant, M. Blenham, sortez et que vous soyez damné !

Pour le moment, Steve perdit toute pensée de Terry assis très immobile si près de lui, son esprit rempli de son grand-père et de l'outil choisi par son grand-père. Ainsi, lorsqu'il crut entendre le soupçon d'un rire étouffé, un petit rire très amusé et extrêmement ravi, il crut pour l'instant que Blenham se moquait de lui.

Mais l'intrus était tout à fait sérieux. Il restait immobile, le regard figé, la pensée voilée, son seul œil valide ne laissant pas plus deviner son intention que le bandeau sur l'autre œil. Finalement, il haussa les épaules.

"Mes ordres", dit-il finalement, "étaient simplement de les embrouiller vers Big Bend. Le vieil homme ne disait rien sur le fait de commencer quoi que ce soit si vous deveniez déraisonnable." Encore une fois, il haussa les épaules avec minutie. "Je reviendrai s'il le dit", conclut-il et, enfonçant vicieusement ses éperons dans les flancs de son cheval, son seul signe d'irritation, Blenham s'éloigna à travers les bois.

"Il a lâché prise trop facilement," murmura Terry. "Il a déjà une carte dans le trou."

Ses yeux suivirent le cavalier qui s'éloignait, elle pinça les lèvres après lui.

Steve se tourna et la regarda.

"J'espère que cela ne vous dérange pas si je m'introduit au point de courir après ces bœufs ?" il a offert. "Je veux les reconduire et en même temps, cela ne me dérange pas de m'assurer que Blenham est toujours en route."

Terry le regarda longuement et intensément.

"Vas-y," dit-elle enfin. Et, comme si une explication était nécessaire, elle poursuivit : « Il n'y a qu'un animal que je déteste encore plus qu'un Packard ! Pour une fois que la barrière est tombée entre vous et Temple Land, Steve Packard.

"Laissons ça tranquille!" dit-il impulsivement. "Vous et moi--"

"Non merci!" Terry se leva rapidement, en équilibre sur sa bûche, lui rappelant étrangement un oiseau brillant sur le point de prendre son envol. "N'oubliez pas qu'il n'y a qu'un seul animal que je déteste *presque* autant que Blenham ; et c'est un Packard."

Alors elle sauta du rondin et le quitta.

CHAPITRE XVI

TERRY DÉFIE BLENHAM

Blenham a dû rouler tard dans la nuit. Car très tôt le lendemain matin, il se trouvait au ranch de Big Bend à cinquante milles au nord et se présentait à son employeur. Même s'il était tôt, le vieil homme avait déjeuné, et maintenant le large chapeau noir, très en arrière sur sa tête, les éperons de ses grosses bottes, témoignaient de sa volonté de monter à cheval.

Parfois, il restait immobile, les mains sur les hanches, regardant la petite stature de Blenham ; à d'autres moments, et dans un silence profond et pensif, il allait et venait dans la grande bibliothèque aux allures de grange, ses éperons tintant.

"Eh bien, brûle-le, mec", a-t-il explosé une fois au cours de la première partie de l'interview, "ce garçon est un Packard ! Je suis fier de lui. Nous allons encore faire de Stephen un vrai homme. Haven' J'ai prononcé ces mots une douzaine de fois : « Briser un imbécile et faire un homme ! » Je vous le dis, le dernier Packard à avoir été gâté par trop d'argent facile a vécu et est mort. Tout ce que nous avons à faire avec Stephen, c'est de le mettre sur pied, de le déposer dans le bon vieux temps. terre où il doit travailler pour ce qu'il obtient, et il s'en sortira. Comme moi. Oui, monsieur !

Blenham attendit son signal pour continuer son rapport, et lorsqu'il reçut un regard et un signe de tête, il reprit, le visage, la voix et les yeux sans expression de tout intérêt personnel pour l'affaire.

" Vous connaissez ces neuf gros bœufs qui sont venus d'ici il y a quelque temps ? Je vous en ai parlé il y a deux ou trois semaines ? Eh bien, je les ai trouvés comme je l'avais dit, tous les neuf, et à Ranch. Numéro Dix."

"C'est une sacrée façon pour le bétail de s'égarer", dit sèchement le vieil homme. Blenham haussa négligemment les épaules.

"Oh, je ne sais pas," répondit-il légèrement. "Je les connais pour aller plus loin que ça. Eh bien, j'ai fait une passe pour les brouiller de cette façon et le jeune Packard bloque mon jeu."

L'œil du vieil homme s'éclaira.

"Qu'a t'il dit?" » demanda-t-il avec impatience.

"Il a dit," dit Blenham, en tirant sur son bandeau, "comme si le stock était le vôtre, il ne croyait pas qu'il le détiendrait jusqu'à ce que vous envoyiez assez de pièces pour payer leur nourriture. Il a dit comme comment, si tu ne pouvais pas être décent, tu ferais mieux de le laisser tranquille de toute façon. Il a dit l'enfer avec nous deux.

"Il a fait?" s'écria le vieux Packard. « Il a dit ça, Blenham ?

"Il l'a fait", répondit Blenham avec un regard rapide et curieux.

La grosse main de Packard se leva et descendit puissamment sur sa cuisse alors que, soudainement relâchée, la voix du vieil homme éclatait dans un grand éclat de rire.

« Ho ! » » s'écria-t-il en criant ces mots qui furent entendus au loin à travers la prairie ouverte. "Dites au diable, n'est-ce pas ? Il détient mes actions pour l'argent des pâturages, n'est-ce pas ? Il me défie de faire le pire, lui un jeune chasseur sans le sou, moi un millionnaire et un briseur d'hommes ! Pourquoi, maudit soit, il est un homme déjà, Blenham ! C'est un Packard jusqu'au dos, je vous le dis ! Par Dieu, j'ai l'idée de sauter dans ma voiture et d'aller chercher le garçon !"

Une ombre troublée allait et venait rapidement sur le visage de Blenham, pour ne pas être vue par le vieil homme qui regardait par la fenêtre. Tous les appareils qui se trouvaient dans le contremaître du ranch remontèrent à la surface.

"Oui," acquiesça-t-il doucement, "il a le pouvoir en lui. Il n'a pas peur du diable lui-même, ce qui est une bonne indication. Il est indépendant, ce qui est un autre bon signe. Eh bien, quand je le croise, ' cette fille du Temple dans les bois———"

"Qu'est ce que c'est!" » cracha le vieil homme, même s'il avait assez bien entendu. "Voulez-vous me dire———"

"Ils étaient assis sur une grosse bûche", dit Blenham d'une voix neutre. "C'est confidentiel, tu sais. Je ne dirai pas qu'il lui tenait la main, et en même temps, je ne dirai pas qu'il ne le faisait pas. Et je ne dirai pas qu'il venait de l'embrasser. , deux secondes avant de faire le tour d'un virage du sentier. Un de ses lourds haussements d'épaules et une grimace concluirent sa signification. Puis il a ri. "Et je ne dirais pas non plus que non. Mais, comme je te le disais———"

« Vous étiez en train de me dire, » grogna le vieil homme, « que cette canaille d'imbécile de fille du Temple essaie d'envoûter mon grand-fils Stephen ! Le sale petit idiot... Écoutez ici, Blenham ; J'ai plus de courage que la plupart des autres : dites-moi jusqu'où les choses sont allées et quel est le jeu de Temple. Guy Little m'a dit le même genre de chose.

"Il n'y a pas grand chose à dire", répondit Blenham. "C'est-à-dire qu'un homme ne peut pas deviner sans qu'on le lui dise. C'est votre petit-fils ; même avec une bagarre entre vous et lui, le sang est toujours plus épais que l'eau et un jour, peut-être, vous le ferez." Transmettez-lui tout ce que vous avez. Au moins, il y a une chance, et en plus, il devrait être assez bien dans les yeux d'une fille. En plus de tout ça, c'est juste la même vieille histoire. Un homme et une fille, et la fille avec un beau doigt et une belle paire d'yeux que, étant une fille, elle sait comment utiliser. Vu que vous posez la question, je suppose que je pourrais y répondre en disant simplement que les Temples font le seul geste qu'ils seraient sûrs de faire.

Le regard renfrogné du doyen Packard était célèbre il y a déjà cinquante ans ; jamais il n'a été plus noir qu'en ce moment. Pendant un moment, il resta immobile, regardant le sol. Blenham l'observait secrètement, avec un air malin dans son seul bon œil.

"Mieux vaut aller voir Temple tout de suite", dit Packard à présent. "Il ne pourra pas payer son prochain versement. Dites-lui que je vais le saisir et le chasser. Pendant que vous y êtes, vous pouvez lui montrer la folie de rendre malade sa idiote de fille sur Stephen. " Comment cela ne leur apportera rien de bon et me mettra simplement sur sa piste brûlante. Il comprendra. " Et la vieille bouche sévère formait des lignes dont Blenham lut le sens complet et emphatique. « Continuez : autre chose à signaler ?

À sa manière en matière d'affaires, il avait réfléchi profondément mais brièvement à cette ingérence de Terry, avait planifié, avait instruit son agent, et s'était maintenant tourné vers tout ce qui pourrait ensuite exiger son attention en relation avec sa campagne contre et pour Steve Packard. Et Blenham, estimant avoir marqué un certain point, passa directement à un autre.

"Il a dit - et elle a regardé et écouté et a ri - comment il avait raison et vous aviez tort; comment la loi était de son côté et il tiendrait le coup; comment il pourrait prendre le parti. toute une ruée au tribunal et vous a battu ; comment…"

Le vieux Hell-Fire Packard le dévisagea en marmonnant lourdement :

"Il a dit ça ? Stephen, mon grand-fils a dit ça ?"

"Oui", mentit Blenham avec désinvolture. "C'étaient ses paroles. Et je ne connais pas grand-chose en droit et ce genre de…"

Il s'arrêta là, sachant que ses paroles resteraient lettre morte. L'expression sur le visage du vieil homme changea lentement de celui de pur étonnement à celui de douleur, de chagrin et de déception. Stephen, son petit-fils, a menacé d'aller en justice ! Il était impensable que quiconque, à l'exception d'un voleur et d'un véritable scélérat, comme d'ailleurs tous ses rivaux commerciaux et les hommes qui refusaient de transporter et de transporter à sa demande, puisse proférer une telle menace ; pire qu'impensable, totalement dépravé et honteux qu'un membre de la maison Packard ait recours à des pratiques aussi sournoises et damnables. Pendant un instant, Blenham crut que les larmes s'accumulaient dans ses vieux yeux fatigués.

Mais l'émotion qui était venue en premier s'est envolée dans une précipitation avant une soudaine rage venteuse. Le visage gravé d'humiliation et de chagrin devint rouge vif ; les grandes mains se serraient et se levaient ; la grande voix retentissante tremblait aux mots criés :

" Laissez-le ; brûlez-le, laissez-le ! Je peux briser cet imbécile plus rapidement de cette façon que n'importe quel autre ; ne sait-il pas qu'il faut de l'argent, de l'argent sans fin, pour les requins des lois parjures, fourbes et glissants qui saigneront un Mec, oui, lui sucer le sang et ensuite le recracher comme la pulpe d'une orange ? Jeune chiot infernal, mec ! Voyez ce que ça a déjà fait pour lui, cette affaire de fils d'homme riche. mon sang, mon propre petit-fils, devrait aller en justice ! Eh bien, par le ciel, Blenham, cette chose est carrément honteuse !

Rapidement, adroitement, employant une remarque semblable à celle d'une lancette de chirurgien, Blenham proposa :

"J'ai l'impression que la fille du Temple lui a mis ça dans la tête."

"Tu as raison!" Cette nouvelle suggestion ne nécessitait aucune pesée ni équilibrage fin. Vous ne pourriez attribuer aucune méchanceté à l'un des ennemis du vieil homme, sans qu'il admette l'extrême probabilité que vous ayez raison. "Stephen n'est pas ce genre-là ; elle le tient par le nez, il va l'emmener ! Elle l'y conduit, et c'est Temple qui la conduit. Et c'est à vous et à moi de le chasser proprement et ce coin de l'univers. Ce que nous pouvons faire sans avoir recours à la justice ! » » intervint-il avec mépris. "Je pense que tu comprends, n'est-ce pas, Blenham ?"

Blenham hocha la tête et mit son chapeau.

"Je dois le traquer du début à la fin, jusqu'à ce que nous le chassions, lui et elle, hors du pays. Et je dois aussi frapper votre grand-fils en même temps jusqu'à ce que nous le cassions grand ouvert. C'est vrai ?"

« Bien, et vas-y ! » s'écria Packard.

Blenham salua comme il aurait pu le faire s'il était encore sergent à la frontière, fit volte-face et sortit. Cinq minutes plus tard, il repartait vers le sud. Et maintenant, l'expression sur son visage était celle d'un quasi triomphe. Car le moment était enfin venu où le vieil homme avait donné sans détour les instructions qui pouvaient rendre beaucoup de choses possibles.

Le même jour, vers midi, Terry Temple, traversant la campagne dans sa voiture, rencontra Blenham sur la route de campagne. Elle se dirigeait vers Red Creek, sa course étant urgente comme l'étaient toujours les courses de Terry. À 800 mètres de là, elle le connaissait, d'abord par le bas blanc de sa jument préférée, ensuite par sa grande corpulence et la façon dont elle tenait la selle.

Alors, tout comme le vieux Packard qu'elle détestait tant, elle lui donna le klaxon et jamais un pouce de route qui ne soit trop large. Blenham, sa bouche travaillant, écarta brusquement son cheval, le fit descendre au bord de la pente, et maudit après elle alors qu'elle le dépassait.

Terry, à Red Creek, se rendit directement au magasin et se dirigea vers une étagère dans un coin éloigné et poussiéreux où se trouvaient tous les livres achetables du village. Un pouce dans la bouche, un froncement de sourcils, elle les regarda longuement et sobrement.

Finalement, elle rompit le nœud gordien en prenant même une douzaine de volumes. Il y avait une grammaire, une histoire ancienne, quelques livres de composition et, surtout, un traité sur les usages sociaux.

Comment écrire des lettres, ce que signifiait RSVP, « M. et Mme Untel demandent et ainsi de suite », comment une dame devrait saluer un ami gentleman – en bref, une réponse à toutes les questions possibles sur les bonnes et les mauvaises façons de faire. apparaître dans une société polie. Avec ses achats rangés dans une boîte à biscuits, Terry se tourna de nouveau vers le ranch.

Dans le cours normal des événements, Terry aurait dû rentrer chez elle bien avant Blenham. Mais cet après-midi, elle a fait un large détour pour discuter brièvement avec la jeune épouse de Rod Norton au Rancho de las Flores, et est ainsi arrivée sous les chênes du Temple après le crépuscule.

Alors qu'elle se présentait à la porte, elle vit le cheval de Blenham attaché près de l'écurie. Les yeux de Terry s'ouvrirent avec étonnement et une petite rougeur lui monta aux joues. De toute évidence, Blenham était enfermée avec son père. Terry se mordit la lèvre, rassembla ses livres dans ses bras et se précipita vers la maison.

Les hurlements d'une mère vache et d'un bébé veau, séparés par une clôture de corral, avaient complètement noyé le ronronnement de son moteur ; son pas, comme d'habitude, était léger sur le porche. La première fois que Temple et Blenham eurent connaissance de sa venue fut sa silhouette dans l'embrasure de la porte, son visage tourné vers eux avec curiosité.

Et à cet instant, alors que tous les trois restaient immobiles, Terry vit et s'étonna du regard de compréhension qui s'était affiché entre son propre père et le représentant méprisé d'une race détestée. De plus, elle remarqua que le verre dans la main de Temple était toujours levé, tout comme le verre dans celle de Blenham, le whisky toujours non bu, lui faisant un clin d'œil à la pâle lumière de la lampe.

« Est-ce que votre consommation éternelle de boisson n'est pas déjà assez mauvaise sans que vous demandiez ainsi de boire avec vous ? » » demanda-t-elle doucement. Très, très discrètement pour Miss Terry Temple.

Son père bougea un peu avec inquiétude. Blenham la regardait attentivement, avec admiration d'une manière grossière et pourtant un peu méprisante. Blenham pourrait jeter un regard pareil dans ses yeux ; pour lui, une fille était une chose qui pouvait à la fois être méprisée et convoitée.

"Mon cher", dit Temple, s'efforçant d'obtenir une énonciation claire et y parvenant finalement avec difficulté, "je suis heureux que vous soyez venu. Je veux que vous écoutiez. Nous devons agir avec sagesse. Nous ne devons pas mal juger M. Blenham."

Tandis que Terry restait silencieux, regardant tour à tour les deux hommes. Temple but son whisky à la hâte, furtivement, saisissant le second alors que son regard se tournait vers Blenham.

"C'est quoi le jeu ?" » demanda Terry dans un instant.

Elle posa ses livres sur la table à côté d'elle, étendit la main sur le dossier d'une chaise et, comme les hommes, resta debout.

Temple regarda Blenham, qui haussa simplement ses épaisses épaules et sirota son whisky, comme s'il s'agissait d'un vin léger et très doux pour un palais reconnaissant. D'une manière vague, l'acte était extrêmement insolent. Temple semblait incertain, ce qui n'était pas rare chez lui ; puis, allant poser son verre vidé, il posa un coude sur la cheminée, baissa la tête et dit d'une voix basse et marmonnante :

"Le jeu ? C'est ce qu'il a toujours été, fille Terry ; ce qu'il sera toujours. Le jeu de l'épi de maïs et des meules ; le jeu du malheureux sous le talon de fer."

"Malheureux !" s'écria Terry avec dégoût. "Caca !"

"Écoutez-moi", ordonna son père. "Vous demandez : quel est le jeu ? et je vous le dis." Sa tête était relevée maintenant ; Terry remarqua un nouveau regard dans ses yeux alors qu'il se dépêchait. "C'est juste le jeu de la vie, après tout. La guerre de ceux qui ont tout contre ceux qui n'ont rien ; d'hommes comme Old Hell-Fire Packard contre des hommes comme moi. Un jeu qui se gagne le plus souvent par la seule force." d'argent en masse qui arrache la vie au chien opprimé - mais qui sera perdu lorsque l'imbécile riche, maudit soit-il, se heurte à une équipe comme Blenham et moi !

"Blenham et toi ?" répéta-t-elle. "Toi et Blenham ? Vous voulez me dire que vous participez à ses côtés ?"

Blenham tournait lentement son verre de whisky entre ses gros doigts épais. Son œil brillait de sa lumière sournoise ; Ses lèvres étaient un peu entrouvertes, comme si elles se préparaient à une interruption rapide si Temple disait une mauvaise chose ou allait trop loin.

"Vous avez des préjugés", a déclaré Temple. "Vous l'avez toujours été. Juste parce que Blenham ici a représenté Packard, et Packard———"

"C'est un vieux voleur !" elle a pleuré passionnément. "Et pire encore ! En tant que Packard's *Man Friday,* Blenham ne me plaît pas vraiment !"

"Viens, viens", s'est exclamé Temple. « Arrêtez votre langue, Teresa, ma chère. Si seulement vous voulez bien écouter… »

"Tirez alors et finissez-en."

Terry se laissa tomber sur sa chaise, joignit ses mains gantelées autour d'une paire de genoux rebondis qui attirèrent le regard de Blenham avec approbation, et mit ses dents blanches à lui mordiller impatiemment sous la lèvre comme pour lui ordonner de se taire.

"Allons-y, papa."

"C'est raisonnable", marmonna Temple. "Tu as toujours été une fille intelligente, Teresa, quand tu voulais l'être. Voyons voir ; où en étais-je ? Oh, oui ; en parlant de Blenham qui participe à nos côtés, comme tu le dis."

"Avec *toi* !" corrigea brièvement Terry.

"Nous sommes hypothéqués par le vieux Packard", continua Temple, quelque peu pressé maintenant qu'il s'était plongé dans le courant de ce qu'il avait à dire, comme si l'eau était froide et s'il avait hâte de grimper sur l'autre rive. côté. "Pas grand-chose d'une certaine manière ; c'est une bonne affaire si l'on considère à quel point l'argent est serré et à quel point nous en avons peu vu ces dernières années. Maintenant, Packard envoie à Blenham un message : il va saisir ; il va nous chasser, nous ruiner. C'est le mot de Packard.

Terry se raidit sur sa chaise ; son menton s'est un peu levé en l'air ; ses yeux s'éclairèrent ; la couleur de ses joues s'accentua. C'était sa seule réponse à l'ultimatum de Packard cité à son père par Blenham et par Temple. Sachant qu'il y avait encore plus à venir, elle resta assise, ses mains jointes se resserrant autour de ses genoux. Blenham, aussi immobile qu'elle, sirotait son whisky.

"Mais Blenham est un homme blanc."

Temple essaya de le dire avec la force de la conviction, mais Terry se contenta de renifler, et Temple lui-même ne parvint pas à mettre tout son cœur dans ses paroles. Il se dépêcha, répétant :

"Oui, un homme blanc. Et il a un peu d'argent qu'il a mis de côté pendant toutes ces années de travail pour Packard. Il vient ce soir, Teresa, ma chère, et nous fait un... maudit soit, un homme généreux. Vous voyez, dans l'état actuel des choses, nous sommes voués à perdre toute la place, serrure, stock et baril, au profit de Packard ; vous ne voulez pas faire ça, n'est-ce pas ?

"Vas-y," dit Terry. Son visage était soudain aussi blanc que les mains dont elle ôtait rapidement, nerveusement, ses gantelets. "Quelle est au juste l'offre généreuse de Blenham, papa ?"

"C'est l'une des deux choses."

Il hésita et se lécha les lèvres. Le cœur de Terry se serra encore plus ; il lui a fallu tellement de temps pour mettre les choses en mots ! « Vous voyez, en tant que contremaître et agent du vieux Packard, il vient nous dire qu'il a reçu l'ordre de saisir, de nous briser complètement. En tant qu'ami pour nous, il dit... »

"Pour l'amour de Dieu!" s'écria brusquement Terry. "Qu'est ce qu'il dit?"

"Il nous paiera mille dollars pour lui permettre de tout reprendre ! Il assumera l'hypothèque ; il la supprimera avec le vieux Packard ; il effacera le titre ; et, si nous arrivons là où nous voulons que le ranch revienne un jour, il nous laissera le racheter pour ce qu'il y a mis.

Terry le regarda gravement.

"En termes d'une syllabe," dit-elle doucement, "Blenham a l'intention de vous donner mille dollars ; puis de payer au vieux Packard les sept mille que vous lui devez ; et pour cette somme de huit mille, de vous procurer un vêtement qui en vaut vingt. mille si ça vaut un nickel ! C'est son offre généreuse, n'est-ce pas ?

"Mon cher--"

"Ne fais pas ça, ma chère!" » dit-elle avec impatience. "Continuez et sortez toute cette histoire idiote de votre système. Quoi d'autre ?"

"C'est tout. Comme je l'ai déjà dit, dans l'état actuel des choses, nous sommes voués à tout perdre au profit de Packard. Blenham intervient et nous offre mille..."

"Je devrais penser qu'il interviendrait ! Animé ! Eh bien, je ne peux pas vous arrêter, n'est-ce pas ? Vous n'avez pas besoin d'avoir mon consentement pour vous ridiculiser ? Avez-vous déjà signé avec Blenham ? "

Temple cherchait à adopter un air de dignité qui allait mal avec ses pantoufles en lambeaux et ses yeux larmoyants.

"Blenham a son argent dans un coffre-fort à Red Creek. Il y aura des papiers à signer. Nous y allons maintenant. Je—je suis désolé que vous le preniez de cette façon, Teresa."

Puis elle se leva d'un bond, les deux mains serrées, les yeux flamboyants.

" Et moi, " s'écria-t-elle avec chaleur, " je suis désolée. Oh, j'ai honte ! qu'un homme du nom de Temple tombe si bas qu'il fréquente un méchant et un scélérat, un tricheur, un menteur, et tout ça, Blenham. est, et que vous et moi et tout le pays savons qu'il l'est ! Je préfère voir le vieux Hell-Fire Packard vous briser et vous broyer sous les pieds plutôt que de vous voir rester là et boire avec cette chose !

Et qu'il n'y ait aucune erreur, son doigt sortit, pointant vers Blenham.

« Terry ! » ordonna à son père, "tais-toi. Tu ne sais pas ce que tu dis !"

"Mais non, cependant ! Je—je———"

Blenham rit alors qu'elle s'interrompait, rit encore alors qu'il observait sa respiration rapide.

"Joli chat," dit-il avec impudence, "tu as besoin de tes ongles roses et blancs que tu as coupés."

"N'ose pas me dire un mot," lui lança-t-elle. "Pas un mot."

"Pas un seul petit mot, hein ?" Il jeta son whisky, laissa tomber le verre vide sur le sol derrière lui et s'avança d'un pas rapide vers elle, un regard laid se tordant au coin de sa bouche, son seul œil brûlant. "J'ai ton vieux homme là où je le veux ; il le sait et moi et tu le sais. Et quand je veux, je peux t'avoir là où je veux aussi. Tu comprends ?"

Il avait fait un pas de plus vers elle. L'idée soudaine lui vint à l'esprit que lui et son père avaient bu beaucoup de verres ensemble avant son arrivée. Elle recula lentement. Temple, voyant que pour le moment toute l'attention avait été détournée de lui, tendit la main vers une bouteille au bout de la cheminée.

Puis, soudainement et sans qu'un autre mot soit prononcé, Terry fut galvanisé et passa à l'action. Blenham s'approchait d'elle et elle vit son regard. Elle a reculé; Son souffle pris dans sa gorge; la couleur disparut de ses joues.

Elle jeta un regard fou vers son père ; ses doigts se refermaient sur le goulot d'une bouteille alors qu'ils auraient dû être sur le goulot d'un homme.

Terry sortit un livre sur la table – c'était un volume répondant à de nombreuses questions sur la façon d'agir en société mais sans aucune mention de la situation qui se présentait maintenant – et le jeta directement au visage agité de Blenham. Puis elle se glissa par la porte derrière elle, la claqua et sortit en courant, sous le porche et dans la nuit. Derrière elle, elle entendit les lourdes bottes à éperons de Blenham et le juron de Blenham.

"S'il arrive, je le tuerai !"

Elle était à sa voiture ; son revolver était à la main. Elle a vu Blenham sortir. Un instant, il sembla hésiter, sa grande silhouette se détachant sur le rectangle de lumière de la porte. Puis elle l'entendit rire et le vit revenir dans la pièce. Elle revint lentement, sur la pointe des pieds, se placer sous la fenêtre.

"Tu peux conduire la voiture de la fille, n'est-ce pas ?" demandait Blenham. Et quand Temple a admis qu'il pouvait : "Entassons-nous et partons. Comme je l'ai dit, fermez avec moi ce soir ou je ne toucherai pas à la chose."

Là encore, Terry courut vers sa voiture. Elle sauta dedans, démarra son moteur, ouvrit l'accélérateur tout en relâchant l'embrayage, et traça un large cercle sur la route, sortit par la porte et s'éloigna dans l'obscurité.

"Je vais encore prendre ce pot, M. Cutthroat Blenham!" elle pleurait en elle-même.

CHAPITRE XVII

ET APPELLE STEVE

Même si une tempête couvait dans son âme et que son sang devenait turbulent, Terry n'hésita pas dès la première seconde. L'autre jour, sur un certain journal historique, elle n'avait pas dit :

"Je déteste Blenham pire qu'un Packard !"

Certes, elle avait laissé entendre que le plus jeune de la maison Packard ne lui plaisait guère plus que le détesté contremaître. Mais... Eh bien, si Steve ne savait pas, du moins Terry le savait, que cette remarque avait été prononcée uniquement pour son effet rhétorique.

"Il a été un éclaireur assez décent depuis le saut," admis Terry sereinement alors qu'elle lançait sa voiture en hauteur et traversait le pâle clair de lune. Puis elle sourit, le premier sourire rapide qui allait et venait depuis qu'elle avait lancé un livre au visage de Blenham. « Un éclaireur plutôt décent dès le saut ! »

Il avait littéralement sauté dans sa vie, la poursuivant comme si...

"Oh, merde !" rit Terry. "C'est le clair de lune !"

Il y eut un certain virage serré sur la route où même elle dut ralentir. Ici, Terry s'est arrêté net, non pas tant par hésitation que parce qu'elle était consciente de s'éloigner des anciennes pistes et sentait profondément que l'acte pourrait être chargé de signification. Car lorsqu'elle aurait fait le virage, elle aurait franchi l'ancienne ligne morte, elle aurait dépassé la frontière et envahi la propriété Packard.

"Eh bien," pensa Terry, "quand tu seras entre le diable et les profondeurs de la mer, qu'est-ce que tu vas faire ?"

Elle relâcha donc son embrayage, ouvrit l'accélérateur, klaxonna par pure défiance, et la prochaine fois qu'elle s'arrêta, ce fut à la porte même du vieux ranch où devait se trouver Steve Packard à cette heure matinale. .

Les hommes dans le dortoir l'avaient entendue arriver, et jusqu'au dernier d'entre eux se poussèrent vers la porte pour voir de qui il s'agissait. Leur première pensée, bien sûr, serait que le vieux lion des montagnes, le grand-père de Steve, était descendu en rugissant de chez lui dans le nord. Terry releva la tête pour qu'ils puissent voir, savoir, s'émerveiller, spéculer, faire et dire tout ce qui leur plaisait. Ayant franchi son Rubicon, elle s'en fichait du claquement de ses jolis doigts qui savaient.

"Je veux Steve Packard", leur a-t-elle appelé. "Où est-il?"

Ce fut le jeune Barbee qui répondit, Barbee aux yeux bleus innocents.

"Dans le ranch, Miss Terry", dit-il. Et il s'avança, replaçant ses cheveux, attachant sa ceinture, lui souriant de sa façon la plus réussie de tuer des femmes. "Bien sûr que je ne le ferai pas ?"

"Toi?" Terry rit. "Quand je cherche un homme, je ne m'arrêterai pas pour un garçon, Barbee chéri!"

Et elle sauta à terre et frappa bruyamment à la porte de Steve, tandis que les hommes du dortoir riaient joyeusement et que Barbee jurait dans sa barbe.

Steve, supposant qu'il s'agissait d'un de ses propres hommes devenu soudainement formel, ne retira pas ses pieds en bas de sa table ni sa pipe de ses lèvres alors qu'il appela brièvement :

"Entrez!"

Et Terry n'a pas demandé de seconde invitation. Elle entra, claquant la porte derrière elle pour que ceux qui restaient bouche bée devant l'entrée du dortoir puissent rester bouche bée en vain.

Et voilà que Steve Packard réussissait, en une seconde éclair, à retirer ses pieds de la table, à retirer sa pipe de ses dents, à boutonner rapidement sa chemise sur sa poitrine. Et tandis qu'il la regardait, il haleta :

"Je serai--"

"Dis-le!" rit Terry. "Eh bien, je suis là. Je suis venue pour affaires. Il y a un trou dans le bout de ta chaussette", termina-t-elle avec un éclair de malice, en remarquant comment, embarrassé pour la première fois depuis qu'elle le connaissait, il essayait pour cacher une paire de pieds à taille humaine derrière sa table.

[Illustration : « Dis-le ! » rit Terry. "Eh bien, je suis là. Je suis venu pour affaires."]

Steve devint violemment rouge. Terry rit délicieusement.

"Je—je ne savais pas——"

"Bien sûr que non," acquiesça-t-elle. "Maintenant, je suis dans une sorte de précipitation du genre raie rouge, mais dans un de mes petits livres, j'ai lu qu'un jeune homme qui reçoit une jeune femme après la tombée de la nuit devrait avoir les cheveux peignés, la chemise boutonnée et, au moins, au moins une paire de pantoufles. Je vous donne trois minutes.

Packard la regarda avec étonnement. Puis, sans réponse, il la dépassa et se dirigea vers la fenêtre. Il releva le store pour que quiconque le souhaitait puisse regarder dans la pièce. Ensuite il se dirigea vers la porte et appela :

"Bill, oh, Bill Royce. Montez ici. Voici quelqu'un qui veut vous parler !"

Le visage de Terry Temple devint d'un rouge brûlant. Il y a eu l'envie de passer les deux bras autour de ce grand homme Packard aux manches de chemise et ébouriffé et de le serrer fort – et à la fin de le pincer plus fort. Car dans l'âme de Terry régnait la compréhension, et il la ravissait et lui faisait honte.

Mais quand Steve revint et glissa ses pieds dans ses bottes et s'assit en face d'elle, le visage de Terry ne lui dit rien.

"Tu es un gars drôle, Steve Packard," admis-t-elle pensivement.

"Ce n'est rien," sourit Steve, désormais redevenu lui-même. "Tu l'es aussi!"

Elle était venue du ranch Temple sans chapeau ; ses cheveux étaient tombés depuis longtemps et encadraient maintenant son visage vif de la manière la plus adorable. Adorable, bien sûr, pour l'esprit d'un homme ; les autres femmes ne sont pas toujours d'accord sur de telles questions. Quoi qu'il en soit, Steve regarda avec à la fois de l'admiration et du regret dans les yeux alors que Terry secouait les tresses de bronze lâches et commençait à mettre de l'ordre dans un chaos ahurissant. Sa bouche était pleine d'épingles quand Bill Royce entra. Mais elle pouvait quand même murmurer de manière alléchante...

"Si vous choisissiez Bill comme chaperon parce qu'il est aveugle———"

Royce s'arrêta sur le seuil.

"C'est toi, Terry Temple ?" Il a demandé. "Et tu me voulais ? Quoi de neuf ?"

"Je suis venu discuter avec Steve Packard," répondit promptement Terry.

Elle se leva et prit les mains de Royce entre les siennes et le conduisit vers une chaise avant de les abandonner. Et avant de retourner chez elle, elle avait dit précipitamment :

"Je ne t'ai pas vu depuis que tu as léché Blenham. Je—je suis content que tu aies eu ta chance, Bill."

"Merci, Miss Terry," dit doucement Royce. « J'ai en quelque sorte égalisé les choses avec lui. Pas tout à fait. Mais en quelque sorte. Alors tu ne voulais pas de moi ?

"Pas ce voyage, Bill. C'est juste une pièce de théâtre de M. Packard ici. Il n'aimait pas que l'on sache que je l'avais tout seul ici ; il avait peur que cela puisse le compromettre, vous savez."

Elle rigola.

"Ou le baiser avec sa copine, très probablement !" » rigola Royce.

Alors Steve lui lança un regard noir et Terry parut surpris.

"Vous dites tous les deux des bêtises", a déclaré Packard. Il tendit la main vers sa pipe mais la laissa retomber sur la table sans l'allumer. "Si je peux faire quelque chose pour vous, Miss Temple——"

Il vit à quel point son regard avait changé. Rien de moins qu'une mission d'une importance transcendante aurait pu l'amener ici et il le savait. Et maintenant, avec des mots rapides et enthousiastes, elle lui dit :

"Blenham nous en a presque fait passer un. Notre entreprise est hypothéquée à ton vieux voleur de grand-père pour la somme misérable de sept mille dollars. Le vieux Packard a envoyé Blenham pour dire à papa qu'il allait nous bousculer. Blenham joue au foxy et propose à papa mille dollars pour l'hypothèque. Oh, je ne comprends pas comment le dire, mais Blenham a quelques milliers de dollars qu'il a économisés et volés ici et là, et il a l'intention de s'emparer du ranch Temple pour un total de huit mille dollars. dollars ; sept mille pour le vieux Packard, mille pour papa——"

"Mais certainement--"

"Sûrement rien ! Papa est à moitié plein de whisky comme d'habitude, et mille dollars lui semblent aussi gros qu'une pleine lune. En plus, il est sûr de perdre tôt ou tard face au vieux Hell-Fire."

"Et tu me veux——"

"Si vous avez de l'argent ou si vous pouvez en récolter," dit Terry sèchement, "je vous propose une bonne proposition. Le même Blenham recherche. Le ranch vaut bien mieux que vingt mille dollars. Ma proposition est — Mais peux-tu en récolter huit mille ?

Steve la regarda un moment d'un air spéculatif. Puis, à la manière de Steve Packard, il glissa sa main dans sa chemise, en sortit une liasse de billets et les lui lança par-dessus la table.

"Je ne suis pas un sangsue", dit-il doucement. "Prends ce que tu veux, je te mets en jeu."

Terry regarda, compta et haleta.

"Dix mille!" elle a pleuré. « Bon Dieu, Steve Packard ! Dix mille — et tu me prêterais… »

"Pour rembourser une hypothèque à mon grand-père, oui", répondit-il sobrement, tout à fait conscient de ce qu'il faisait et de son imprudence et peut-être de sa stupidité. "Et battre Blenham."

Elle se releva d'un bond et courut autour de la table pour poser ses deux mains sur ses épaules et le secouer.

"Tu es une brique bénie par Dieu, Steve Packard !" » cria-t-elle d'une voix sonore. "Mais je ne suis pas non plus un sangsue. Si vous êtes un sport de gibier mort… Eh bien, c'est ce que je préfère être plutôt que tout ce à quoi vous pouvez mettre un nom. Lacez vos bottes, enfilez un chapeau, enfilez ça. dans ta poche." Et elle lui glissa le rouleau de billets dans la main. « À présent, papa et Blenham seront sur la route de Red Creek ; nous les devancerons, nous aurons un avocat et quelques papiers prêts, et quand ils arriveront, nous retirerons papa des mains de Blenham.

"Je ne te comprends pas vraiment", dit Steve. "Si vous n'empruntez pas l'argent——"

"Je vais obliger papa à te le vendre pour huit mille; il en empoche mille et avec les sept autres, ton vieux grand-père pestiféré et avide d'argent est payé. Ensuite, toi et moi concluons un accord entre nous——"

"Les partenaires!" » s'écria Bill Royce. "Gloire à être ! Steve Packard et Terry Temple sont partenaires——"

"Tu ne vois pas ?" Terry tirait avec enthousiasme le bras de Steve. "Allez, reviens vivant. Nous allons jouer au gel avec Hell-Fire Packard et son berceau droit, tous les deux. Et nous allons empêcher papa de faire une bêtise. Et nous allons — Oh, allez, n'est-ce pas ?

Steve se leva et la regarda avec curiosité. Puis il rit et se détourna pour prendre son manteau et son chapeau.

"Continuez, je vous suis", dit-il brièvement.

Bill Royce s'est frotté les mains et a ri.

"Même si je n'ai pas d'yeux", pensa-t-il, "il y a certaines choses que je peux voir très clairement."

CHAPITRE XVIII

"S'IL SAIT, LE FAIT-ELLE ?"

Il ne semblait pas particulièrement nécessaire de se dépêcher. Et pourtant, Terry courut avec impatience vers sa voiture, et Steve se précipita après elle à grands pas pendant que les hommes au dortoir conjecturaient et se tournaient vers Bill Royce pour une certaine explication. Steve n'avait pas dépassé l'âge de l'enthousiasme ; Terry était tout excité. La vie se transformait en aventure.

Et ainsi, même s'il semblait qu'ils avaient tout le temps du monde pour flâner – car il devrait être simple d'arriver à Red Creek bien avant Blenham et sa dupe – Terry céda à son excitation, Steve céda par enthousiasme. La main à l'attrait de Terry, et, tout à fait gais à ce sujet, ils s'enfuirent au clair de lune. Tandis que Terry, le chauffeur, gardait forcément les yeux occupés par la route, Steve Packard se renversa sur son siège et se contenta de la vision de son compagnon aventurier.

"Terry Temple," lui dit-il avec insistance et sincérité, "tu es absolument la plus jolie chose que j'ai jamais vue."

"Je ne suis pas une chose", a déclaré Terry. "Et en plus, je le sais déjà. Et——"

C'est alors qu'ils ont eu leur première crevaison ; un pneu usé transpercé par un fragment pointu de roche de sorte qu'ils entendirent l'air jaillir avec vent. Terry a bloqué ses freins. Steve sauta et procéda à un examen hâtif.

"On dirait qu'un homme l'a poursuivi avec une hache", annonça-t-il joyeusement. "C'est une bonne chose que tu en as une de rechange."

Terry se jeta de son siège avec impatience.

"J'ai besoin de pneus neufs", dit-elle tandis qu'elle d'un côté et lui de l'autre commençaient à chercher dans la boîte à outils sous le siège un cric et une clé. "Cette pièce de rechange est également molle et à moitié usée ; je parie que nous aurons plus d'une crevaison avant que le travail ne soit terminé. Mais elle est montée, de toute façon."

Steve s'est mis à genoux et a commencé à soulever la voiture ; Terry, debout au-dessus de lui, était occupé avec sa clé à molette pour desserrer les attaches du bord. Puis, pendant qu'il effectuait l'échange et resserrait les écrous, elle attacha le pneu crevé dans son support et se laissa tomber sur son siège. Alors que Steve montait à côté d'elle, il remarqua à quel point ses yeux étaient occupés de manière spéculative par la route.

"Nous les avons derrière nous, n'est-ce pas ?" Il a demandé.

Terry hocha rapidement la tête.

"Oui. Nous avons une longueur d'avance et ils sont à cheval. Ce n'est pas une ruse de les devancer. Mais... Oh, j'ai vu l'expression sur le visage de Blenham ce soir ! Il est mauvais, Steve Packard ; tout à fait mauvais ; Le genre qui ne s'arrête devant rien ! Et d'une manière ou d'une autre, il a la mainmise sur le pauvre vieux père et lui fait faire ça. Nous avons une longueur d'avance, nous pouvons les battre à Red Creek, mais... "

"Mais tu n'aimes pas l'idée de laisser ton père seul en compagnie de Blenham ce soir ?" il a fini pour elle. "Est-ce que c'est ça?"

Elle hocha de nouveau la tête. Il pouvait voir ses dents se mettre à mordiller ses lèvres.

" Alors, " suggéra-t-il, " pourquoi aller à Red Creek ? Pourquoi ne pas revenir ici et les arrêter ? Vous pouvez ramener M. Temple chez vous. J'imagine qu'entre nous deux nous pouvons faire comprendre à Blenham qu'il n'est pas recherché cette fois-ci."

"J'y pensais", dit Terry.

Et là où la route du Ranch numéro dix débouche sur la route de campagne, Terry tourna à droite et se dirigea de nouveau vers sa propre maison.

Quand, avec Steve sur ses talons, elle accourut sur le porche, elle fut accueillie par Iki, le cuisinier japonais, les yeux brillants d'un air extravagant.

"Où est mon père ?" » demanda-t-elle, et Iki agitant ses mains avec enthousiasme répondit :

"Partit avec une hâte rapide et de nombreux mots d'injures de la part de son ami gentleman. Le maître ne pouvait pas s'arrêter pour boire encore un petit verre de whisky. L'autre frappe et vomit des menaces et dit: 'Je ferai sûrement en sorte que vous tardiez longtemps. en prison. En disant de même : « Je t'ai attrapé par les cheveux longs comme si je te voulais et oui, par Dieu, comme si un jour bientôt j'aurais ta charmante fille ! Seulement, il dit cette dernière chose avec des mots désagréables de... »

Terry le secouait par les deux épaules.

"Où sont-ils allés?" » a-t-elle demandé. "Il y a combien de temps?"

"Sur des chevaux, courant vite", baragouina Iki. "Dix minutes, peut-être... peut-être vingt ou trente. Qui peut dire l'heure à laquelle..."

"Pourquoi ne les avons-nous pas rencontrés ?" » demanda Steve à Terry. "S'ils se dirigent vraiment vers Red Creek ?"

"Ils prennent tous les raccourcis qui existent", répondit-elle promptement. "Ils emprunteront un sentier de vaches à travers le ranch, couperont l'extrémité inférieure de votre maison et rejoindront l'ancienne route juste au-delà. Blenham est tout un renard; il a deviné que je voulais lui mettre des bâtons dans les roues d'une manière ou d'une autre. . Il ne gaspillera pas un clair de lune parfaitement bon. Allez!" Et encore une fois, elle courait vers la voiture. "Nous allons quand même les réviser.

"Je te crois," grogna Steve, une fois de plus assis à côté d'elle, le moteur tambourinant, les roues qui patinaient. "Vous ne savez pas ce qu'est une loi sur la vitesse, n'est-ce pas ?"

« Loi sur la vitesse ? répéta-t-elle distraitement, les yeux rivés sur le prochain virage sombre de la route. "Qu'est ce que c'est?"

Il rit et se rassit sur son siège. Ses yeux, comme ceux de la jeune fille, étaient attentivement fixés sur l'angle sombre que Terry devait négocier avant que le chemin ne se redresse devant elle. Ses phares traversaient les ombres ; Le petit corps de Terry se raidit un peu et ses mains se tendirent sur son volant ; sa vitesse de vol était diminuée d'une bagatelle presque négligeable ; elle a fait le virage et a ouvert les gaz. Steve hocha la tête avec approbation.

Pour la plupart, ils se taisaient. Il ne l'avait jamais vue dans une humeur comme celle de ce soir. Il lisait dans son visage, dans ses yeux, dans le port de son corps, une seule et même chose ; et c'était quelque chose de complexe composé de plusieurs émotions de détermination, de chagrin et de colère ardente.

Il lut facilement dans ses pensées ; il était clair qu'elle ne faisait aucune tentative pour le cacher : elle allait conclure un certain marché, elle était affligée et honteuse pour son père, elle se souvenait de « l'expression sur le visage de Blenham ce soir », et encore et encore son tir de fureur sa marée rouge dans ses joues.

« Blenham a mis ses sales mains sur elle », pensait Steve ; "ou j'ai essayé."

Et il découvrit que ses propres pouls battaient de plus en plus chauds alors qu'il laissait son imagination lui évoquer une image, les grandes mains nouées de Blenham sur la délicatesse qu'était Terry. À ce moment-là, il lui sembla qu'il avait été ramené chez lui de l'autre côté des mers pour aider à infliger une punition à un homme : un homme qui avait frappé le vieux Bill Royce et qui osait maintenant jeter un regard mauvais sur Terry Temple.

Puis vint leur deuxième crevaison, une vilaine entaille comme la première causée par un fragment de pierre en silex poussé contre l'enveloppe extérieure usée.

"J'ai commandé des pneus neufs il y a un mois", a déclaré Terry en guise d'explication, alors qu'elle et Steve, ensemble sur la route, s'efforçaient de remédier au problème.

Pendant qu'il sortait la chambre à air, accroupie devant sa voiture pour travailler à la lueur de ses phares, elle fouillait dans son kit de réparation.

"Ces routes rocailleuses, vous savez, et ma façon de conduire."

Il rit. "La façon dont elle conduisait !" Cela signifiait : « Comme le diable ! comme il le dirait. Sur des routes rocailleuses, courant jusqu'au virage, freinant quand elle doit ralentir un peu ; se balançant dans un virage serré de sorte que sa voiture a glissé et ses pneus ont traîné ; en bref, tirer de son moteur toute la vitesse qu'elle pourrait éventuellement en extraire, sans se soucier et avec un mépris froid des pneus craqués et d'autres bagatelles.

Trouver la coupure dans la chambre à air était assez simple ; le clair de lune seul l'aurait montré. Il le lui tendit pour qu'elle le regarde et elle secoua la tête et soupira. Mais faire en sorte que le patch tienne est une autre affaire ; et gonfler le pneu une fois le travail terminé en était encore une autre, et demandait du temps et consommait toute la quantité plutôt insignifiante de patience de Terry.

"Encore un peu de chance comme celle-ci", s'écria-t-elle alors qu'ils reprenaient la route, "et Blenham nous en mettra encore une !"

Steve se rendit compte que les craintes de Terry pourraient s'avérer trop fondées. Le temps qu'elle avait pris pour le rejoindre à son ranch, le temps perdu à rentrer chez elle, à changer de pneus et à réparer une crevaison, avait été mieux utilisé par Blenham. Il est vrai qu'il était à cheval pendant qu'ils roulaient en automobile. Et pourtant, sur une vingtaine de kilomètres, un homme déterminé et brutalement impitoyable à cheval peut rendre compte de lui-même.

Mais pendant qu'ils spéculaient tous les deux, ils poursuivirent leur route. Ils arrivèrent à l'endroit où « l'ancienne route » devenait la nouvelle ; Blenham et Temple n'étaient visibles nulle part, bien qu'ici le pays soit plat et peu boisé, et que la lune discernait distinctement tous les objets.

Et ainsi de suite, commençant enfin à se demander, se demandant si Blenham et Temple s'étaient retirés quelque part de la route, se cachant dans l'ombre, pour les laisser passer ? Mais finalement, ce n'est qu'au moment où ils gravissaient la dernière pente sinueuse avec Red Creek, à quelques kilomètres de là, qu'ils aperçurent les deux cavaliers.

La voiture de Terry tourna dans un virage de la route, ses phares pendant un bref instant aidant la lune à éclairer de manière criarde une scène inoubliable. Blenham s'était retourné sur sa selle, surpris peut-être par le bruit de la voiture venant en sens inverse ou par la lueur des phares ; sa couette levée tombait lourdement sur les flancs de son cheval au courant ; ils se levèrent et retombèrent sur la croupe de la montagne du Temple, et les deux hommes, leurs chevaux sautant sous eux, franchirent la crête et descendirent de l'autre côté.

En quelques instants, depuis la crête de la crête, ils distinguèrent les deux formes qui couraient sur la route en contrebas. Blenham battait toujours frénétiquement son cheval et celui de Temple. Le klaxon de Terry retentit ; sa voiture a bondi ; et Blenham, jurant bruyamment, remit son cheval sur ses hanches et l'éloigna de la route. Avec les roues bloquées, Terry s'arrêta.

"Emballez-vous, papa," dit-elle froidement, ignorant Blenham. "Steve Packard et moi allons vous emmener à Red Creek. Packard est prêt à vous faire une meilleure proposition que celle de Blenham. Lâchez votre cheval, il rentrera chez lui et s'entassera avec nous."

"Il ne fera rien de tel !" cria Blenham, la voix rauque de fureur. "Essayez ça sur Temple, et... Il ne fera rien de tel", conclut-il lourdement, son air éloquent de menace.

"Nous savons que tu penses que tu as une sorte d'emprise sur lui, Blenham," coupa Terry sèchement. "Mais même si c'est le cas, papa est un homme blanc et... papa ! Qu'est-ce qu'il y a ?"

Temple glissa de sa selle et resta visiblement tremblant, le visage d'une blancheur mortelle, les yeux fixes. Même au clair de lune, ils pouvaient tous voir les grosses gouttes de sueur sur son front, scintillantes alors qu'elles coulaient. Il tendit la main pour se soutenir en agrippant sa selle, manqua aveuglément, chancela et commença à s'effondrer lentement sur place, comme si ses os fondaient peu à peu en lui. Blenham rit durement.

"Ivre et hibou bouilli," grogna-t-il. "Mais c'est quand même assez sobre pour savoir——"

"Papa!" » cria Terry une seconde fois, sur la route à côté de lui maintenant, ses bras entourant son corps détendu. "Ce n'est pas seulement ça. Vous——"

"Malade," gémit faiblement Temple. "Dieu sait... il m'a traqué jusqu'à la mort... je ne sais pas... je voulais m'arrêter, me reposer là-bas mais... j'ai peur que... "

Il s'arrêta haletant. Steve sauta et glissa ses propres bras autour de la forme flétrie.

"Laisse-moi le monter dans la voiture," dit-il doucement. Et après avoir soulevé Temple et l'avoir placé sur le siège, il ajouta doucement : « Vous feriez mieux de vous dépêcher, je pense. Trouvez-lui un médecin. Je le suivrai à cheval.

Terry lui lança un regard de gratitude, prit sa place au volant et commença à descendre la pente. Son père à ses côtés continuait à s'installer à sa place tant que Steve le gardait en vue.

"Bien?" grogna Blenham, sa voix laide, déconcertée et rauque de rage. « Vous êtes encore intervenu, n'est-ce pas ?

Steve se remit en selle tout à l'heure laissée vacante par Temple.

"Oui," rétorqua-t-il froidement. "Et je suis partant pour rester aussi, si tu veux savoir, Blenham. Jusqu'à l'arrivée."

Avec seulement la largeur d'une route étroite qui les séparait, ils se regardèrent. Alors Blenham se moqua :

"Oho ! C'est la jupe, hein ? Tu l'as collée toi-même, n'est-ce pas ?"

Steve fronça les sourcils, mais accueillit son regard perçant avec un mépris total.

"Votre langage n'est pas élégant, ami Blenham," dit-il lentement. « Comme vous, il vaut mieux le cacher au public. Quant à ce que vous voulez dire… eh bien, par tonnerre, je crois à moitié que vous avez raison ! Et je n'y avais pas pensé !

Blenham, pris dans un de ses rares accès de rage enivrante, secoua le poing au-dessus de sa tête et cria sauvagement :

"Je vais vous battre encore, vous deux ! Voyez si je ne le fais pas. Oui, vous et votre groupe et lui et elle et——"

"N'en prenez pas trop à la fois", a suggéré Steve.

Seule la queue de son œil était tournée vers Blenham ; il regardait avec étonnement et un peu nostalgie la route vide et éclairée par la lune.

"Je l'ai amené là où je le veux en ce moment", grogna Blenham. « Et elle… je l'aurai aussi, là où je la veux ! Et, en moins de temps que vous ne le pensez, j'en aurai… »

Mais il ferma fermement sa grande gueule, lança un regard furieux à Steve un instant puis, frappant avec un éperon et un saut en même temps, de sorte que son cheval effrayé bondit frénétiquement, il partit sur la route après Temple et Terry.

Alors que Steve le suivait, un sourire apparut dans ses yeux, un sourire écartant lentement ses lèvres.

"Le scélérat avait raison !" réfléchit-il. "Et je n'y avais même pas pensé. Maintenant, comment diable penses-tu qu'il le savait ?"

Et puis, avant qu'il ait parcouru une douzaine de mètres, un air curieux, perplexe et incertain lui apparut sur le visage.

« S'il le sait, » était sa perplexité, « Est-ce qu'elle le sait ? »

CHAPITRE XIX

TERRY AFFRONTE LE PACKARD HELL-FIRE

"Père a dans la tête qu'il va mourir !" s'écria Terry. "Il ne le fera pas. Je ne le laisserai pas!"

Steve Packard, qui arrivait à Red Creek, rencontra Terry qui en sortait. Elle venait juste de démarrer, sa voiture prenant de la vitesse ; en le voyant, elle se baissa brusquement.

"Je l'ai laissé au magasin", ajouta-t-elle à bout de souffle. "Il est malade. Ils sont amis là-bas; ils prendront soin de lui. Il sait que vous venez; il a promis de faire affaire avec vous et d'exclure Blenham de la course. Vous devez vous dépêcher avant que Blenham n'arrive - il est Déjà de l'autre côté de la rue, au saloon. Après son argent, je suppose; la prochaine fois, à moins que vous ne bloquiez son jeu, il se tiendra debout au-dessus du lit de son pauvre vieux père, le harcelant. Reviens vivant, Steve Packard, et devance-le."

Et avec ces derniers mots, elle avait démarré sa voiture, selon la manière de Terry de démarrer n'importe quoi, d'un bond. Steve la retint, poussant son cheval au galop pour la première fois, criant sèchement :

"Mais toi... où vas-tu ? Pourquoi..."

"Après le Docteur Bridges," rappela Terry. "Cet imbécile est chez ton vieux voleur de grand-père, il joue aux échecs ! Le téléphone ne veut pas..."

Il pouvait simplement spéculer sur ce que le téléphone ne ferait pas. Terry était parti, il était déjà à la croisée des chemins, tournant vers le nord, se précipitant seul pour un trajet de quarante milles sur des routes isolées et dans l'antre même du vieux lion des montagnes lui-même. Steve siffla doucement.

"J'aurais aimé qu'elle m'invite à l'accompagner," grogna-t-il.

Mais au lieu de cela, elle lui avait demandé autrement. Alors, même si ses yeux étaient pleins de regret, il se dirigea vers le magasin. Un regard en arrière lui montra un feu arrière rouge décroissant se déplaçant comme une nouvelle espèce de luciole devenue complètement folle ; elle tournait d'un côté à l'autre au gré de la route ; il imite assez les girations d'un tire-bouchon avec le mouvement supplémentaire nécessité par les ornières profondes et les trous de mandrin sur et dans lesquels les pneus en rotation martelaient.

Puis l'épaule d'une colline, un bouquet de broussailles, et Terry et sa voiture disparurent de lui, engloutis dans la nuit et le silence. Il a regardé sa montre. Il était huit heures vingt. Elle avait quarante milles devant elle, un retour de quarante milles.

« Cela lui prendra deux heures aller-retour, » marmonna-t-il, « à moins qu'elle n'ait l'intention d'entasser sa voiture dans un fossé quelque part. Quatre heures pour le voyage. Cela veut dire que je ne la verrai que bien après minuit.

Et puis il sourit un peu penaud ; Blenham avait raison. Il avait pensé à ces quatre heures comme si elles avaient duré quatre ans.

Mais pour sa part, Terry n'avait pas l'intention de faire quatre heures de route pour un aller-retour de quatre-vingts milles à sa connaissance ; elle n'avait jamais fait une chose pareille auparavant et ne voyait aucune raison de commencer ce soir. Il est vrai que les routes n'étaient au mieux pas très bonnes, voire assez souvent mauvaises.

Eh bien, c'était exactement le genre de chose à laquelle elle était habituée. Et ce soir, il fallait se dépêcher. Grande hâte, pensa la jeune fille avec inquiétude, en se souvenant de l'expression du visage de son père lorsqu'elle et la femme du commerçant l'avaient mis au lit.

"J'aurai les routes pour moi tout seul, c'est une bonne chose."

Elle s'installa sur son siège, se préparant à une heure tendue. Elle aussi avait marqué le pas ; il était presque huit heures vingt lorsqu'elle quitta le magasin. " De toute façon, de quel droit le seul médecin du pays a-t-il joué aux échecs ? Et avec le vieux Hell-Fire Packard en plus ? Ce sont deux vieux coquins précieux, je serai lié. Mais un coquin de docteur vaut mieux que pas de docteur. du tout, et... Ah, un bon bout de route dégagée !"

La voiture reprenait de la vitesse sous elle. Elle jeta un coup d'œil à son compteur de vitesse ; l'aiguille oscillait entre vingt-sept et trente milles. Elle plissa les yeux sur la route ; il a invité; elle a poussé un peu plus l'accélérateur sur son volant ; trente milles, trente-trois, trente-cinq – quarante, quarante-cinq – là, elle le garda un instant – seulement un instant, semblait-il, à son impatience haletante. Car vint ensuite une série de virages où sa route, en montant, franchissait la première crête de collines et où de chaque côté le danger se cachait.

Au-delà de la crête, la route se redressa brusquement. Le meilleur moment maintenant : vingt-cinq milles, trente, trente-cinq – et puis, dans la vallée, quarante-cinq milles, cinquante, cinquante-cinq – son klaxon hurlant, envoyant au loin ses échos de défi et d'avertissement, ses phares clignotant à travers les arbres, les clôtures, les parcelles de broussailles et les collines – soixante milles.

"Si seulement mes pneus tenaient le coup – ils devraient le faire – cette route n'a pas de rocher pointu dessus."

Mais à partir de soixante milles, il lui faudra descendre brusquement. Loin devant, quelque chose se trouvait de l'autre côté de la route ; peut-être seulement une ombre, peut-être une barrière tangible ; elle ne connaissait pas très bien ces routes.

Elle a coupé l'alimentation électrique, bloqué ses freins à pied et d'urgence, et s'est ainsi arrêtée juste à temps. Ici, une clôture s'étendait en travers de la route ; la haute porte projetant ses ombres noires sur le sol blanc éclairé par la lune n'était pas à cinq pieds de son capuchon lorsqu'elle s'arrêta.

Elle sauta à terre, ouvrit grand le portail, le cala avec une pierre, sachant très bien comment les fermiers et les éleveurs des environs construisaient leurs portails pour qu'ils se ferment automatiquement, passa si précipitamment qu'elle effleura le portail lui-même et le fit se refermer derrière lui. elle, et regardait de nouveau la route vers l'indicateur de vitesse – vingt-cinq, trente-cinq, un virage à négocier, vu loin devant, retombant à vingt-cinq, à vingt. Une étendue droite et séduisante – vingt-cinq, trente-cinq, quarante-cinq, cinquante, cinquante-cinq, soixante, soixante-deux, soixante-trois – le bord le plus éloigné de la vallée, une autre ligne de collines noires sous les étoiles… cinquante encore et jusqu'à vingt-cinq, jusqu'à vingt et le klaxon sonnant alors qu'elle se précipitait dans l'embouchure du premier canon.

Et encore une fois, quand elle fut enfin dans la vallée du vieux Packard et à distance de grêle de sa maison monstrueuse difforme, elle fit retentir son cor comme la trompette martiale d'une armée d'invasion. Le bétail et les chevaux le long de sa route se réveillèrent de leur sommeil au clair de lune, sautèrent peut-être à la conclusion que c'était le vieux Feu de l'Enfer lui-même au milieu d'eux, levèrent la queue en l'air et trottinèrent à droite et à gauche, et la voiture de Terry se tenait devant le magasin de Packard. porte.

Juste devant la porte pour que Terry elle-même puisse sauter de son marchepied et que ses roues avant soient fermement plantées dans le parterre de roses choisi par le vieil homme. Il y avait deux pneus crevés, crevés en chemin ; deux jantes en ruine et cabossées ; son réservoir contenait encore peut-être un gallon d'essence. Mais elle était arrivée.

Avant de sauter dehors, Terry avait jeté un coup d'œil à son horloge ; elle avait fait le voyage de quarante milles en exactement cinquante-trois minutes. Vu l'état des routes...

"Pas mal," admit Terry.

Puis, avec un dernier coup de clairon, elle s'était présentée à la porte de Packard. Elle avait ramené quelques-unes des mèches de cheveux bruns les plus folles à leur place avant que la porte ne s'ouvre. Elle entendit des pas pressés et se prépara par un raidissement visible à l'arrivée du grand méchant lui-même. Elle ressentit un sentiment de déception lorsqu'elle vit que seul l'homme de main nain venait à la place du maître. Guy Little la regarda avec une pure surprise.

"Terry Temple, n'est-ce pas ?" haleta le mécanicien. "Pour l'amour de Pete !"

"Je veux le docteur Bridges," dit rapidement Terry. « Il est là, n'est-ce pas ?

Guy Little, au lieu de répondre promptement et directement, présenta un visage aussi perplexe que la jeune fille n'en ait jamais vu. Il portait des pantoufles et des manches de chemise ; il avait un gros volume qui, entre ses mains, paraissait à peine énorme ; ses cheveux étaient aussi ébouriffés que ceux de Terry ; ses yeux étaient franchement abasourdis. Terry reprit la parole avec impatience :

« Répondez-moi et ne me regardez pas ! Le docteur est là ?

"Pour l'amour de Pete !" » C'est à peu près tout ce que Guy Little a proposé en réponse.

Elle renifla et le bouscula, se tenant dans le couloir et pour la première fois de sa vie dans la fosse aux lions. Elle regardait autour d'elle avec un vif intérêt.

"Dis," dit alors Little. "Attendez une minute."

Il s'approcha doucement d'elle, ses pieds tombant sans bruit.

"Doc Bridges est là avec le vieil homme." Il désigna de la tête la grande bibliothèque et le salon dont la porte était fermée devant leurs yeux. "Ils jouent aux échecs. À moins que ton malade ne meure, je suppose que tu ferais mieux d'attendre qu'ils aient fini. Même s'il est en train de mourir————
"

"Je ne ferai rien de tel !" rétorqua Terry avec insistance. "Quand j'ai couru tout le chemin depuis Red Creek, en faisant exploser ma voiture, en risquant ma précieuse vie à chaque saut, en faisant le voyage en cinquante-trois minutes, pensez-vous que————"

"Hé?" s'écria Guy Little. "Comment ça va ? Combien de minutes ? Cinquante-trois, tu as dit, n'est-ce pas ? Cinquante-trois minutes de Red Crick à ici ? Hé ?"

"Est-ce que cet homme est fou ?" » demanda Terry. "N'ai-je pas dit que je l'avais fait ? J'aurais pu le faire en moins cher aussi, seulement avec une crevaison et———"

"Hé?" répétait Guy Little encore et encore. "Tu as fait ça ? Hé ? Tu dis———"

"Je dis," coupa Terry en se dirigeant vers la porte fermée, "qu'il y a un homme malade et qu'un médecin est recherché."

"Oh, est-ce que ça peut en faire partie !" s'écria Little en la suivant de nouveau dans son enthousiasme. "Laisse tomber ! Oublie ça ! Le truc c'est que tu as fait le trajet de là à ici... et pendant la nuit et avec des problèmes de pneus et..."

"Docteur Bridges———"

"Il est là-dedans. Comme je l'ai dit. Je joue aux échecs avec le vieux. Vous ne savez pas ce que ça veut dire. Je le sais. D'habitude, Mos demande pardon à une dame pour la façon de le dire, ça veut dire l'enfer. " H majuscule. Et ce soir, le vieux homme a la porte verrouillée et il a deux matchs de retard et il est endolori comme un hibou et il dit que quiconque s'introduit dans sa pièce est... Non, je Je ne peux pas le dire, pas en présence d'une dame. Il y a des moments où le vieil homme est si horriblement méchant qu'il est presque vil à ce sujet. Comprenez-moi ?

"Guy Little, reste-toi à l'écart !" Les yeux de Terry brillèrent dans les siens tandis qu'elle levait la main pour lui repousser le dos. "Je suis venu chercher le médecin et je vais le chercher."

Guy Little secoua simplement la tête.

"Tu ne connais pas le vieil homme," dit-il doucement. "Et oui. Je suis le seul homme, femme ou enfant vivant qui le connaisse. Vous restez à l'écart."

Il s'approcha rapidement d'elle et frappa à la porte. Quand seul le silence l'accueillit, il frappa à nouveau. Soudain, de manière explosive, la voix du vieil homme Packard retentit, frémissant de rage alors que le vieil homme criait :

"Si c'est toi, Guy Little, je vais te casser la tête et ton corps d'imbécile ! Sortez et partez et allez vite !"

"C'est important, Votre Majesté", répondit imperturbablement la voix de Guy Little.

Il frotta un orteil de sa pantoufle contre son mollet et fit un clin d'œil à Terry, l'air extrêmement innocent et enfantin.

"Je tire pour toi", murmura-t-il. "Il n'y a qu'une seule façon de le faire." Répéta-t-il à voix haute. "C'est important, Votre Majesté. Et il y a une dame ici."

"Dame?" » cria le vieil homme, sa voix se brisant à peu près avec l'émotion qu'elle contenait. "Madame ? Dans ma maison ? Que voulez-vous dire ?" Puis, sans attendre de réponse : « Je me fiche de qui elle est, de ce qu'elle est ou de ce que vous voulez tous les deux. Sortez ! Cet imbécile de pilule ici pense qu'il peut me battre en jouant aux échecs ; Je suis de mèche avec lui pour me distraire, traître ! »

Guy Little sourit largement et fit à nouveau un clin d'œil.

"N'a-t-il pas l'air d'un dook ?" murmura-t-il avec admiration. Et à son employeur : « Dis, Packard, c'est la petite fille Temple. Terry Temple, tu sais.

Même Terry sursauta et recula rapidement de la porte fermée. Elle ne savait pas que la voix d'un homme pouvait ainsi transpercer l'âme.

"Et," poursuivit Guy Little précipitamment, sachant qu'il devait se précipiter dans ses mots maintenant s'il les réussissait, "elle vient de faire tout le chemin depuis Red Crick - dans une voiture Boyd-Merrill, Twin Eight - avait des problèmes de pneus sur la route, et j'ai fait le voyage en cinquante-trois minutes !"

Il a tout sorti. Un profond silence s'est fermé après ses paroles. Un silence pendant lequel les yeux d'un homme auraient pu s'ouvrir et se fixer, pendant lequel la bouche d'un homme aussi aurait pu s'ouvrir et se fermer sans un mot, pendant lequel le cerveau d'un homme aurait pu estimer ce que cela signifiait, parcourir quarante milles en cinquante-trois minutes sur des routes telles que se trouvait entre le ranch Packard et Red Creek.

"C'est un mensonge!" » cria Packard. "Elle ne pouvait pas le faire."

"Je veux le docteur Bridges——"

"Chut!" Guy Little lui a coupé court. "J'ai mis le vieux garçon en fuite. Laissez-moi faire." Et à haute voix une fois de plus : "Elle l'a fait. Elle peut le prouver. Un'——"

Il y eut un grognement de fureur venant de la pièce fermée à clé, suivi du bruit d'un échiquier et d'un groupe d'hommes précipités à travers la pièce et d'une voix de vieil homme criant avec férocité :

"C'est une maudite machination. Bridges, tu es un scélérat et je peux te battre trois matchs sur cinq et je te parie dix mille dollars là-dessus, à tout moment ! Et quant à ce voleur de La fille au visage de calmar de Temple... Entrez. Bon sang, entrez et finissons-en !

Et alors qu'il déverrouillait la porte d'une main qui la secouait et l'ouvrait grande, lui et Terry Temple se confrontèrent pour la première fois.

CHAPITRE XX

UNE PORTE ET UN RECORD BRASSÉS

L'homme n'a jamais vécu et connaissait le vieil homme Packard qui aurait laissé entendre qu'il n'était pas un haineux sincère et sincère. Son ennemi et toute la maisonnée de son ennemi, sa femme et ses enfants, sa servante et son serviteur étaient tous comme la progéniture de Satan.

Maintenant, il reculait, le visage rouge, les deux mains sur les hanches, la barbe avancée de manière belliqueuse et semblant assez hérissée. Terry Temple, son cœur battant comme un fou tout d'un coup et sans aucune raison qu'elle voulait admettre, leva la tête et franchit le seuil avec défi. Pendant un moment très tendu, ils se regardèrent tous les deux, le vieil homme et la jeune fille.

Le docteur Bridges était toujours assis à la table d'échecs, la bouche grande ouverte, l'expression d'une pure consternation ; Guy Little se tenait dans l'embrasure de la porte, juste derrière Terry, frottant une pantoufle contre sa jambe et observant avec intérêt.

"Alors tu es la fille de Temple, n'est-ce pas ?" renifla le vieil homme. "Eh bien, je l'aurais peut-être deviné !"

Et la manière de la déclaration, plutôt que les mots eux-mêmes, était très peu flatteuse pour Miss Teresa Arriega Temple.

Et, en fait – et le vieux Packard le savait bien au fond de son âme – il n'aurait rien deviné de tel. Si longtemps il l'avait tenue dans un mépris flétrissant, juste à cause de sa relation avec son père, si longtemps il l'avait investie de tous les attributs apparemment répugnants, si longtemps il l'avait, à sa manière incontrôlable, l'avoir appelée le nez de poulpe, le mastic. -au visage, aux yeux de cochon, etc., qu'avec le temps, il s'était réellement fait sa propre image d'elle.

Et maintenant, soudain confronté à la fille la plus incroyablement jolie qu'il ait jamais vue, il parvint à ricaner qu'elle était exactement ce qu'il savait qu'elle était - et en reniflant, personne mieux que le vieil homme Packard ne savait que, comme il aurait pu le dire, lui-même : « Il a menti comme un voleur de chevaux !

Terry l'avait vu une fois quand elle était toute petite. Il lui avait été signalé par un des cow-boys de son père qui, pour des raisons qui lui étaient propres, détestait profondément et craignait un peu le vieil homme. Depuis lors, l'imagination débordante de la jeune fille avait créé à partir de l'ennemi de sa maison une brute des plus inconvenantes, un homme aux sourcils de scarabée, à la bouche laide et au visage hideux, qui ressemblait presque à une monstruosité.

Et maintenant, la fine perception féminine de Terry était obligée, à contrecœur, de commencer à construire une nouvelle image. Le vieil homme, le méchant au cœur noir qu'il était, était la figure d'homme la plus honnête et la plus héroïque qu'elle ait jamais vue.

A côté de lui, le docteur Bridges offrait un spectacle de dégénérescence physique tandis que Guy Little devenait un nain grotesque. Le grand-père ressemblait beaucoup à son petit-fils et – même si elle jurait de l'aimer moins pour cela – était, à sa manière sculpturale et léonine, l'homme le plus bel homme qu'elle ait jamais vu.

Peut-être fut-ce au même instant que chacun se rendit compte qu'on avait accordé un trop grand intérêt à un long regard approfondi. Car Terry affecta soudain un regard de mépris suprême tandis que le vieil homme détourna les yeux, transférant son regard vers le serein Guy Little.

"Vous avez dit, Guy Little——"

"Oui, monsieur, je l'ai dit !" Guy Little hocha vigoureusement la tête. "Ces quarante milles en cinquante-trois minutes. Dans le noir. Et avec des problèmes de pneus. C'est un record. Le meilleur que vous ayez jamais fait en cinquante-sept minutes. Elle vous a battu quatre minutes. Elle !"

Il désigna Terry.

"Docteur Bridges—" commença Terry.

"C'est un mensonge!" s'écria le vieil homme en brisant le dessus de la table d'un poing fermé. "Peu m'importe qui le dit ; elle ne pourrait pas le faire ! Aucune fille ne le pourrait ; aucun Temple ne le pourrait. Ce n'est pas le cas !"

« Traitez-moi de menteur ? » s'écria Terry, un courant soudain enflammé, déferlant et chaud dans ses joues, ses yeux flamboyants. "Tu es un horrible vieil homme. J'ai toujours su que tu étais un horrible vieil homme et tu es bien plus horrible que je ne le pensais. Et... tu me traites encore de menteur, Hell-Fire Packard, et je te giflerai." visage pour toi!"

Pendant un moment, en proie à sa rage toujours prête, le vieil homme se tenait au-dessus d'elle, la regardant avec des yeux flamboyants dans des yeux qui lui retournaient, un petit tremblement le secouait visiblement comme s'il était tenté presque au-delà de toute résistance de poser ses mains sur elle. elle et punir son impudence. Une intrépidité brillante, presque enthousiaste, brillait dans ses yeux.

"Je te mets au défi," dit Terry. " Vieil homme que tu es, je vais te gifler pour que tu saches qui tu insultes. Pirate ! " lui lança-t-elle. « Et le porc de terre… Oh !

"Docteur Bridges, vous devez venir avec moi tout de suite." Elle s'était empressée de donner son épaule à l'inspection de Packard. "Nous devons nous dépêcher de retourner à Red Creek."

"Dis, Packard", intervint Guy Little. "Sa voiture est en morceaux. Et elle n'a plus d'essence. Et son vieux homme est terriblement malade à Red Creek et a besoin d'un médecin en urgence – ou pas. Vous comprenez…"

"Qu'est-ce que ça a à voir avec moi ?" » grogna Hell-Fire Packard. « Qu'importe que son vieux voleur de père meure cette nuit ou la semaine prochaine ? Qu'est-ce que je… »

"Oh, les rats", grogna Guy Little. " Qu'est-ce qui te ronge, Packard ? Écoute-moi : elle dit qu'elle a fait ça en cinquante-trois minutes et que tu ne peux pas le faire mieux qu'en cinquante-sept ; que tu n'es plus un sport de gibier mort de nos jours. ; comment elle est à court de monnaie mais parierait cinquante dollars à un homme que vous ne pourriez pas et ne voudriez pas.

« Elle a dit ces choses ? rugit le vieil homme.

"Je—" commença Terry.

"Elle l'a fait !" » répondit Guy Little précipitamment et haut et fort. "Elle l'a fait!"

"Bridges", a lancé le vieux Packard, "prends ton chapeau et ton sac de poison noir et sois prêt dans deux minutes." Packard se dirigeait vers la porte. "Guy Little, tu récupères ma voiture devant la porte d'entrée - vite ! Et quant à toi - " Il était à la porte et à moitié tourné pour regarder avec colère dans les yeux de Terry - " Tu peux faire ce que tu veux. J'y vais. d'emmener le seul lanceur de pilules du pays chez le pire vieux voleur dont j'ai jamais entendu parler.

"Je rentre avec toi," dit brièvement Terry.

Le vieux Packard haussa les épaules. Puis il a ri.

"Si tu n'as pas peur," grogna-t-il, "de rouler aux côtés d'un homme comme je le jure, alors aide-le, Dieu, malgré le smash-bang-an'-be-putain', va faire reculer cette petite course. à Red Creek – dans moins de cinquante minutes ! »

" Attention, " dit le vieil homme Packard à la porte d'entrée, son regard de pierre alors qu'il remarquait la voiture de Terry parmi ses roses de choix, " Je ne fais pas ça parce que j'ai besoin d'un Temple, lui ou elle. Surtout elle.

Vous avez juste ça en tête, jeune femme. Et avant de commencer, laissez-moi vous dire encore une chose : gardez vos deux mains éloignées de mon grand-fils !"

"Quoi!" haleta Terry.

"Je l'ai dit," renifla-t-il. "Viens là, Guy Little, avec cette voiture. Prêt, Bridges, vieux imbécile ? Empile-toi."

Il prit place au volant, son vieux chapeau noir repoussé en arrière sur la tête, l'œil déjà fixé sur l'horloge du tableau de bord. Terry se glissa devant le docteur Bridges et s'assit aux côtés du vieil homme.

« Vous avez dit… quoi ? » » demanda-t-elle d'un ton glacial.

« J'ai dit, » cria-t-il sauvagement, « comme je sais comment tu pourchassais mon imbécile de petit-fils Stephen, et comment tu as dû l'arrêter. Je ne te laisserai pas faire un plus grand imbécile. n lui qu'il ne l'est déjà.

Terry restait rigide, sans voix, soudain devenu froid. Pour une fois dans sa vie, aucune réponse toute prête ne lui vint aux lèvres.

Puis Hell-Fire Packard avait démarré son moteur, klaxonné, et ils étaient en route. Et Terry, parce qu'aucun mot ne venait, pencha la tête en arrière et rit d'une manière qui, comme elle le savait parfaitement, le rendrait fou.

Le trajet depuis la porte d'entrée de Hell-Fire Packard jusqu'au magasin de Red Creek s'est fait en quelques secondes négligeables sur quarante-huit minutes. Les trois occupants de la voiture sont arrivés vivants en ville. Jamais de sa vie après cette nuit Terry Temple n'aurait douté de l'existence d'une Providence qui, à des moments critiques, prenait en main le destin des hommes.

Il n'y avait jamais eu un mot prononcé jusqu'à ce qu'ils arrivent à la porte qui s'était fermée derrière Terry en sortant. Le vieil homme Packard avait examiné le compteur de vitesse, l'horloge et les obstacles. Terry avait vu ses mains se serrer sur son volant.

"Tiens bon et accroche-toi", avait-il ordonné sèchement.

Les gros pneus avant et le pare-chocs ont heurté le portail ; il y eut un vol sauvage d'éclats et à soixante milles à l'heure ils traversèrent et continuèrent jusqu'à Red Creek.

« Le vieux diable ! murmura Terry en elle-même. « Le vieux diable !

CHAPITRE XXI

COLÈRE DE PACKARD ET RAGE DU TEMPLE

Aucun prophète inspiré et clairvoyant n'était nécessaire pour prédire une scène plutôt orageuse lors de l'arrivée du vieux Hell-Fire Packard et de Miss Terry Temple chez le commerçant de Red Creek. Il fallait s'attendre à ce que Steve Packard soit présent ; qu'il attendrait avec impatience le tambour d'un moteur de course ; qu'il serait sur le trottoir pour saluer la fille de Temple.

« Terry ! » il a appelé. "Si tôt?"

Il n'aurait pas pu faire un pire début s'il avait réfléchi longuement et diaboliquement à la question. Blenham avait eu raison et Steve avait eu tout le temps d'admettre le fait totalement et complètement ; il y avait maintenant dans sa voix une note sonore dont l'effet, tombant sur les oreilles de son grand-père, pouvait être comparé sans grand effort d'imagination à celui d'une étincelle dans un tonneau de poudre.

Les freins du vieil homme, appliqués avec insistance, ont immobilisé sa voiture.

"Regardez cette horloge !" fut sa première remarque, informant à la fois Steve de la présence de son parent et faisant allusion, par son ton non incertain, à une situation désagréable qui se présentait ou était sur le point d'éclater sur eux. "Je l'ai fait en cinquante-trois minutes, n'est-ce pas ? Eh bien, je l'ai fait en moins de quarante-neuf ! Qu'as-tu à dire à ce sujet ?"

Mais Terry l'ignora et sauta à terre, sa main posée impulsivement sur le bras de Steve. Ainsi, à son tour, on peut dire qu'elle a ajouté une étincelle supplémentaire à la poudrière du jeune Packard.

"Comment va papa?" » demanda-t-elle rapidement.

Steve tapota la main sur son bras et soit Terry ne remarqua pas l'acte, soit s'en fichait. Le vieil homme Packard l'a à la fois remarqué et préoccupé. Son grognement pouvait être entendu au-dessus du pieux « Dieu merci, nous sommes là ! » alors que le médecin s'avançait avec raideur vers le trottoir.

"Mieux", dit Steve. "Je pense qu'il ira bien après tout. Je l'espère. Il——"

« Blenham ? » » demanda-t-elle avec insistance. "Il ne t'en a pas mis une? L'hypothèque——"

Steve tapota sa poche de poitrine.

" Les papiers sont signés ; nous avons fait appel à un notaire ; tout est en ordre. Entrez, je vous raconterai tout plus tard. "

Il se tourna vers la voiture et la silhouette raidie de l'homme agrippant le volant avec des mains tendues et dures.

"Grandy——"

"Grandy, ton pied !" » grogna soudain le vieux Packard, une main s'écartant brusquement pour se serrer en un poing levé. "Et *Terry* ! Mon Dieu !"

"Que veux-tu dire?" » demanda Steve. "Je ne comprends pas."

"Je veux dire," cria Packard senior, sa voix tremblante d'émotion, "qu'aucune bouche au monde n'est assez grande pour tenir ces deux mots la même nuit ! Si vous voulez sympathiser avec n'importe quel vivant de Temple, lui-Temple ou elle -Temple, si, monsieur, vous avez l'intention de baver sur les ennemis les plus bas de votre propre père et du père de votre père, eh bien, monsieur, alors je suis M. Packard pour vous et vos semblables ! »

Steve était toujours perplexe.

« Je pensais, » marmonna-t-il, « que depuis que vous vous êtes réunis, depuis que vous l'avez vous-même conduite… »

« Si moi, monsieur, tonna son grand-père, j'ai choisi d'amener ce chat sauvage en jupon et ce vieux lanceur de pilules de chez moi à Red Creek en moins de quarante-neuf minutes, juste pour lui montrer que tout ce qui est fait sur la terre de Dieu par un Temple peut être mieux fait par un Packard - vous devez réfléchir, n'est-ce pas ? Eh bien, monsieur, alors aidez-moi, monsieur, j'ai l'idée de sauter à terre tout de suite et 'donnez-vous le fouet de votre vie!"

Steve, malgré lui, rit. Terry, rassurée pour son père, rigola. Les deux sons étaient audibles ; les deux, mélangés, étaient tout à fait trop lourds à supporter.

"Vous... vous déshonorez un nom honorable", appela le vieil homme avec amertume et colère. "Toi--"

Il s'interrompit, hésita, lança un regard noir allant de Steve à côté de la voiture à Terry déjà sur les marches du magasin, et conclut quelque chose de plus calme mais non moins furieux pour autant : " Vous parlez de papiers signés. Vous ne voulez pas dire En fait, vous avez des relations commerciales, amicales, avec les Temples ? »

"Blenham a annoncé que vous alliez saisir Temple ; il avait une sorte de plan véreux pour escroquer Temple et lui faire perdre ses terres. Je viens de conclure un accord par lequel je mets de l'argent pour vous payer votre hypothèque et..."

"Vous ? *Vous* , Stephen Packard ?"

"Oui", dit Steve, se demandant si le vieil homme était plus ému à cause du choc de voir son neveu capable de payer une si grosse somme ou à cause des "ententes amicales avec les Temples".

Il y eut un bref silence. Le docteur Bridges monta les marches ; Lui et Terry entraient. Puis à nouveau la voix de Hell-Fire Packard éclata violemment et Terry s'arrêta net, ses mains remontant soudainement vers sa poitrine. Son visage, auraient-ils pu le remarquer dans la lumière pâle, était d'un écarlate flamboyant.

"Cette coquine, cette jade, cette Jézabel !" vint la dénonciation retentissante. "La petite diablesse délicate, sans vergogne, pénible, avide et sans principes ! Elle est après toi, mon garçon, après toi durement. Et, pauvre ver aveugle et imbécile, tu n'as pas la raison de le voir ! Tout le monde le sait ; tout le pays en parle ; comment Temple tend son piège avec elle et elle tend son piège avec elle-même et... "

"Grand-père !" s'écria Steve, son propre visage rougissant sous le torrent cinglant. "Tu ne sais pas ce que tu dis !"

"Je sais ce qu'il dit."

Terry, ses mains toujours serrées sur sa poitrine, descendit lentement les marches. Même si à peine un instant s'était écoulé, son visage était maintenant d'une blancheur mortelle au clair de lune.

"Vous dites," et ses yeux brillèrent droit dans ceux du vieil homme, "que je tends un piège à votre petit-fils ? Que moi, Teresa Arriega Temple, considérerais un instant un Packard, le fils et le petit-fils d'un Packard, digne de cirer mes bottes pour moi ? Pourquoi, j'ai craché sur vous deux !

Elle se retourna et entra dans la maison. Steve, au lieu de la regarder partir, gardait les yeux fixés sur le visage de son grand-père. Maintenant que la porte était fermée, il dit doucement :

"Grand-père, nous nous sommes assez peu vus. Je pense que nous ferions mieux de nous voir encore moins à partir de maintenant. Tu as insulté cette fille d'une manière qui me donne envie de monter dans ta voiture, de te traîner vers le bas et de te battre. à moitié mort !"

Sa retenue fondait sous le feu de sa passion ; sa voix devint moins douce et commença à trembler.

"Je vais faire de cette fille la prochaine Mme Packard ou connaître la raison!"

" Défiez-moi, n'est-ce pas ? Défiez-moi et partez courir avec une meute de voleurs et... "

"C'est assez!" cria Steve. "Je vais tout droit et lui demande———"

"Demande-lui et il t'avalera !" » vint la permission bruyante du vieil homme furieux. "Mais souviens-toi d'une chose : Blenham s'est peut-être trompé ce soir, et t'a laissé, toi et elle, et son père menteur, voleur et canaille, prendre le pas sur moi. Mais c'est le dernier ; remarquez ça ! Blenham reçoit ses ordres directement de moi ce soir ; il s'en prend à vous pour vous briser, vous écraser, vous mettre littéralement en morceaux racine et branche - et avec moi et Blenham travaillant nuit et jour, s'arrêtant à rien. Vous m'entendez ? Je le pense vraiment !" Ses deux poings étaient maintenant levés bien au-dessus de sa tête. "Je ne recule devant rien, je te marcherai dessus et ton ami du Temple sera comme si tu étais un nid de chenilles. Tu m'entends, Stephen!"

Mais Stephen, les lèvres serrées alors qu'il luttait contre lui-même pour ne pas toucher au père de son propre père, se tourna et suivit le chemin que Terry avait suivi.

"Tu m'entends, Stephen. Je ne m'arrêterai à rien pour t'écraser !"

Alors la voix de son grand-père le suivit puissamment. Mais le jeune Packard avait déjà réfléchi à autre chose. Devant lui, dans le petit salon du magasin délabré, une lampe à pétrole brûlait pâle et, allongé sur un vieux canapé, face contre terre, secoué de sanglots, se trouvait Terry.

« Terry ! » appela-t-il doucement. "Ton père n'est pas———"

Il pensait qu'elle n'avait pas entendu. Il s'approcha et posa doucement sa main – il y avait une profonde tendresse même dans son action – sur son épaule. Mais Terry avait entendu et jeta violemment sa main sur le côté et se leva d'un bond, ses yeux flamboyants de colère dans les siens.

"Mon père dort. Le docteur Bridges pense plutôt qu'il n'y a rien de grave chez lui", remarqua-t-elle d'un ton vif. "Je suis désolé de vous avoir dérangé de quelque manière que ce soit, M. Packard. Vous dites que vous avez arrangé les choses avec papa ? Eh bien, je veux que vous déchiriez les papiers ; je veillerai à ce que votre argent vous soit restitué."

« Terry ! » il murmura.

Puis elle s'enflamma vivement, ses deux petites mains serrées à ses côtés, son menton levé, sa voix étant une voix nouvelle dans ses oreilles, amère et hostile.

" Ne me Terry pas, Steve Packard ! Maintenant ou plus jamais. Je suis désolé de t'avoir vu ; j'ai honte de t'avoir jamais parlé. Je préférerais être mort ou… oui, je préférerais être dans Les bras de Blenham, alors regarde-moi ! »

"Bon dieu!" » éjacula Steve, complètement en mer. "Je ne comprends pas."

"Tu n'es pas obligé," répliqua sèchement Terry. "Tout ce que vous devez savoir, c'est que je n'aurai plus rien à voir avec vous. Je ne vous laisserai pas nous aider avec notre hypothèque; je ne vous laisserai pas nous avancer de l'argent; je Je ne supporterai pas une seule minute votre… votre misérable ingérence dans nos affaires ! Si vous pensez que vous pouvez… pouvez intervenir à nos côtés dans n'importe quel combat dans le monde… »

Elle finit brusquement, commençant à patauger, haletante, de sorte que la montée et la descente rapides de sa poitrine étaient un signe extérieur d'une émotion intérieure. Steve Packard le regarda fixement et rougit vivement et commença à sentir sa propre colère monter rapidement.

"Mêlez-vous à vos affaires !" » il renifla d'une manière qui rappelait plus que vaguement celle de son grand-père. "J'aime ça ! Comme si j'aurais fait un pas sans ton invitation."

Et ainsi il laissa échapper la seule chose qu'il aurait dû ne pas dire, la chose qui irritait déjà le cœur fier de Terry. Elle lui avait demandé de venir ; elle avait en quelque sorte suggéré une… une sorte de partenariat.

"Oh ! comme je te déteste !" s'écria Terry. « Vous… vous Packard ! »

"S'il y a un crime, une série de crimes que j'ai commis——"

"Veux-tu déchirer ces papiers ? Je te récupérerai ton argent. Veux-tu déchirer ces papiers ?"

"Voulez-vous expliquer ce qui ne va pas ?"

"Je ne vais pas."

Il haussa les épaules avec exaspération.

"Je garderai les papiers", répondit-il d'un ton glacial. "J'ai mis beaucoup d'argent ce soir, à bien y penser."

Il mit son chapeau, le serra bien, et se tourna à moitié pour partir.

"Quand tu veux parler du ranch avec moi, viens dans ma maison de ranch, petit partenaire!"

"Oh!" s'écria Terry. "Oh!"

CHAPITRE XXII

LA MAIN DE BLENHAM

"La vie de chaque homme est ce qu'il la façonne pour lui-même."

"Un mensonge stupide, éhonté et platitudinant !"

Steve Packard, devenu irritable ces derniers temps, jeta le livre incriminé par une fenêtre ouverte et se leva.

"La vie d'un homme est ce que les méchants petits dieux du hasard en font, maudits-les. Ou quelle imbécile de fille l'emmêle et la tord."

Il se secoua violemment et se dirigea vers sa porte, regardant les collines vaguement moulées sous les étoiles.

La vie n'était qu'une sorte de proposition très insatisfaisante. C'était un jeu qui ne méritait pas l'attention sérieuse des joueurs, un jeu de hasard et sans la moindre habileté, et même pas intéressant ! Ainsi, au plus profond de son âme, Steve Packard l'a admis librement. Et jusqu'à une certaine nuit, il y a à peine six mois, il n'avait jamais deviné cette grande vérité.

Cette nuit-là, Blenham avait ricané : « Vous-même, vous êtes resté coincé sur elle, n'est-ce pas ? et Steve avait reconnu un fait vital exprimé de manière inélégante ; cette nuit-là, Terry Temple lui était apparu bien plus qu'un simple « bon petit sport » ; cette nuit-là, il avait considéré avec un peu de brusquerie sa douce féminité sous son apparence de *diablerie* et l'avait trouvée infiniment désirable ; cette même nuit, Terry, pour aucune raison au monde que Steve Packard pouvait découvrir, s'était soudainement figé en une chose de glace qui n'avait jamais dégelé depuis, sauf brièvement avant de brûler des accès de colère.

Deux heures après qu'il se fut avoué qu'il l'aimait, elle lui fit savoir avec toute l'emphase qu'elle pouvait trouver pour l'occasion qu'elle le détestait. Et la vie n'avait pas du tout été ce qu'il avait faite.

Les papiers que Temple avait signés existaient toujours, déposés en toute sécurité dans une banque de San Juan. Steve avait remboursé l'hypothèque du Temple à son grand-père ; il avait payé à Temple mille dollars en espèces ; il avait ainsi acquis une demi-participation dans le ranch Temple. Tout cela était tout à fait conforme aux suggestions de Terry et entièrement satisfaisant.

N'étant pas un voleur, Steve comptait renoncer à son droit à sa moitié à tout moment si Temple remboursait exactement ce qui avait été avancé. Mais il est vite devenu évident que Temple ne rembourserait jamais rien. Bien que le docteur Bridges n'ait rien trouvé de vraiment grave chez lui, Temple mourut néanmoins moins de deux semaines plus tard.

Durant ces deux semaines, Steve n'avait pas vu Terry. Cependant, après avoir appris le deuil de la jeune fille, il s'était immédiatement rendu chez elle. Elle le regarda avec curiosité, disant doucement que les garçons faisaient tout ce qu'il fallait et lui avaient demandé de partir.

Puis, après encore deux semaines, il était retourné au ranch du Temple. Il le trouva désert, portes et fenêtres fermées, feuilles mortes épaisses sur le chemin. Son cœur se serra et ensuite il frappa violemment les côtes ; Terry était parti et ne lui avait rien dit. Il se retourna et rentra chez lui, amer, en colère et blessé.

Où était-elle allée ? Il ne le savait pas ; il s'est dit qu'il s'en fichait ; il se mordrait certainement la langue avant de demander à l'un de ses amis. Mais il savait en lui-même qu'il s'en souciait comme il ne s'était soucié de rien d'autre au monde ; et il se demanda mille fois :

"Où est passé Terry ?"

Car le monde n'allait pas bien sans elle ; la lumière du soleil était mince ; la saison des bourgeons éclatants n'était qu'une pâle et terne imitation du printemps. Et tandis que les longues journées chaudes s'écoulaient et que la verdure disparaissait sur les collines, les plaines et les flancs poussiéreux des montagnes, il se demandait : « Quand nous reviendra-t-elle ?

Longtemps après que tout le monde eut entendu et oublié l'histoire, ou du moins eu renoncé à y réfléchir, Steve apprit comment Terry s'était opposé au dernier héritage inconsidérable que lui avait laissé il y a longtemps sa mère espagnole et était parti à San Francisco. Juan.

Elle y avait des amis ; la femme du banquier, Mme Engle, et sa fille aux cheveux pelucheux, Florrie, lui avaient ouvert les bras et l'avaient obligée à rester avec elles jusqu'à ce que la famille fasse son voyage annuel vers l'Est. Puis Terry était parti avec eux.

Et jamais un mot à Steve Packard. Il se maudit, essaya de la maudire, et se rendit compte qu'il n'y arrivait pas vraiment, et s'installa dans un bon et dur travail et oublia à quoi ressemblaient une paire d'yeux gris et à quel point certaines lèvres rouges sourit et les notes tintantes d'une voix riante.

Dans le bon et dur travail d'élevage, il réussit plus que bien ; dans l'autre tâche qu'il s'était fixée, il échoua complètement. Jamais, lorsqu'il était seul sur le stand, une ombre tombait sur lui, il ne manquait de lever rapidement les yeux, ses lèvres se formant à moitié sur le mot "Terry!" Et après tout ce temps, toujours aucune nouvelle d'elle, aucune nouvelle d'elle.

Il avait payé huit mille dollars à Temple. Il avait promptement remis les deux mille restants de l'héritage de son père à son grand-père pour qu'il puisse les utiliser sur ses propres dettes. Il avait consulté Bill Royce et Barbee et avait réduit son équipage, réduisant ainsi les dépenses.

Il avait vendu quelques têtes de bovins de boucherie et avait mis l'argent en réserve pour les salaires et les dépenses courantes des hommes. De la même manière, il avait réussi à payer les intérêts du vieux Packard et avait même remboursé un peu plus du principal. Puis, captant le marché « au va-et-vient », il avait acheté beaucoup de jeunes bovins dans un ranch voisin surpeuplé et avait réalisé une deuxième vente rentable un mois plus tard.

Enfin, pour indiquer qu'il était toujours dans le jeu et qu'il jouait pour gagner, ne négligeant donc aucun pari, il avait encaissé assez heureusement sur une partie de son bois.

Les moulins Rollston commençaient à peine à s'ouvrir de l'autre côté des montagnes ; il a montré à l'acheteur de l'entreprise une partie de son gros bois et a conclu la transaction à leur satisfaction commune. Et à chaque transaction de ce genre, le vieil homme Packard sentait son emprise se détacher du Ranch Numéro Dix.

Dès le début, Steve avait été perplexe de savoir quoi faire de la tenue Temple. Terry avait payé les hommes et les avait laissés partir ; le stock sur la place qu'elle avait laissé, et sans un mot, aux bons soins de Steve. Comme l'endroit était bien approvisionné, principalement en jeunes bovins, il y en avait suffisamment pour exiger l'attention qu'un homme aussi occupé que Steve Packard ne pouvait pas accorder.

Il en discuta avec Bill Royce et envoya finalement Bill et Barbee à Temple Place, s'y rendant lui-même une ou deux fois par semaine pour voir comment les choses se passaient.

Et ainsi les mois s'éternisèrent. À deux reprises, se jurant qu'il le faisait uniquement parce que la direction de l'entreprise le rendait absolument nécessaire, Steve écrivit à Terry. Il n'a eu aucune réponse. Il ne savait même pas si elle avait reçu ses notes. Le premier, il l'avait signé, d'ailleurs : « Cordialement, Steve ». La seconde se terminait par "Respectueusement, S. Packard".

"Terry passe un moment inoubliable", l'a surpris Bill Royce en lui annonçant un jour par un ciel dégagé.

"Comment savez-vous?" » demanda brusquement Steve.

"Oh, elle écrit des lettres à ses amis", a déclaré Royce. "Un des garçons a apporté des nouvelles de chez Norton. Terry lui a écrit et a écrit à des gens de Red Creek et a écrit aux Lanes et..."

"Il semble que ce soit un excellent écrivain," remarqua Steve avec raideur. "Et elle passe un moment inoubliable, n'est-ce pas ?"

"Bien sûr," dit innocemment Royce. "Pourquoi pas ? Les garçons parient qu'elle est morte avec un jeune Jasper du Sud-Est et que peut-être qu'elle se mariera en un rien de temps. Qu'en penses-tu, hein, Steve ?"

"Où est-elle?" » demanda Steve, très brusquement.

"Bienheureux si je sais", a admis Royce. "Chicago, je pense. Ou New York. Ou Pennsylvanie. Une de ces villes. Merde. Elle devrait rentrer chez elle, là où elle appartient."

"Oh, je ne sais pas", a déclaré Steve.

Mais aux oreilles de Royce, la voix ne sonnait pas tout à fait vraie. C'était censé être une négligence extrême et… non, cela ne sonnait pas tout à fait vrai.

Un ciel chaud et sans nuages alors que la saison s'éternisait, des champs secs et brûlants sous un soleil de plomb, le bétail cherchant de l'ombre partout où il en avait, se pressant près des points d'eau, broutant tôt et tard et fréquentant les canons plus frais pendant la chaleur de la saison. les jours. Et des nuits d'étoiles et un vaste silence et vide.

Une jeune fille était venue, avait pour un petit rire posé posé devant la fenêtre de l'âme d'un homme, lui avait lancé ses inoubliables yeux gris et était partie. Et ainsi, et justement à cause d'elle, les collines brûlantes semblaient laides, des kilomètres solitaires, les nuits sous la pleine lune n'en étaient que plus silencieuses et vides.

Mais Steve Packard a tenu bon, devenu sombre et déterminé. Il était entré dans le jeu, il avait exigé avec légèreté son tas de jetons, maintenant il resterait pour l'abattage. Soit il libérerait son ranch de son hypothèque et ferait ainsi comprendre à son vieux grand-parent intrusif qu'il était un homme adulte et non un simple garçon à discipliner et à harceler bon gré mal gré, soit son vieux grand-parent intrusif le « briserait » en réalité. .

Dans les deux cas, la fin serait proche. Car, gagner ou perdre, Steve, fatigué du jeu, se retirerait et tournerait le dos au Ranch Numéro Dix et au pays qui l'entoure et retournerait à sa vieille vie de vagabondage sans gouvernail. Tout simplement parce qu'une fille était venue, avait tardé, puis était repartie.

Ainsi, même si le jeu avait perdu depuis longtemps son attrait, Steve Packard, comme tout autre pur-sang, a joué pour finir. De temps en temps, mais rarement, il voyait Blenham. Souvent, de manière modeste, ennuyeuse et mesquine, Blenham se faisait sentir. Au début de la saison, les cavaliers de Steve avaient trouvé trois de ses bœufs morts à la périphérie du champ de tir ; une balle de fusil avait fait pour chacun d'eux.

Depuis que le vieux Packard avait promis de ne reculer devant rien, puisque Blenham était plein de venin, Steve n'a jamais douté un seul instant de quelle main avait tiré les trois coups de feu. Mais il se contenta de rassembler ses cow-boys, de leur raconter ce qui s'était passé, de leur ordonner de garder les yeux ouverts et leurs fusils huilés, et il espérait et désirait ardemment le moment où lui-même pourrait tomber sur Blenham occupé à un acte pareil.

Il y avait d'autres épisodes qu'il attribuait à Blenham, même s'il devait admettre dans chaque cas qu'il manquait quelque chose qui se rapproche le plus vaguement d'une preuve. Juste avant de conclure l'accord avec l'entreprise forestière qui avait repris sa parcelle forestière, un incendie de forêt s'était déclaré. La chance et un changement de vent fortuit l'avaient sauvé d'une lourde perte.

Des incidents, ceux-ci et d'autres du genre, pour remplir Steve Packard de rage ; mais les coups suprêmes de Blenham – ceux de Blenham et du vieux Packard – étaient réservés à la fin de la saison sèche, lorsqu'ils tombaient le plus durement.

Une pénurie croissante de fourrage et la nécessité de disposer de liquidités pour pouvoir payer la somme substantielle à venir sur l'hypothèque détenue par son grand-père, combinées au fait que ses maigres acres étaient surpeuplées, ont poussé Steve à la recherche d'un marché à la fin de l'été. Bill Royce secoua la tête et souleva ses objections.

"Tout le monde fait la même chose et en même temps", dit-il lugubrement. "Ce qui signifie que le marché sera saturé et que tu n'auras plus aucune sorte de figue. Si seulement tu pouvais tenir jusqu'au printemps prochain."

Mais Steve a simplement dit...

"Oh, eh bien, Bill, c'est tout dans une vie", et a façonné ses plans de vente.

Et dix jours plus tard, une offre lui parvint qui le surprit. Il s'agissait des gros acheteurs, Doan, Rockwell et Haight, qui, selon leur communication, connaissaient parfaitement sa gamme de produits et étaient prêts à payer les prix les plus élevés pour tout ce qu'il possédait. Il fit une estimation rapide et envoya un homme se précipiter en ville avec un message pour qu'il s'y rende par télégramme ; il rassemblait entre cent cinquante et deux cents têtes et les avait à San Juan quand il le souhaitait.

"Le vieux Doan est à la fois un sportif et un garçon sage", annonça Steve triomphalement lorsqu'il annonça la nouvelle à Bill Royce. "Il connaît des choses de grande qualité et il est prêt à en payer le prix." Il plissa les yeux d'un air spéculatif. "Nous effrayerons près de deux cents têtes, William. Et ils nous rapporteront à peine vingt mille dollars. Peut-être un millier environ au-dessus. Et, Bill, avez-vous déjà connu le moment où vingt mille dollars paraissaient plus comme vingt mille pleines lunes apparaissant à l'horizon ? »

Le sourire de Bill reflétait la vive satisfaction de Steve. Maintenant, il y aurait de l'argent pour le prochain paiement du vieux Hell-Fire Packard, il y aurait un long répit pour lui, il y aurait suffisamment de nourriture pour le reste du bétail. Steve pourrait même dépenser une partie de l'argent pour acheter un troupeau de veaux qu'il vient de se procurer à bas prix auprès de la laiterie Biddle Morris, près de San Juan.

La perspective était extrêmement brillante ; comme si en réalité une série de pleines lunes les éclairait. Et il y avait toujours l'ombre, même à ce moment, l'ombre projetée par l'absence et le silence de Terry. Si seulement elle était là pour se réjouir avec eux.

Steve renifla son dégoût, monta à cheval et partit à travers les champs, chevauchant fort comme c'était l'habitude ici ces derniers temps, criant un ordre à Barbee tout en avançant. Les yeux bleus innocents de Barbee le suivirent pensivement : puis Barbee haussa les épaules et cracha et appela ensuite ses hommes à « se mettre au travail ». La rafle a commencé immédiatement.

Puis vinrent quelques journées longues, chaudes et fébrilement chargées. Les bœufs égarés portant la marque Numéro Dix étaient ramenés vers les grandes prairies clôturées depuis les pentes des montagnes, comptés et détenus, dans un troupeau toujours plus grand. Il y avait peu de repos pour les hommes qui, passant d'un cheval en sueur à l'autre, montaient tard et tôt.

Doan a annoncé la date de la livraison à San Juan. Steve a exprimé sa satisfaction quant à l'arrangement, s'engageant à placer le bétail dans les enclos juste à la sortie de la ville deux ou trois jours avant l'arrivée de Doan. Et personne mieux que Steve Packard ne connaissait l'ampleur réelle du travail qu'il avait à accomplir à cette période de l'année et avec un troupeau de près de deux cents bœufs sauvages.

La route a commencé un matin dans l'obscurité, bien avant l'aube. Steve estimait qu'il pourrait préparer le Rio Frio le premier soir et s'était arrangé au préalable avec les garçons Talbot pour le pâturage de la nuit. Le deuxième jour, on les retrouverait à la lisière des mauvaises terres ; ses chariots transportant du foin en bottes devaient avancer et attendre aux seuls points d'eau suffisants se trouvant à plusieurs kilomètres. San Juan dans quatre jours était le programme.

"Nous perdrons du poids tout au long du chemin", a-t-il concédé. "Mais on n'y peut rien. Et quelques jours de repos et beaucoup de nourriture et d'eau à San Juan avant l'arrivée de Doan permettront de récupérer une partie du poids perdu."

Il avait prévu un disque dur. Néanmoins, la réalité était plus grave qu'il ne l'avait prévu. Tout au long du trajet, la nourriture était rare. L'eau était faible dans les trous et Rio Frio, pour la première fois depuis des années, n'était qu'une simple série de bassins peu profonds. La chaleur torride était telle que les hommes, les chevaux et les bœufs souffraient terriblement.

À la fin du deuxième jour, il ordonna qu'une douzaine de ses bêtes les moins robustes soient retirées du troupeau et transférées dans un pâturage voisin ; on peut se demander s'ils auraient pu prolonger les deux jours restants et même s'ils l'avaient fait, ils n'auraient pas rapporté le prix le plus élevé à l'acheteur.

Le trajet a été effectué à l'heure prévue. Les circonstances non seulement l'ont permis, mais ont insisté. Il n'y avait pas d'endroits pour flâner, il n'y avait que les principaux points d'eau sur lesquels Steve avait compté, les distances entre eux régulant la progression de chaque journée. Le stock était donc à San Juan deux jours avant l'arrivée de Doan.

Pour Steve, les deux jours ont été très longs. Il campait avec son troupeau à la lisière de la colonie, laissant les garçons se divertir comme bon leur semblait la plupart du temps, lui-même n'ayant que peu d'affection pour le mauvais whisky et les jeux tordus de La Casa Blanca.

Mardi matin, Doan devait arriver. Steve rencontra la scène et un seul coup d'œil lui montra que Doan n'y était pas. Il a demandé au chauffeur s'il savait quelque chose sur Doan et l'homme a secoué la tête. Steve supposait qu'il revenait du chemin de fer en voiture et il a donc flâné dans la ville toute la matinée, en attendant.

À midi, alors que Doan ne parvenait toujours pas à se présenter, Steve était devenu impatient. Au milieu de l'après-midi, son impatience fit place à la colère. Il avait respecté son rendez-vous en emmenant ses troupeaux sur un sentier difficile, et Doan, n'ayant rien d'autre à faire que voyager luxueusement, avait échoué.

Mais ce n'est que lorsque l'étape est arrivée mercredi matin et encore une fois sans Doan ni aucune nouvelle de Doan que Steve a téléphoné un message au bureau Western Union le plus proche à Bidwell exigeant de savoir quel était le problème. Non seulement il avait de lourdes dépenses ; son humeur n'avait jamais été de nature à accepter ce long jeu d'attente. Et pourtant, il fut obligé d'attendre toute la journée et toute la journée suivante sans aucune nouvelle de Doan.

Il a télégraphié de nouveau mercredi soir, une troisième fois jeudi matin. Aucune réponse n'est venue. Mais un peu avant midi, jeudi, Doan est arrivé. Il est venu en automobile du chemin de fer, un homme avec lui. Steve les a vus alors qu'ils se dirigeaient vers la ville ; il remarqua le visage mince de Doan et sa grande silhouette dans le plumeau en lin gris ; puis il a marqué l'homme avec lui. L'homme s'appelait Blenham.

Steve, nerveux à cause de ces longues heures d'inaction et d'incertitude, se dirigea immédiatement vers Doan, déterminé à lui demander une explication. Il en eut une idée venant d'un endroit inattendu, les lèvres de Blenham.

"Nous apprécions certainement cela, M. Doan", a déclaré Blenham en se baissant et en tendant la main à l'acheteur de bétail. "Compte sur moi et sur le vieux Packard pour te rendre service à tout moment. A bientôt."

Et jetant à Steve un regard mêlé de triomphe et de venin, il se précipita vers l'écurie et son cheval.

"M. Doan," dit Steve sans détour, "qu'est-ce que vous voulez dire en me traitant de cette façon ?"

Doan tourna son visage maigre et impassible aux yeux de faucon vers le jeune Packard.

"Qui es-tu ?" » demanda-t-il froidement.

"Je m'appelle Steve Packard du Ranch Numéro Dix. Et j'ai un troupeau de bœufs ici qui vous attend depuis un moment maintenant."

"Oh, oui", dit Doan, toujours très cool. « Vous avez reçu mon télégramme, n'est-ce pas, disant que j'étais inévitablement détenu ?

"Je n'ai pas!" claqua Steve. « Détenu par quoi ? Blenham ?

"Étrange", murmura Doan.

Il est descendu de sa voiture et a étiré ses longues jambes.

"J'ai eu un nouveau secrétaire, M. Packard. J'ai découvert qu'il buvait. Il a été libéré. Hem. Laissez-moi voir : vous avez une cinquantaine de bœufs, n'est-ce pas ?"

"J'en ai cent quatre-vingt-six," dit brusquement Steve, fixant le visage impénétrable de Doan et se demandant ce qui se passait.

« Cent quatre-vingt-six ! » Doan secoua la tête. "Je ne pouvais pas en prendre autant pour l'instant ; j'ai fait d'autres projets. À moins, bien sûr, que vous soyez en mesure de me tenter d'acheter en me faisant une silhouette très attrayante !"

Steve s'approcha d'un pas soudain, les yeux flamboyants, les deux poings serrés.

"C'est quoi ton jeu ?" il a ordonné. "Finissons-en. Que faites-vous ? Vous m'avez télégraphié une offre de dix à douze cents, douze et demi pour la fantaisie."

"Quoi!" s'écria Doan. "Eh bien, mon cher, vous avez dû perdre la raison ! Avec le marché tel qu'il est maintenant, je n'ai pas à payer plus de sept et huit cents."

Steve n'attendait plus. Ses jours d'attente étaient révolus. Il recula, balança son épaule et frappa de toutes ses forces. Son poing contre le menton de Doan projeta le corps maigre de l'acheteur de bétail de l'autre côté de la rue.

"Barbee," dit doucement Steve, "rassemblez les garçons. Nous recommençons notre troupeau dans dix minutes."

Et Barbee, constatant le visage blanc de Steve, partit en toute hâte faire sa course.

CHAPITRE XXIII

STEVE SE PROMENADE À LA PLACE DU TEMPLE

"Cher moi, M. Man ! Comme vous avez l'air sauvage !"

Steve sursauta et se retourna. Non; cette fois, il ne rêvait pas. C'était Terry.

Terry rit légèrement, délicieusement. Elle était devenue plus jolie. Elle avait appris une nouvelle façon de sourire. Non, c'était juste l'ancienne méthode, après tout. Mais elle avait découvert une nouvelle façon de se coiffer, une manière incroyablement charmante. Ses lèvres étaient plus rouges que jamais ; ses yeux étaient plus gais, plus gris, plus doux et plus doux. Sa voix tintait d'une musique nouvelle et passionnante. Elle était tout simplement parfaite aux yeux de Steve Packard.

"Tu es super", dit Steve. "Tu es superlatif. Tu n'as rien fait pendant ces longs et fatigants mois, à part devenir plus diablement attirant."

"Es-tu aussi sauvage que tu en as l'air ?" » demanda-t-elle rapidement.

Pendant un bref instant, il détourna les yeux d'elle et suivit un troupeau qui se déplaçait lentement vers le nord, Barbee et les autres garçons se dirigeant de nouveau vers le domaine vital. Mais, peu importe la rage et le chagrin maussade qui régnaient dans son cœur, ses yeux, revenant sur Terry, montrèrent que déjà sa venue avait opéré son changement. Il paraissait presque content.

"Vas-tu me serrer la main ?" Il a demandé.

"Devrais-je?" elle a demandé. "Nous devons être de bons amis après tout ?"

"Ou vas-tu m'embrasser?"

Terry haussa les sourcils. Mais il y avait un feu vif dans ses yeux et une marée cramoisie sous sa jolie peau.

« Intelligent ! » s'écria le vieux Terry. "Essaye juste de te rafraîchir avec moi et tu te feras gifler !"

Sur quoi le rire de Steve éclata joyeusement.

"C'est Terry qui rentre à la maison !" il en annonçait à la prairie ouverte. "Terry elle-même."

Était-ce Terry elle-même ? Elle parut étrangement embarrassée tout d'un coup. Juste pourquoi? Terry ne le savait pas.

"Nous sortons avec ma voiture", dit-elle précipitamment. Il semblait qu'elle devait s'empresser de faire quelque remarque prudente chaque fois que ses yeux, occupés d' elle, se posaient sur les siens. "Nous serons au ranch bien avant que vous rameniez vos vaches à la maison. Vous pouvez venir me voir, s'il vous plaît."

"Qui est nous?" Il a demandé.

"Oh," dit Terry, "ça veut dire Mme Randall qui va être cuisinière et chaperon."

San Juan somnolait dans la chaleur de la fin de l'après-midi. Les corrals étaient entre eux et la rue tranquille. Il écarta les bras, attrapa Terry dedans et l'embrassa. Et Terry, reculant, lui gifla le visage.

"Tu—tu———" haletait-elle, le visage écarlate.

Il toucha tendrement du bout des doigts l'endroit où sa main l'avait frappé.

"Je viendrai vous rendre visite, ainsi qu'à Mme Randall", dit-il. "Très bientôt."

Maintenant que Steve Packard chevauchait lentement après ses cowboys et un troupeau en diminution, l'air poussiéreux, aussi sec et chaud soit-il, semblait doux et caressant sur ses tempes, ses yeux réfléchissaient joyeusement. Blenham venait de le vaincre, Blenham l'avait trompé, lui avait fait payer de lourds frais pour le long trajet, avait renversé ses bœufs pour lui, s'était moqué de lui.

Très bien; décompte pour Blenham. Une question à examiner en temps voulu. Un coup corporel, peut-être, mais alors à quoi sert, dans le bon monde de Dieu, un corps fort, sinon pour secouer et être secoué ? Lui et Blenham reviendraient aux prises, tôt ou tard, et, d'une manière ou d'une autre, encore cachée par l'avenir, les choses finiraient par s'ajuster.

Autant de considérations dont seul un sombre avenir se préoccupait. Tout à l'heure, dans le présent vivant, respirant et frémissant, il n'y avait de place que pour une seule pensée : Terry était revenu vers lui.

Oui. Terry était revenu vers lui. Et il l'avait embrassée. Et elle l'avait giflé. Il sourit et de nouveau ses doigts se dirigèrent tendrement vers sa joue. Il l'avait embrassée parce qu'il l'aimait, ne lui voulant aucun mal, ne lui offrant aucune insulte. Elle l'avait giflé parce qu'elle était Terry, et parce qu'elle ne pouvait pas vraiment s'en empêcher. Pas parce qu'elle ne l'aimait pas !

Quelque part dans le monde, dans une distance brumeuse, il y avait un homme nommé Blenham, un homme rusé, traître et cruel. Il aurait besoin d'attention tout de suite. Tout à l' heure--

"Tu es revenu vers moi !" murmura Steve Packard.

Et il soupira et se secoua et souhaita avec envie que le trajet de retour soit terminé et qu'il prenne un bain et se rase et qu'il soit juste en train de passer au ranch du Temple.

Bien qu'actuellement il ait remanié ses hommes, Steve a roulé toute la journée assez loin l'un de l'autre, gardant un silence pensif qui, de l'avis de Barbee et des autres, était dû uniquement à l'échec de ses plans pour un bon marché. Ses hommes savaient qu'il avait beaucoup misé sur cet accord ; et que maintenant il serait à nouveau confronté au vieux problème de trouver suffisamment de nourriture pour nourrir ses troupeaux.

Le foin était rare et haut et devait être transporté loin, ce qui rendait son coût final pratiquement prohibitif. Les bergers, grommelant entre eux, étaient pour la plupart d'avis qu'il aurait dû accepter sa défaite face à Blenham et le vendre à Doan moyennant un sacrifice.

Cette nuit-là, ils campèrent à Bitter Springs, ne faisant qu'un bref arrêt pour abreuver, nourrir et reposer le bétail fatigué par la route. Puis, pendant la nuit, et en se déplaçant lentement, ils continuèrent à planifier leur arrivée aux points d'eau suivants avant la chaleur d'un autre jour. Et maintenant, Steve, donnant ses ordres à Barbee, les quitta et partit en avant.

Il n'était guère nécessaire de s'accommoder de son impatience face à la lenteur des progrès des brutes traînant les jambes et il y avait des choses à arranger. De plus, il avait l'intention d'avoir une conversation avec Terry Temple dès que possible.

Ce jour-là, l'automobile de Terry avec son klaxon hurlant l'a dépassé. Il aperçut deux voiles, un marron et un noir ; le toit de la voiture était relevé. Terry semblait ne pas le voir.

"Elle n'a pas perdu une once de son audace !"

Il fronça les sourcils après le départ de sa voiture, priant dans son cœur pour une crevaison ou un moteur en panne. Elle le méritait autant pour la manière dont elle sonnait son cor infernal. Mais sa prière resta sans réponse et son mécontentement disparut aussitôt tandis qu'il poursuivait son chemin dans son sillage, impatient d'arriver au terme de sa chevauchée.

Mais il ne doit jamais oublier complètement le troupeau haletant qui traîne loin derrière lui, s'étouffant et toussant dans sa propre poussière. Il doit s'arranger quelque part, d'une manière ou d'une autre, pour le pâturage. Il fit donc un détour et regarda d'abord Brocky Lane, puis Rod Norton. Les deux vieux amis étaient heureux de le voir et lui tendirent des mains dures et brunes, agréables à sentir.

Mais ils se contentèrent de secouer la tête lorsqu'il parla de sa mission. Lane avait vendu quelques têtes la semaine dernière ; Norton avait peur de devoir procéder lui-même à une vente sacrificielle. Ils feraient tout ce qu'ils pouvaient, mais il était clair qu'ils ne pouvaient pas lui donner ce qu'eux-mêmes n'avaient pas et ne pouvaient pas obtenir.

"Le vieil homme Packard", proposa Norton sans ambages, "est le seul homme auquel je pense qui a un pâturage à louer. Drop Off Valley, juste dans les montagnes derrière chez toi."

Steve rit brièvement et se mit en selle.

"Au revoir, Nort," dit-il sans couleur. "Le vieil homme brûlerait son herbe avant de me la laisser."

Et il continua sa route, deux problèmes en tête, tous deux devenant de plus en plus difficiles à mesure qu'il se rapprochait du ranch. Premier problème : qu'est-ce que Terry allait dire ? Deuxième problème : comment allait-il faire passer son stock ?

Comme s'il n'en avait pas déjà assez entre les mains, Bill Royce l'a accueilli au ranch avec le mot significatif :

"Inquiéter!"

"Je le sais", grogna Packard en descendant avec raideur de sa selle. "De quel genre cette fois, Bill ?"

"De marque Blenham, je pense", dit Bill avec colère. Steve remarqua que les deux joues du vieux main étaient très rouges. "Barbee a téléphoné il y a environ quatre heures. Sept bœufs sont morts, d'autres malades. Et," l'explication venant rapidement, "Barbee a l'impression que Blenham était parti devant et avait empoisonné les points d'eau et..."

"Merde lui!" s'écria Steve, une fureur soudaine semblant bondir sur lui et le prendre à la gorge. "Dois-je tout supporter de cet homme et de mon vieux démon de grand-père ? C'est ceci et cela et toute autre chose qu'ils veulent lâcher et là, je reste là comme un champignon maudit, ne faisant rien faute de preuves ! Preuve ", renifla-t-il avec dégoût. "Bill Royce, arrêtons d'attendre quoi que ce soit mais allons simplement chercher la tenue de recherche d'ennuis !"

"Ce qui me semble bien", rétorqua Royce avec empressement.

Et pourtant, quand sa rage se calma un peu, Steve grinça des dents dans son impuissance. Il doit attendre que Barbee vienne avec ce que Dieu a choisi pour lui laisser ses bouvillons, il doit entendre le récit du contremaître et décider si Blenham était vraiment à l'origine de tout cela ou si c'était juste sa manière et celle de ses hommes de rejeter toutes choses sur Blenham. .

"La première chose, Bill," dit-il après avoir relâché son cheval fatigué dans le pâturage, "est de décider ce que nous allons faire avec le bétail que Blenham n'a pas empoisonné pour nous. Nous sommes nourris assez rapidement. à cette extrémité. Je vais me rendre à Temple Place et voir si nous ne pouvons pas nous arranger avec Miss Terry pour y amener quelques têtes.

"Oui," dit sèchement Royce. "Je me dépêcherais si j'étais toi, Steve. Mais dis!" Il se frappa la jambe et releva la tête. "Que diriez-vous de l'ancienne Indian Valley, Drop Off Valley, comme on l'appelle maintenant ?"

"Devenu fou, Bill ? Quand mon grand-père a-t-il déjà montré une quelconque envie d'aider ?"

Puis Royce, très excité, expliqua. Andy Sprague, venu de l'autre côté de la crête, était passé par là seulement hier après-midi. Si seulement Royce avait su à ce moment-là que Steve ramenait le bétail de San Juan, il se serait arrangé avec Andy. Car l'homme avait dit qu'il venait d'acheter Drop Off Valley au vieux Packard ; qu'il ne voudrait pas de la gamme cette année car il venait tout juste de la vendre de près. Il louerait et raisonnablement.

"Il y a près de deux milliers d'acres là-dedans ; il y a beaucoup d'eau et assez de bonne herbe pour faire pousser deux ou trois cents têtes facilement jusqu'à ce que votre nourriture revienne par ici. Clouez-le, Steve ; pour l'amour de Mike, cloue rapidement Andy Sprague avant que ce petit con tordu découvre à quel point tu as besoin du pâturage et te colle en conséquence. Va le clouer, Steve.

Et Steve, voyant l'espoir comme une lueur éclairante d'un nouveau jour, se précipita vers les corrals et un cheval frais. Il allait droit sur Andy Sprague. Mais--

"Je suppose que je passerai par Temple Place", dit-il négligemment.

CHAPITRE XXIV

DESCENDRE DU CIEL!

Drop Off Valley, son nom dû à sa caractéristique saillante, n'était qu'un plateau long, étroit et très élevé dans les montagnes situées à l'est du Ranch Numéro Dix. Il était bien arrosé par des sources situées à l'extrémité supérieure qui parcouraient toute la longueur du territoire et se déversaient le long des falaises qui coupaient de façon abrupte l'extrémité inférieure, créant ainsi une frontière naturelle et redoutable.

De cette partie de la « vallée », on pouvait frapper une pierre à une distance abrupte et vertigineuse jusqu'aux sources d'Indian Creek, ce qui indiquait le début du passage étroit qui menait à travers les montagnes et aux collines bleues brumeuses du vieux Mexique. .

Ici, dans une nourriture abondante, riche et sèche, erraient plus de deux cents têtes de bétail du Ranch Number Ten et du Temple Ranch, se mêlant librement, les troupeaux d'une entreprise portant leurs marques dans et hors des troupeaux de l'autre. Un signe et un signe qu'enfin un certain délai avait cessé d'exister.

Steve avait trouvé Andy Sprague, un petit homme aussi tordu qu'il en avait l'air selon Bill Royce et d'autres qui devraient le savoir, et s'était arrangé avec lui pour la location de l'alpage. Moins d'une semaine plus tard, Sprague était de retour et disait qu'il avait vu Hell-Fire Packard et que ce vieux lion des montagnes avait terriblement rugi après lui, l'avait menacé de ruine totale si jamais il aidait encore Steve Packard et lui avait demandé de porter un sac. message.

"Dites à ce jeune imbécile intelligent d'un de mes petits-fils", fut le mot que Sprague a donné à Steve, "que maintenant je m'apprête à le peaufiner définitivement. Dites-lui ce que je lui ai fait, en bloquant sa vente. à San Juan, je n'avais pas la moindre idée de ce que je pouvais faire ; dites-lui qu'il perdra plus de bœufs qu'il n'en a jamais perdu auparavant. Dites-lui que s'il ne veut pas s'embrouiller dans cette affaire, il le ferait. Je ferais mieux de venir chez moi et de lui vomir les mains. Je deviens en colère !"

Avant d'entendre ces mots sortir de la bouche tordue d'Andy Sprague, Steve Packard avait été perplexe quant à expliquer deux choses : d'un côté, il y avait peut-être trop peu de bovins, d'une vingtaine, tandis que d'un autre côté, il y en avait trop, d'au moins une demi-douzaine. Et bien que Terry Temple soit directement concerné, il ne lui avait rien dit.

La première suggestion mystifiante selon laquelle une étrange jonglerie avec les animaux était en cours lui vint juste avant de conduire les cent quatre-vingt-six bœufs à San Juan. En rassemblant son propre stock et en le découpant de celui de Temple, il avait eu l'occasion de vérifier soigneusement dans l'intérêt de Terry.

Veaux, vaches, bœufs et chevaux, il savait parfaitement comment Terry les dénombrait. Et lors du tour d'horizon, en examinant attentivement ses chiffres, il avait constaté que portant la marque Temple, il y avait six bœufs de plus que ce qu'il devrait y avoir. Une affaire de cinq ou six cents dollars.

S'il ne s'agissait que de l'aspect financier, Steve n'y aurait pas prêté attention. Mais en parcourant le troupeau animal par animal, il fit une découverte qui le choqua. Il trouva dans le lot six gros bœufs qui portaient des marques Temple récemment brûlées – grossièrement griffonnées sur les marques du ranch Big Bend, l'équipement préféré du vieux Packard dans le nord.

Il était impossible de savoir depuis combien de temps un fer brûlant avait altéré l'indication de propriété ; Steve pouvait simplement regarder et s'interroger et finalement hasarder une supposition. Temple avait été durement conduit ; il avait succombé à la tentation et à l'opportunité tout comme au whisky et à bien d'autres choses. En voyant la vie de biais, il s'était sans doute dit qu'il était en train de régler ses comptes. Donc, en fin de compte, Steve était enclin à y croire.

Que faire au juste, il ne savait pas. Il lui semblait préférable d'attendre son heure, de garder les yeux ouverts, d'espérer une issue à une situation embarrassante. Il aurait volontiers fait la restitution lui-même, pour empêcher Terry de le savoir et pour sauver son nom de la tache que le vieil homme Packard aurait volontiers mise sur lui s'il en avait offert l'occasion. Et c'était là le problème ; il ne se souciait pas de dire à son grand-père ce qui s'était passé.

Tandis qu'il s'efforçait de résoudre cette affaire, l'autre fut portée à son attention. Au moment de la rafle, Barbee a également signalé la disparition d'un bœuf noir et blanc, le prix du troupeau de viande de bœuf, a déclaré Barbee. Peut-être s'est-il égaré dans un cañon éloigné des sentiers battus. Mais au fil des jours, d'autres bovins, totalisant finalement une vingtaine, furent portés disparus. Et Steve se souvint qu'un soir, lui et Terry, à partir d'une bûche, avaient regardé Blenham conduire une file de bœufs.

"Mon grand-père bien-aimé n'aime pas les tribunaux", a répété Steve à plusieurs reprises. "Et il sait que dans ce sens, je suis comme lui. Donc, selon sa façon de penser, c'est juste Packard qui mange Packard et le reste du monde" Ne touchez pas. Et donc il va jusqu'à la limite. Eh bien, je suppose que c'est une aussi bonne voie qu'une autre.

Le jour est venu où Steve a mis son bétail à Drop Off Valley. Les troupeaux, le sien et celui de Terry, furent comptés deux fois, une fois lorsqu'ils franchissaient la porte des corrals de rassemblement, une seconde fois lorsqu'ils étaient dirigés vers les hautes terres. Deux cent trente-quatre têtes.

"Deux cent trente-quatre têtes où je défie Blenham ou le diable lui-même d'en voler une seule", dit Steve positivement.

Car bien qu'il n'y ait pas de clôtures ici, la nature avait élevé suffisamment de barrières sur le chemin du gouffre de chute qui traverse l'extrémité sud du plateau et dans les sommets rocheux, peu attrayants et pratiquement infranchissables du nord et de l'est et d'une partie de l'ouest. frontière.

Cela semblait être la chose la plus simple au monde ici, avec une diligence et une vigilance ordinaires de la part de ses cowboys pour tenir le vœu de Steve. Par conséquent, avec Barbee à la tête des hommes ici et ayant pour instruction de garder toujours ouverts les yeux des cavaliers de nuit de confiance, Steve pensait avoir entendu parler des dernières pertes de bétail.

Les bœufs devaient être comptés chaque jour si Barbee le jugeait nécessaire ; c'est ce que Steve avait dit froidement, simplement pour mettre l'accent sur les mots. Barbee l'avait regardé avec curiosité, sans répliquer et vaquant à ses occupations avec un air perplexe.

Une semaine plus tard, Barbee se présenta à Steve au Ranch numéro dix.

"Cinq bœufs sont partis", dit-il succinctement, les yeux durs et impatients, défiant ceux de son employeur.

"Disparu?" répéta Steve. "Où et quand?"

"Je ne sais pas", répondit Barbee. "Je les ai manqués il y a quatre jours. Je ne croirais pas qu'ils étaient partis pour de bon. Je ne voyais pas comment ils auraient pu disparaître. de chaque canyon et passage ; j'ai été partout où ils pouvaient aller. Mais... ils sont partis. Cinq gros bœufs. "

Pendant un instant, leurs yeux, ceux de Steve aussi durs que ceux de Barbee, restèrent stables et se déplièrent dans un regard profondément inquisiteur.

"Barbee," dit Steve après un moment, "tu te souviens de la nuit où Blenham a essayé de te soudoyer avec un billet de mille dollars ?"

Barbee rougit et hocha la tête.

"Je te comprends," dit-il doucement. "Tu crois qu'il m'a racheté, peut-être ?"

"Je ne sais pas quoi penser. Mais c'est clair : si vous êtes au niveau, c'est à vous de veiller à ce que je ne perde plus de stock. Et c'est aussi à vous de trouver où sont ces cinq bœufs. est parti. Et récupérez-les. Chacun d'entre eux. "

Cette nuit-là, Steve lui-même a passé à Drop Off Valley, un fusil sur le bras. Il avait ordonné à ses hommes de porter des fusils et, si Blenham ou un autre homme était surpris en train de chasser son bétail, de tirer et de tirer pour tuer.

Mais le lendemain, il est retourné au ranch. Il faisait confiance à ses cowboys – tous sauf Barbee, et dans le cas de Barbee, il ne savait pas trop quoi penser – et il était tout à fait clair pour lui qu'il y avait suffisamment d'hommes là-bas pour faire face à la situation sans son interférence. Deux jours plus tard, Barbee lui fit de nouveau rapport.

Le visage du garçon était hagard et tiré, ses yeux brûlaient d'un air maussade.

"Six têtes de plus disparues !" » annonça-t-il d'un ton de défi. Son regard disait clairement : « Qu'est-ce que tu vas en dire ? Ils sont partis.

"Alors tu es devenu voleur de bétail, n'est-ce pas, Barbee ?" C'est ce que Steve a dit.

Une rougeur maladive colorait les joues creuses de Barbee.

"Non!" » claqua-t-il avec chaleur. "Je ne le suis pas. Mais———"

Il pivota sur ses talons et se dirigea vers la porte. Steve l'a rappelé.

"Qu'est-ce que tu vas faire, Barbee ?"

"Je vais chercher Blenham", dit Barbee entre ses dents. "Je le voulais depuis longtemps. Maintenant, c'est son travail et il donne l'impression que c'est le mien. Je vais le chercher."

"Si c'est Blenham," proposa froidement Steve, "et si vous jouez honnêtement avec moi, comment se fait-il qu'il puisse s'en tirer avec une chose pareille ? Juste sous votre nez - et vous ne savez pas ? On dirait... Vous je sais à quoi ça ressemble, Barbee.

"Je ne sais pas comment il fait", grogna Barbee. "Je ne sais pas comment un homme peut échapper à une telle chaîne de vaches dans ces montagnes sans laisser aucune trace. Eh bien, il n'y a pas une demi-douzaine d'endroits où elles pourraient être chassées dans la vallée. et à travers les falaises, et j'ai regardé chacun d'eux se placer toute la nuit et j'ai gardé les autres garçons à cheval jusqu'à ce qu'ils soient fatigués de leur selle. Et... et six têtes de plus disparues... "

"Soit vous êtes un petit acteur intelligent, M. Barbee," marmonna brusquement Steve, "soit vous êtes hétéro, et je suis pendu si je sais lequel. Laissez Blenham tranquille pendant un moment; retournez à votre travail."

Barbee, traînant tristement ses éperons, sortit. Steve vit à quel point les épaules du garçon s'affaissaient et se demanda à nouveau si Barbee jouait un rôle ou si Blenham était tout simplement trop vif pour lui ? En fin de compte, il a décidé qu'il valait mieux déplacer son quartier général à Drop Off Valley.

Le même jour, un cow-boy du ranch de Big Bend est arrivé, apportant un bref message du grand-père de Steve. Il courut:

CHER STEPHEN : Mieux vaut ne pas aller trop loin, mon garçon. Œil pour œil est un évangile de première classe. Et il n'y a encore aucun jeu sur lequel j'ai été bluffé. Je suppose que tu comprends.

PACKARD.

Steve ne comprit pas tout à fait mais le messager ne put rien ajouter, sauf que le vieil homme riait avec Blenham lorsqu'il lui donna le message. Steve, peu disposé à entendre parler de la bonne humeur de son grand-père, déchira la lettre en morceaux, la distribua dans le vent de l'après-midi et dit au maigre cow-boy qu'il pouvait dire à grand-père Packard et Blenham d'aller directement aux flammes éternelles. Le cow-boy a ri et est parti.

Steve, chevauchant lentement à travers les ombres qui s'allongeaient tombant à travers les pins des pentes de la montagne avant d'arriver à Drop Off Valley, fut rattrapé par Terry Temple chevauchant furieusement. Le cheval de Terry était en sueur ; Le visage de Terry était troublé ; il y avait un air presque de terreur dans ses yeux.

"Steve Packard", cria-t-elle en s'approchant de lui et ils se regardèrent dans les yeux dans le crépuscule sous les grands arbres. "Dites-moi tout ce que vous savez sur ces bœufs volés ! Tout."

Alors elle le savait aussi ? Pourtant, il avait conseillé à Barbee de ne pas parler et de demander aux autres garçons de se taire jusqu'à ce qu'ils puissent comprendre que cette main se jouait dans le noir.

"Qui te l'a dit?" » demanda-t-il rapidement.

"Je les ai vu !" lui dit-elle, son esprit brillant comme un feu dans ses yeux. "Tous les six. Je savais que ce n'était pas notre bétail. J'ai vu comment les marques avaient été travaillées, maladroitement travaillées. Oh, mon Dieu, Steve Packard, qu'est-ce que ça veut dire ?"

Maintenant, cela lui est apparu en un éclair. Terry ne parlait pas du bétail perdu dans les hautes vallées ; elle faisait référence à cette demi-douzaine de gros bœufs qui erraient dans le ranch Temple dont les marques avaient été grossièrement modifiées, passant de l'enseigne de Big Bend à celle de son père. Lentement, le sang rouge de la honte, de la honte pour elle, monta sur ses joues, sombres sous son bronzage.

"Terry," commença-t-il boiteusement.

Mais elle l'arrêta avec ce mot, son oreille captant la subtile note de sympathie, sa main levée, son humeur s'enflammant pour que lui, plus que tous les hommes, devrait avoir honte de son sang.

"Mon père n'a jamais été un voleur !" » cria-t-elle chaudement, sa voix étant claire et certaine. "Pas ça, Steve Packard. N'ose pas dire ça ! Et pourtant... Tu les as vus, tu le savais, et tu ne m'as dit un mot, à personne ?"

"Je ne savais pas quoi dire ni quoi faire", expliqua-t-il doucement. "J'ai pensé qu'il valait mieux attendre, espérer comprendre le sens de tout ce fouillis infernal. J'espérais…"

"Espèce de grand imbécile !" elle l'a appelé avec toute l'insistance voulue. "Tout comme tout le reste de ton sexe maladroit. Si le bon Dieu avait arrêté de créer Adam, toute sa création n'aurait pas valu un claquement de pouce et de doigt."

"De toute façon, ce n'est pas le cas", a déclaré Steve. "Je n'échangerais pas ton petit doigt contre une couronne d'or de roi——"

"Moonshine," coupa Terry. "Écoutez-moi, Steve Packard : vous avez vu ces marques échangées et vous avez gardé la bouche fermée."

"Il est généralement considéré——"

"J'ai dit de m'écouter ! Tu ne m'as pas dit un mot parce que tu pensais que mon père était un voleur de bétail !"

Steve, malgré lui, bougea avec inquiétude sur sa selle et baissa finalement les yeux. Terry était assise là, le regardant fixement, ses propres yeux grands ouverts et arborant à nouveau ce regard qui était presque de la peur.

"Vous—vous—Oh, Steve Packard ! C'est méprisable de votre part !"

Puis il leva les yeux et la regarda avec suffisance.

"Terry Temple," dit-il très doucement, "je prie Dieu pour que tu aies raison et que j'aie tort. Je ne savais pas, j'ai seulement vu ce que j'ai vu, je me suis posé des questions et j'ai gardé ma bouche fermée. Mais... écoute-moi maintenant. , Terry Temple. Vous n'êtes pas celui qui évite un problème, même s'il est difficile d'y faire face. Dites-moi : si votre père n'a pas changé ces marques, alors qui l'a fait ? Et pourquoi ? Ne voyez-vous pas que c'est à quoi cela revient-il, c'est à cela que nous devons répondre ? »

"Blenham!" » lui dit-elle rapidement, attendant avec impatience qu'il ait fini. « Blenham, sous ordres. Ordres de votre précieux vieux voleur de grand-père !

Il lui rendit son sourire, espérant attirer un sourire de réponse sur ses lèvres et dans ses yeux troublés. Mais elle se contenta de secouer la tête et continua son chemin.

"Une sorte de récrimination——"

"Récrimination est un sacré mot, peu importe ce qu'il signifie", renifla Terry. "Mais nous pouvons le laisser de côté. En termes d'une syllabe, votre vieux voleur de grand-père a ordonné à son chien de compagnie et à son sous-voleur d'aller attacher quelque chose au pauvre vieux papa. Et vous êtes tombé dans le panneau ! Vous devriez aller dans une école pour les simples d'esprit."

"Au juste," demanda Steve d'un ton calme, "pensez-vous qu'une pièce comme celle-là gagnerait quelqu'un ? Chaque fois que mon vieux voleur de grand-père, comme vous l'appelez, remet à un ennemi ses plusieurs centaines de dollars en bovins de boucherie, eh bien, s'il te plaît, réveille-moi.

"Une pièce comme celle-là est exactement ce que le vieux Hell-Fire préparait en ce moment", lui dit-elle positivement. " Vous avez prouvé quelque chose de trop pour qu'il puisse l'avaler en entier ; votre participation à nos côtés la fois où vous avez pris l'hypothèque l'a rendu plus affamé que jamais pour engloutir la foule. Alors il joue le sale tour de faire il semble que mon père soit un voleur de bétail.

"Blenham pourrait faire un tour pareil. Mon grand-père ne le ferait pas. Autrement dit, je ne pense pas qu'il le ferait."

"Une meilleure couverture ! N'est-ce pas, cependant ! Il a toujours été aussi méchant qu'un bouillon de gar ; plus il vieillit, plus il est méchant et méchant. Il ferait n'importe quoi pour doubler un Temple et vous le savez. C'est un jeu tordu ; il y en aura d'autres comme ça. Voyez-vous, Steve Packard. Et le prochain – du moins si cela me concerne – vous voyez que vous m'en faites part au lieu de vous promener comme un idiot.

Puis il a laissé échapper la nouvelle des récentes pertes de Drop Off Valley. Car ses troupeaux y étaient mêlés aux siens et une partie des pertes devait être supportée par elle.

"J'y vais maintenant", a-t-il conclu. "J'ai une idée——"

"Ce n'est pas le cas !" elle l'interrompit. "Steve Packard, je ne crois pas que tu aies jamais eu une idée dans ta vie. Tu ne sais pas, tu ne sais pas ce qui se passe avec ces bœufs là-haut ?"

"Est-ce que tu ?"

"Vous pariez votre vie que oui ! C'est ce escroc de Yellow Barbee, de mèche avec ce escroc de Blenham qui prend les ordres de ce escroc de vieux Hell-Fire Packard ! Vous ne voyez pas leur jeu ?"

"Je pense plutôt que je peux. Mais il se trouve que je ne suis pas aussi positif que toi face à l'inconnu."

"Tu es juste un homme", dit Terry. "C'est pourquoi. Et maintenant tu es en route vers les aires d'alimentation là-haut, pour entrer et dire : 'Me voici, Barbee, viens te surveiller et veiller à ce que tu ne voles plus de bétail pour que je puisse le faire." -nuit.' C'est ça l'idée ?"

Steve a ri.

"Pas exactement. J'avais prévu de laisser mon cheval avant d'arriver au bord de la vallée et de continuer à pied, sans dire à tout le monde ce que je faisais."

"Et vous arriveriez au bord de la vallée soit par le col de Hell Gate, soit par l'ancien Indian Trail, n'est-ce pas ? Et Barbee ou Blenham verraient que les deux sens étaient surveillés."

"Vous semblez plutôt bien connaître les sentiers", commença-t-il, mais elle se contenta d'intervenir :

" Ce n'est pas non plus tout ce que je sais de ce coin de pays, Steve Packard. Peut-être que c'est une chance pour vous et pour moi aussi que vous m'ayez dit tout cela. Je vous emmènerai à Drop Off Valley ce soir, et Blenham et Yellow Barbee peut regarder tout ce qu'il veut et ne jamais deviner que nous sommes là. Car il y a un chemin que même Blenham ne connaît pas et où ils ne nous chercheront jamais. Allez, Steve Packard, utilise un éperon.

Elle passa à côté de lui, ouvrant la voie.

Alors Steve et Terry traversèrent les forêts, passant de la morne frange du jour à la calme gloire de la nuit, sentant l'air devenir plus frais et plus doux contre leurs visages, sentant l'enfermement autour d'eux de la douce sérénité de la nature sauvage. . Ils suivirent des sentiers peu fréquentés où elle chevauchait en tête et lui, suivant de près les talons de son cheval, était heureux chaque fois qu'un espace ouvert au-delà ou une crête lui montrait sa forme se dessinant clairement sur le ciel.

Ils parlaient de moins en moins à mesure qu'ils avançaient. Les silences dans lesquels ils se dirigeaient s'approfondissaient, avec seulement le jaillissement d'un ruisseau de montagne ou le battement d'un oiseau effrayé ou le bruissement de feuilles mortes sous quelque petite chose sauvage et alerte, juste ces sons de temps en temps et toujours le doux bruit sourd des chaussures. sabots sur la moisissure des feuilles et la terre meuble.

Les étoiles se multiplièrent rapidement et devinrent plus brillantes. Mais ici, près de la surface de la terre, là où se trouvaient les ombres, l'obscurité était impénétrable.

Pendant plusieurs kilomètres, Terry a ouvert la voie à travers les forêts. Steve était sur le point de suggérer qu'elle s'était égarée, lorsqu'elle tourna à droite et descendit une longue pente d'une manière si décidée qu'il ferma les lèvres à ses soupçons.

Elle savait où elle allait ; alors qu'il revoyait son corps sur un coin de ciel - elle avait descendu la pente et gravi une crête plus loin - et comme il remarquait sa portance et l'équilibre d'un menton pour l'instant clairement souligné, il savait qu'elle était sûre de se. Eh bien, c'était ce genre de fille ; elle pourrait avoir confiance en elle et un homme pourrait accorder sa confiance à la sienne.

Finalement, Terry l'a fait descendre dans le lit d'un ruisseau et au fond d'un canon aux parois abruptes. Il a simplement dit : « Je vous crois sur parole ! quand elle lui dit qu'il s'agissait du ravin profond qui s'étendait comme une entaille au pied des falaises abruptes de Drop Off.

Là-bas, peut-être un mile plus loin et pourtant s'affirmant de manière proéminente à leur vue en raison d'un certain élargissement et redressement du canon ici, une tête de falaise audacieuse se détachait comme un monstre sculpté dans l'ébène. Là-haut, au sommet de ces falaises, se trouvait l'extrémité sud de Drop Off Valley.

"Et c'est vers ces falaises que nous allons," annonça Terry quand, s'étant rapprochés, ils s'arrêtèrent à nouveau pour regarder vers le haut. "Il y a un sentier qui monte tout droit depuis le lit du col; un sentier à parcourir main et pied. Une fois en haut, nous serons parmi les troupeaux de Barbee, Barbee ne devinant rien de notre arrivée puisqu'il sera occupé à surveiller le d'autres voies d'entrée. Et… Regardez !

Ils étaient proches l'un de l'autre et elle lui attrapa le bras dans sa soudaine surprise tandis qu'elle levait une main en le pointant. Il l'entendit petit halètement ; il regarda vers le haut ; une éjaculation étonnée sortit de ses propres lèvres. Un instant d'haleine et déjà la chose, surgissant du néant noir, se découpant un instant seulement sur le ciel, disparut et il vit vaguement le visage de Terry tourné vers lui tandis qu'ils cherchaient à se regarder dans les yeux et à savoir si chacun avait vu ce que l'autre avait vu. avait entrevu.

"C'est impossible!" il murmura. "Nous imaginons des choses."

"Attendez!" dit Terry. "Peut-être qu'après tout———"

Ils attendaient avec impatience, le sang brûlant. Et en quelques instants, il y eut, semblant absurde et impossible, une répétition de la vision qui les avait si surpris : une forme noire au sommet des falaises, le champ de ciel parsemé d'étoiles à l'arrière la dessinant avec une netteté éclatante. — la masse ébène d'un bœuf se déplaçant tout droit du sommet du précipice, s'élançant tout droit d'une demi-douzaine de pieds dans le néant de l'espace vide, puis descendant lentement dans les airs, disparu silencieusement dans les ombres plus profondes du canon en contrebas !

"Bloquer et tacler!" » marmonna brusquement Steve. "Un petit câble d'acier. Deux ou trois hommes là-haut; un homme à cheval en bas. Et pendant que Barbee et les garçons gardent l'autre extrémité…"

"Blenham nous en met un ici!" Terry l'a terminé pour lui.

"Seulement c'est ici que nous avons mis un coup sur Blenham," répondit chaleureusement Steve. Il jeta une cartouche dans le canon de son fusil et se précipita devant elle. "Tu restes ici, Terry. Je———"

"Vraiment?" Terry rétorqua avec animation. "Pas sur ta vie, Steve Packard ! Si c'est le début de la fin de Blenham... Eh bien, j'y participe."

CHAPITRE XXV

LA DÉFUSION

Terry avait senti quelque chose de la vérité. D'une certaine manière, c'était ici le début de la fin de beaucoup de choses. Avant qu'elle et Steve Packard, faisant toute la hâte possible dans l'obscurité épaisse et avec le silence qui leur était permis, n'aient fait une vingtaine de pas plus profondément dans le canon, le craquement d'un fusil cria son message résonnant de menace dans les deux sens. ravin rocheux, un jet de flammes montra l'endroit où le fusilier se tenait sur un pinacle de rocher presque juste au-dessus de leurs têtes et d'autres bruits de voix effrayées d'hommes et de sabots de chevaux fuyant vers le sud à travers le col se firent entendre.

"Ils avaient des guetteurs depuis le début !" » cria Steve par-dessus son épaule, abandonnant la prudence et le secret et jetant son fusil sur son épaule. « Tu ferais mieux de te retenir, Terry ! »

Il tira, accepta les chances précaires que lui offrait une piste inégale et inconnue dans l'obscurité et s'enfonça de plus en plus profondément dans le long gouffre. Il lui sembla avoir aperçu quelque chose qui bougeait au sommet des falaises, à peu près à l'endroit d'où les hommes de Blenham avaient descendu les bœufs. Il n'a posé aucune question mais a levé le canon de son arme et a tiré à nouveau.

Devant lui revenaient à ses oreilles le bruit et le bruit des fers à cheval sur le granit, le cliquetis des rochers le long du sentier ; de temps en temps, il voyait une étincelle jaillir sous ses pieds. Puis, loin devant, alors que le canon s'élargissait soudainement et que l'obscurité s'éclaircissait un peu, il distingua des formes sombres et courant, et il tira de nouveau depuis son propre cheval bondissant.

Une balle volante peut trouver une cible ou non ; en tout cas, le bruit des coups de feu retentissait et résonnait en écho entre les gémissements de pierre qui les emprisonnaient, et Barbee ou l'un de ses hommes devrait l'entendre. Steve estimait avec espoir, tandis qu'il se précipitait à la poursuite des fugitifs et que Terry se précipitait à sa poursuite, que les hommes au sommet des falaises n'essaieraient pas de descendre maintenant, ne sachant pas qui étaient ni combien d'assaillants, mais chercheraient à s'échapper. au-dessus de.

Ensuite, si ses cowboys l'entendaient et se dirigeaient vers les falaises, il était tout à fait prévu qu'ils pourraient intercepter au moins quelques outils de Blenham.

Une forme courant presque à ses côtés attira brièvement son attention, et entraîna presque une avance brûlante et en quête après elle. Puis il fit comprendre qu'il ne s'agissait que d'un des bœufs volés, abandonné à présent ; il passa devant lui, tirant à maintes reprises dans le canon devant lui. Et derrière lui, il entendit la voix de Terry, impatiente et intrépide, criant :

"Bon garçon, Steve Packard ! Nous les aurons bientôt !"

Une explosion de flammes venant de loin et près du mur du canon, le craquement d'un autre fusil, sorti depuis longtemps, et le gémissement d'une balle chantant son chemin vicieux au-dessus, et Steve tira à nouveau, répondant coup par coup. Il a entendu un homme crier et a tiré dans la direction de la voix. Et puis les seuls bruits qui montaient de la gorge étroite étaient ceux des chevaux qui couraient et les bruits qui les accompagnaient de cliquetis de pierres.

Maintenant, le chemin était à nouveau tortueux, noir comme du sang, parsemé de rochers. Steve ralentit plutôt que de casser les jambes de son cheval ou de se briser le cou, ne sachant pas s'il devait tourner à droite ou à gauche. Dans un moment d'incertitude, il sentit et entendit Terry pousser devant lui. Il l'entendit courir et le suivit en lui criant de revenir. Dix minutes plus tard, maintenant hors du col et sur une crête basse d'où il pouvait regarder à travers les collines qui s'éloignaient sombrement vers le sud, il la retrouva.

"Ils sont partis par là." Elle montra le sud. "J'ai vu une silhouette et peut-être deux descendre la pente. Cela ne sert à rien de suivre. Le chemin est trop ouvert et il fait trop sombre. Après tout, ils se sont enfuis."

"Pour ce soir", dit Steve. "Mais peut-être que les gars au sommet des falaises———"

"Je vais vous montrer le chemin", dit Terry.

Alors, sans tarder, ils firent demi-tour et se retrouvèrent à nouveau sous Drop Off Cliffs. Ici, ils laissèrent leurs chevaux et, Terry leur montrant le chemin, trouvèrent l'ancien chemin qui remontait le précipice. Ils longèrent de nombreux replats rocheux étroits, franchirent de nombreux éclats de granit gigantesques où l'accès était assez précaire, gravirent de nombreuses montées raides. Mais dans leur état d'esprit actuel, ils auraient accompli une tâche encore plus difficile et plus risquée avec empressement et assurance. Vingt minutes les ont amenés au sommet.

"Qui c'est?" » cria une voix soudaine alors que le chapeau de Steve surgissait du vide. "Les mains en l'air!"

"C'est toi, Barbee ?" grogna Steve. "Levez les mains ? Je tomberais d'une centaine de mètres si je faisais un tour aussi stupide. Se sont-ils enfuis ? Les hommes ici ?"

Il se tortilla jusqu'au sommet, s'allongea sur le ventre et tendit la main à Terry, l'attira à s'allonger un instant à ses côtés, essoufflé, puis se tourna de nouveau vers Barbee. Il y avait un autre homme avec lui et tous deux regardaient Steve et Terry avec étonnement.

"Je n'ai jamais entendu un homme dire", marmonna Barbee stupéfait, "qu'il y avait des marches à monter ici ! Pour qu'un homme et une fille montent..."

"Et que nos vaches descendent !" s'écria Steve, debout maintenant et venant aux côtés de Barbee. "Tu as tout entendu, Barbee ? Tu sais ce qui s'est passé ?"

"Oui", a déclaré Barbee. « À une centaine de mètres de là... » il montra le bord de la falaise, « là où un cèdre tordu se dresse dans un petit affleurement, pas difficile à remarquer à moins que vous ne soyez à l'affût, ils avaient leurs poulies attelées un peu plus loin. " Un long câble en acier. C'était facile de tirer, à bien y penser. Il suffit d'attacher une vache, de la serrer fermement avec deux grosses sangles qu'ils avaient tous prêtes, de glisser un crochet dans la bande ventrale et de l'abaisser. ! Plutôt doux, hein ?

"Et ils se sont tous enfuis ?"

"Non, ils ne l'ont pas fait", dit Barbee d'un ton bizarre. "J'en ai un!"

"Tu l'as fait?" Steve se retourna vers lui avec impatience. "Qui est-il, Barbee ? Et où est-il ? Je veux lui parler."

Barbee secoua la tête et attrapa son tabac et ses papiers. Après tout, il était jeune, c'était Barbee, et c'était son premier homme.

"Andy Sprague, ça l'était", a déclaré Barbee. "Il est mort maintenant."

Il y eut un silence pesant et haletant sur les trois hommes qui se tenaient là sous les étoiles. Terry frissonna comme de froid et se rapprocha de Steve ; il sentit sa main sur son bras. Barbee alluma sa cigarette, les mains fermes, mais son visage paraissait terriblement sérieux dans la lumière éphémère qui l'éclairait.

"Je t'ai entendu tirer", a déclaré Barbee. "J'ai roulé par ici, lors du saut. Je n'étais qu'à environ un mile en amont de la vallée; peut-être un peu moins. Il avait son cheval tout près et il était sur lui et il martelait le cuir avec vivacité pour sortir. Nous sommes assez près de Je lui ai crié de tenir le coup et il est monté sur ses éperons et j'ai tiré. J'ai vidé mon arme. Je l'ai eu deux fois, étant aussi chanceux, et lui aussi malchanceux. Il a glissé de son " Il est mort maintenant, " termina brièvement Barbee.

« Vous a-t-il dit quelque chose ? A-t-il dit quelque chose qui pourrait impliquer quelqu'un ?

"Je veux dire," dit Barbee d'un ton ferme, "est-ce qu'il a crié sur ses copains ?"

"Juste ça. A-t-il mentionné des noms ?"

"Non," répondit pensivement Barbee. "Il m'insulte et meurt. Mais ceci était dans sa poche."

Il l'a transmis à son employeur. C'était un bout de papier à notes. Steve et Terry le lisaient ensemble alors que Steve frappait une allumette après l'autre. Puis ils se regardèrent en face, très tendus, tandis que Barbee fumait en silence. Les quelques mots étaient :

BLENHAM : Ceci, Mex ne semble pas comprendre ce que je veux dire. La prochaine fois, envoie un homme qui parle anglais. Quoi qu'il en soit, je viens ce soir. Je ne veux pas qu'on me tue si ce n'est pas nécessaire, mais il ne restera plus une peau ou un sabot à Drop Off d'ici demain matin.

Et la signature, à l'étroit et raide, était celle du grand-père de Steve.

"Alors," marmonna lourdement Steve. "Le vieil homme a dépassé les limites, n'est-ce pas ? Il le pensait vraiment quand il a dit qu'il ne reculerait devant rien pour m'écraser. Et pourtant, je n'arrive pas à croire..."

"Laisse-moi le revoir," ordonna Terry.

Elle lui prit le papier des doigts et avec lui son bloc d'allumettes en soufre. Car même Terry, envers qui le vieux Packard était aussi implacable et sans scrupules que Satan lui-même, hésitait à croire qu'il était main dans la main avec Blenham dans cette affaire.

Il existe peut-être un moyen de lire entre les lignes, de parvenir à une autre compréhension de cette situation déconcertante. De toute évidence, le vieil homme avait donné le message au « Mex » qui ne connaissait pas suffisamment la langue anglaise pour faire circuler le bouche à oreille ; le Mex l'avait transmis à Sprague.

Steve, Barbee et l'homme avec Barbee – un vieux employé du Ranch Numéro Dix nommé Bandy Oliver – s'étaient écartés tranquillement. Terry se tenait avec le mot à la main, l'oubliant pour le moment. Ainsi, à la fin, les choses en étaient arrivées à ceci : là-bas gisait un homme mort, avec le plomb de Barbee en lui.

Et le vieil homme Packard venait ce soir, plus que jamais, alors que le cœur de Steve était dur, que son cerveau était brûlant de fureur, qu'il venait de tomber sur des hommes qui lui volaient ses stocks et qu'il avait appris que son propre grand-père, le vieux montagnard, -lion du nord, était l'un d'entre eux.

" S'ils se rencontrent ce soir, " dit Terry, " ces deux Packard, il y aura d'autres hommes tués. Des hommes bons et des hommes méchants. Et, très probablement, Blenham n'en fera pas partie. "

"Il y avait un autre Jasper avec Sprague. Il s'est enfui. De cette façon, je pense. Je ne pourrais pas le dire, mais il aurait pu y en avoir plus; avec l'obscurité et le bétail effrayé et qui tournait partout."

Steve, Barbee et Bandy Oliver s'étaient éloignés lentement vers l'extrémité supérieure du plateau. Des paroles détachées, des fragments de leur discours, lui revenaient de plus en plus indistinctement, dans le vent nocturne qui ne dort jamais sur ces hautes terres.

Terry se détourna d'eux et resta debout un moment à regarder le vide noir du canon dans lequel le bétail volé avait été descendu, d'où elle et Steve venaient de grimper. Elle avait l'impression que l'obscurité s'amenuisait là-bas. L'aube se levait presque imperceptiblement sur les sommets des montagnes, s'infiltrant faiblement dans les profondeurs des canons. La nuit était passée à toute vitesse ; il ferait bientôt jour.

Et le vieux Packard n'était pas venu. Merci à Dieu pour cela. Au fond de son cœur, Terry était conscient d'une joie bondissante. Elle savait, et l'admettait maintenant, qu'elle avait eu peur. Un homme gisait mort là-bas ; si Packard rencontrait Packard ce soir, il y aurait d'autres hommes morts. Terry frissonna et recula du bord du précipice.

"Il fait toujours plus froid juste avant le jour", se dit-elle.

"Déjà le lever du soleil ?"

La voix de Steve, portée à ses oreilles avec une netteté surprenante. Il ne s'était pas approché; peut-être que le vent de l'aube se raidissait, lui transmettant ainsi plus clairement ses paroles. Ou il se pourrait que Steve ait soudainement élevé la voix.

Pourquoi un homme devrait-il être surpris par un nouveau lever de soleil ? C'est vrai, la nuit était passée vite, mais...

"Le soleil ne s'est jamais levé là-bas !" La voix de Steve à nouveau, la faisant vibrer avec son présage. "C'est du feu, du tir à distance, dans une douzaine d'endroits !"

Une lueur brillante s'étendait à l'extrémité supérieure de Drop Off Valley. Au début, on aurait pu faire comme Steve Packard et se demander ce qui était arrivé au soleil. Le ciel s'était simplement éclairci chaleureusement, lentement, progressivement, montrant une touche de rose. Et puis, alors que l'herbe desséchée çà et là s'était accrochée, de vives traînées de flammes et une véritable danse diabolique d'une myriade d'étincelles jaillirent haut vers le ciel. Et, comme Steve l'avait crié, non pas à un seul endroit, mais à une douzaine d'endroits, les feux avaient été allumés.

"Pour annoncer l'arrivée courroucée de Hell-Fire Packard !"

Telle était la pensée qui jaillissait pleinement dans le cerveau de Terry, dans celui de Steve, dans celui de Yellow Barbee. Une chaîne d'incendies s'était déclarée sur toute la largeur des aires d'alimentation. Maintenant, le vent montant en faisait une soudaine barrière brûlante qui s'étendait d'un côté à l'autre de Drop Off Valley, se précipitant vers l'extrémité inférieure, menaçant de ne laisser qu'une dévastation noire et carbonisée du précieux pâturage.

Barbee avait couru et s'était jeté sur son cheval. Steve avait saisi les rênes traînantes de la monture d'Andy Sprague. Terry le vit, lui et ses deux cowboys, se balancer vers l'extrémité supérieure.

« Terry ! » » cria-t-il par-dessus son épaule. " Redescendez les falaises, vite ! Le feu arrive par ici ; les troupeaux vont se déchaîner ! "

Il n'y eut que le bruit de sabots sourds tandis que les trois hommes chevauchèrent furieusement pour affronter la menace que l'aube avait apportée et chercher à la combattre. Puis ce son avait disparu et sa place, un peu prise par un lourd silence, a peu à peu cédé la place à de nouveaux sons. Le craquement des fusils, à peine entendu – de fines voix d'hommes criant au loin – un bruit semblable à celui d'une mer lointaine, se déplaçant avec agitation – devenait de plus en plus suggéré l'arrivée d'une tempête toujours plus violente – et puis un bruit profond et de plus en plus profond. grondement, comme le tonnerre.

Le troupeau s'était enfui.

Terry éprouva alors, pour la première fois de sa vie, un sentiment d'impuissance et de désespoir total. Au moins, les autres faisaient quelque chose, même si cela pouvait s'avérer infructueux, alors qu'elle ne faisait rien. Steve chevauchait à fond pour rencontrer le troupeau. Elle le vit, lui et ses hommes, silhouettes étranges dans la lumière incertaine, se profilant en grand sur le ciel de l'aube et la lueur des incendies. Ils criaient en agitant les bras. Puis, en descendant sur une houle de terre, ils furent perdus pour elle.

Sans cesse, des bruits de coups de feu et des voix d'hommes criaient, juraient, hurlaient des ordres sauvages, une clameur montante destinée à détourner la course aveugle des bêtes effrayées, à les tourner à droite et à gauche pour qu'elles puissent sortir du champ. vallée avant d'arriver à l'extrémité inférieure où se tenait Terry – où se trouvait le gouffre béant dans lequel de nombreux corps grands et remplis de terreur étaient condamnés à plonger vers l'anéantissement à moins que l'on trouve le moyen d'écarter à temps le flot de peur.

Barbee, Bandy Oliver et les autres garçons obéissaient aux ordres de Steve, faisant tout ce qu'ils pouvaient, cherchant frénétiquement à diviser le troupeau, à le détourner et ainsi à le sauver. Mais à mesure que le vent se renforçait, les incendies montaient de plus en plus haut dans le ciel, les étincelles montaient à des altitudes plus rares, étaient projetées plus loin, de nouveaux incendies prenaient partout.

Les herbes hautes et sèches brûlaient en une centaine d'endroits. Le troupeau, en courant, reniflait sa terreur, cédant absolument à l'instinct aveugle de la fuite. Et régulièrement, le murmure tonitruant provenant de la terre frappée par les sabots montait et gonflait. Ils se rapprochaient de plus en plus. Terry pouvait distinguer la voix de Steve.

Dans sa main se trouvaient les allumettes qu'il lui avait données pour qu'elle puisse relire la lettre de son grand-père. Un petit halètement s'échappa de ses lèvres. La lettre flottait hors de sa main, n'avait plus la moindre importance et, portée par le vent, s'en allait vers l'extérieur puis descendait dans le gouffre. Elle courut rapidement, à cent mètres du bord du précipice. Elle frappa une allumette, s'arrêta brièvement et la posa sur l'herbe.

La flamme prit, bondissant avidement, léchant avidement plus de carburant, un démon du désir, nouveau-né, aspirant à faire rage un géant de la destruction. La jeune fille attrapa une poignée d'herbe brûlante et courut avec ; un peu plus en avant, puis sur le côté, dispersant des volutes brûlantes au fur et à mesure.

Partout où tombait une étincelle, elle se transformait en brasier. Déjà, en vingt secondes, elle avait créé une large ceinture de flammes qui s'élevait rapidement et se propageait à droite et à gauche.

Partout autour d'elle, l'air devenait étouffant, chaud, rempli de fumée, de cendres et de cendres, de sorte que tandis qu'elle courait, ses poumons commençaient à lui faire mal. Mais elle a continué. Les troupeaux se rapprochaient ; Steve et ses hommes n'avaient pas réussi à endiguer le torrent fou ; on n'avait pas encore réussi à le retourner.

Et dans quelques minutes encore, la masse noire et serrée de grands corps haletants se précipiterait dans l'espace. À moins qu'elle ne fasse s'étendre son feu d'un côté à l'autre en un mur de menace bondissante, rugissante et tourbillonnante qui ferait ce qu'aucun homme ni aucun cheval ne pouvait accomplir.

Terry courait comme jamais Terry n'avait couru auparavant, son souffle se faisait en sanglots étouffants, ses yeux brillaient sauvagement, son corps secoué par l'effort qu'elle y mettait. Elle avait placé sa barrière brûlante à l'extrémité la plus dangereuse de la vallée, là où les falaises tombaient le plus à pic, il ne lui restait plus que quelques mètres à parcourir et il y aurait de l'espoir qu'elle réussisse. Mais il ne faut pas qu'elle s'arrête encore, pas encore.

Elle courut vers le bord le plus proche de la vallée, dispersant des touffes d'herbe brûlante au fur et à mesure, son cœur battant à tout rompre, semblant prêt à éclater à travers son côté. Elle tomba, se releva, courut. Elle resta immobile un moment, tournant le dos aux incendies de son propre immeuble, regardant vers l'extrémité supérieure d'où provenait le rugissement constant.

Pendant un instant, elle resta fascinée. On aurait dit que le sol lui-même, dans de nombreuses vagues basses, se précipitait à sa rencontre. Puis elle vit les centaines de cornes scintiller sourdement sous la nouvelle lumière. Cette masse noire qui déferlait en avant était le troupeau et elle était toujours sur son passage.

Elle a crié et a jeté sa dernière torche et a couru juste au moment où les bœufs effrayés couraient, la peur dans son cœur, fuyant la mort, courant juste pour sauver sa vie. Elle aperçut une forme devant les autres, se détachant d'eux et fondant sur elle. Elle cria de terreur ; alors elle comprit et cria de nouveau, leva les bras et se tourna vers le cavalier qui s'était souvenu d'elle, qui craignait pour elle et qui était venu la chercher. Et Steve, se penchant sur sa selle, à la hauteur des besoins du moment, la souleva et la saisit fermement dans ses bras et s'écarta du chemin du troupeau et du feu.

Depuis une petite butte au sommet escarpé, se tenant main dans la main, leurs formes se fondant en silhouette dans l'aube, ils regardaient, haletants, la fin de la bousculade. Les brutes affolées se précipitèrent droit vers la barrière de flammes de Terry. Alors ceux qui se trouvaient dans la camionnette cherchèrent brusquement à modifier leur fuite en avant.

Le visage de Steve était blanc de colère lorsqu'il vit le résultat. Une demi-douzaine, peut-être dix, de gros corps à l'avant traversèrent l'extrémité de la ligne enflammée, poursuivirent leur route, cherchèrent à faire un écart seulement au dernier moment frénétique, leurs camarades les poussant au bord, et, luttant sauvagement, est allé de haut en bas et hors de vue. Terry frémit.

Le troupeau, cependant, se divisa, se balança à droite et à gauche et contourna le signal de danger en feu et se dirigea vers les bords extérieurs de la vallée, se mettant en sécurité quelque part dans la nuit, se dispersant, secouant leurs fronts luisants, reniflant et commençant à beuglent leur rage.

« Sans toi, Terry Temple… » commença Steve, la voix un peu rauque.

"Sans toi, Steve Packard," rit Terry un peu incertain mais plutôt joyeusement, "où aurais-je été ?"

Et puis, comme si leur destin voulait leur faire comprendre que le moment n'était pas encore venu pour eux de se consacrer exclusivement à eux-mêmes, Barbee descendit vers eux, éperonnant les derniers du troupeau en fuite, en criant :

"Il y a une douzaine d'hommes qui roulent dans cette direction et qui roulent comme... ! Et la lumière du feu brille sur leurs fusils ; chaque homme en transporte un. Et c'est le vieux Hell-Fire Packard qui roule à leur tête."

"Je suis content qu'il soit venu," marmonna lourdement Steve.

Et puis, comme s'il n'était pas sûr de son retour vers elle, il embrassa les lèvres de Terry qui étaient levées vers les siennes. Dans une stupeur sourde, tant elle avait vécu ces dernières minutes, elle le regarda se balancer à nouveau sur le dos d'un cheval et chevaucher à la rencontre de ceux qui venaient. La façon même dont il portait son fusil devant lui témoignait avec une rare éloquence de sa disponibilité à tout.

CHAPITRE XXVI

BARBEE JAUNE TIENT UNE PROMESSE

Terry sursauta, sortit de son apathie avec un effort soudain et cria :

"Steve ! Steve ! Reviens !"

Il n'avait fait qu'une demi-douzaine de pas. Il se retourna et revint vers elle. Il ne faisait pas encore assez jour pour qu'elle puisse voir ses yeux ; ils semblaient juste des mares insondables et sombres à l'ombre du bord de son chapeau. Alors qu'il tournait un peu la tête, écoutant les sons lointains des voix masculines qui s'avançaient, le profil rigide était dur et implacable.

"Terry," dit-il sévèrement, "tu ne dois pas me demander de revenir. Je suis juste debout de mes propres droits cette fois, comme un homme doit le faire de temps en temps. Le vieux Packard est là-bas. Il arrive. Il veut des ennuis. Il ne veut pas des tribunaux. Il a toujours préféré jouer le jeu d'homme à homme. Il m'a coûté un certain nombre de bétail, quand je peux calculer combien je vais en chercher et en récupérer auprès de lui... si nous restons tous les deux en vie, ce qui est douteux. Et maintenant, s'il veut se battre… »

Il jeta de nouveau un coup d'œil par-dessus son épaule. Pourtant, elle ne parvenait pas à lire ce qu'il y avait dans ses yeux. Mais une nouvelle note, presque enthousiaste, pensa Terry avec consternation, d'un air enfantin et impatient, avait éclaté dans sa voix :

"S'il veut se battre, par Dieu, Terry Temple, je suis autant Packard que lui !"

Elle le regarda rouler à nouveau et partir. Cette fois, elle ne l'appela pas. Sa petite silhouette se raidit, ses mains étaient baissées le long de ses côtés et serrées, son menton était un peu relevé. Toute l'attitude était celle d'un soldat.

"Ils sont deux personnes du même genre", dit Terry en elle-même. "Ce sont des hommes. Ce sont des Packard. Je suis fier et... et effrayé... et... Oh, mon Dieu ! Mon Dieu ! Ramenez-le-moi !"

Elle pouvait entendre Steve donner ses brefs ordres d'une manière nette. D'autres silhouettes surgissaient autour de lui, surgissant de la nuit et des ombres. Il y avait le jeune Yellow Barbee et Bandy Oliver ; il y avait le cow-boy numéro dix qu'elle ne connaissait que sous le nom de « Spotty » ; en un instant, ces hommes et deux ou trois autres furent avec Steve. Six ou sept ; peut-être huit d'entre eux en tout. Et Barbee avait dit qu'il y avait environ une douzaine d'hommes avec le vieux Packard.

"C'est mon combat, les garçons", disait Steve. « Le mien et celui de mon grand-père. Je veux que vous restiez à l'écart, à moins que les garçons du vieux Packard ne s'en mêlent. S'ils le font... »

"Nous sommes avec vous", a déclaré Yellow Barbee. "Hein, les garçons ?"

Et ils répondirent un peu nerveusement et précipitamment :

"Oui."

"Alors", a conclu Steve, "gardez les yeux ouverts. Restez en retrait, maintenant."

Elle le vit se pencher en avant sur la selle, remarqua comment le cheval sautait sous lui, observa avec inquiétude la manière dont il portait son fusil. Puis soudain, le bon sang chaud revint dans les joues de Terry, dans ses yeux l'éclat et la brillance, dans son cœur quelque chose qui s'apparentait à la pure joie du combat. Si elle avait eu un cheval, elle ne serait pas restée en retrait faute de fusil, mais elle l'aurait poursuivi, avec lui. Et voilà qu'elle s'écria d'une voix forte :

"Dieu t'accompagne, Steve Packard ! Je suis fier de toi !"

Elle pourrait ne pas monter avec lui ; au moins, elle ne s'accroupirait pas, ne reculerait pas et ne cacherait pas ses yeux. Elle le regardait pendant qu'il chevauchait, le regardait pendant qu'il se battait, le regardait jusqu'au bout même s'il glissait de la selle.

Elle se dirigea donc en toute hâte vers un point d'observation, parcourant la brève distance qui s'étendait entre la légère colline sur laquelle elle se tenait et le bord oriental de la vallée où les pics escarpés s'élevaient brusquement. Elle gravit le premier morceau de pente, le cœur battant à tout rompre, s'attendant à chaque seconde à entendre le claquement et le crépitement des tirs de fusil. Elle se tourna et regarda en arrière ; le fond de la vallée était trop inégal pour qu'elle puisse avoir une vue panoramique.

Elle recommença à grimper. De gros rochers se dressaient sur son chemin ; d'une manière ou d'une autre, elle s'est mise sur eux et sur eux. Des dalles de granit brisées jonchaient le chemin ; elle en faisait des marches pour monter de plus en plus haut. Toujours aucun bruit de coup de feu et enfin, sur un étroit plateau rocheux offrant un point d'appui suffisant, elle s'arrêta.

Ici, le dos serré contre un rocher, ses mains agrippant les irrégularités de chaque côté d'elle pour la stabiliser, elle envoya son regard inquisiteur vers Drop Off Valley.

Elle comprenait maintenant pourquoi il n'y avait pas encore eu de coups de feu. Le jour, qui avançait lentement, offrait encore plus de tristesse que d'éclat, mais elle distinguait clairement deux personnages. L'un était celui de Steve. Il avait avancé devant ses hommes, peut-être une centaine de pieds plus loin, et se trouvait sur un terrain un peu plus élevé.

L'autre forme, imposante dans la lumière ténue, était incontestablement celle du vieil homme Packard. Comme Steve, il avait devancé ses hommes. Elle pouvait à peine distinguer une masse sourde là-bas derrière lui qui aurait pu être un groupe de rochers si l'agitation impatiente n'avait pas montré où ses cavaliers attendaient.

C'était très calme sur les hautes terres dans la pénombre de l'aube. Dans une vigilance haletante, quelques hommes derrière Steve regardaient ; Quelques hommes derrière le vieux Packard regardaient ; une fille sur un pic de granit regardait. Vers l'extrémité inférieure de la vallée, là où le sol du plateau tombait précipitamment dans le canon aux parois abruptes, le feu que Terry avait allumé brûlait toujours avec acharnement. Mais le vent emportait sa fureur loin d'eux, de sorte que ce n'était qu'un mauvais murmure.

Ici et là, ailleurs dans la vallée, les incendies brûlaient encore. Il y avait de vastes étendues que les flammes avaient déjà balayées, de sorte qu'elles étaient désormais noires d'encre, brûlées, fumant un peu. Sur un tel espace ouvert, encore chaud sous les sabots de leurs chevaux, les deux Packard, grand-père et petit-fils, se retrouvèrent face à face. Et c'étaient des visages sévères et inquiétants qui se faisaient face.

Enfin, ils avaient tiré les rênes, tous deux ressemblant grotesquement à des mécanismes d'horlogerie, actionnés par la même impulsion au même moment. Il n'y avait qu'une dizaine de pieds entre les têtes agitées de leurs chevaux. Ils étaient presque en face du belvédère de Terry et à peu de distance. Dans le calme qui régnait dans la vallée, leurs voix lui parvenaient. Pas chaque mot, mais un mot de temps en temps, élevé au-dessus de ses semblables, et toujours le sens. Car il n'y avait aucun doute sur la qualité des deux voix.

La rage du vieux Packard a été accueillie par la colère du jeune Packard. Chaleur, colère et dénonciation explosive, il fallait les rechercher maintenant. Jamais Packard n'avait eu recours à la temporisation ; Cela a toujours été la manière de Packard de se lancer et de frapper. Le vieil homme était toujours peu bavard ; car le jeune homme était maintenant peu éloquent.

« Vous êtes un foutu canaille, monsieur ! »

"Vous retirerez vos hommes. Vous paierez pour les dégâts causés par Blenham."

« Par Dieu, monsieur !

Il n'y a pas eu grand-chose de plus à dire. Ce tonitruant « Par Dieu, monsieur ! des lèvres du vieil homme portées à Terry où elle se tenait fermement appuyée contre son rocher. Et puis, de manière inattendue et venant d'un endroit inattendu, arriva le premier coup de fusil.

Le premier plan et le deuxième, rapprochés. Les balles passaient entre le grand-père et le petit-fils, soulevant de petites bouffées de poussière au-delà d'eux. Ni l'un ni l'autre n'ont regardé d'où venaient les coups de feu. La pensée était dans chaque esprit :

"Est-ce un Packard avec lequel j'ai affaire ? En faisant tirer un de ses assassins à gages à l'aveugle ?"

Le fusil du vieillard fut lancé devant lui ; Steve s'est levé avec. Là-bas, les hommes du vieux Packard se redressèrent sur leurs selles et se préparèrent à un travail pénible. Yellow Barbee donna un signal inutile à ses hommes ; son propre fusil, dans ses mains impatientes, était prêt, la détente cédant à son index calleux.

Et puis, de la flèche de silex d'un pic s'élevant entre eux et un soleil qui tournait lentement dans le ciel clair, crièrent après cris qui résonnèrent et se gonflèrent à travers les terres ouvertes alors que Terry Temple, voyant quelque chose de la vérité, criait d'un ton terrifié. désespoir et avertissement.

Une voix de fille criant : le vieil homme Packard se tourna brusquement et le regarda avec émerveillement. La voix de Terry – Steve se retourna, sa colère s'éteignit soudainement en alarme, ses yeux la cherchant partout.

Ce fut Barbee qui la vit le premier. Barbee cria, avec une note étrange dans la voix, et plaqua ses éperons sur les flancs de son cheval et partit en courant vers elle à travers les terres vallonnées. Puis Steve a vu le vieil homme Packard et les autres. J'ai vu mais au début je n'ai pas compris : le soleil était juste derrière elle, clignotant dans leurs yeux. Il y avait quelqu'un avec elle qui se débattait avec elle.

"Blenham!" cria Steve.

Et il courait follement après Barbee, désireux de tirer pour tuer et pourtant n'osant pas tirer du tout. Blenham et Terry se débattaient sur le flanc de fer de la montagne, Terry le frappant et le frappant frénétiquement, Blenham avec ses bras autour d'elle, la traînant vers une large fissure dans les rochers, le soleil brillait au-dessus d'eux.

Pour Terry, il semblait que l'univers s'était effondré autour de ses oreilles. Tout à l'heure, tendue, rigide et essoufflée, elle regardait deux hommes se faire face d'un air menaçant. Puis il y eut eu le craquement inattendu et invisible du fusil ; la poussière s'éleva entre eux ; le deuxième coup. Et le canon fumant du fusil n'était qu'à un mètre de l'endroit où Terry se tenait, le visage convulsé de Blenham appuyé contre la crosse, le seul mauvais œil de Blenham tapissant le viseur.

Presque instantanément, elle devina quelque chose de vrai. Blenham, dans cette optique, n'était pas sûr de frapper ; il serait idiot de tirer et de rater. À moins que... et c'est à ce moment-là qu'elle a crié son avertissement, puis avant qu'il n'ait même tendu la main vers elle.

À moins que Blenham, avec toute sa ruse au premier plan, sache que ce coup de feu tiré entre les deux les enverrait se jeter à la gorge, mettant fin à tous les pourparlers et provoquant une tragédie impensable. Blenham avait ses propres raisons pour ce qu'il faisait ; cela cadrerait certainement avec les plans de Blenham de voir la main d'un Packard s'opposer à un Packard.

Mais elle n'avait pas pensé à ce qu'il la saisisse. Maintenant, ses grandes mains calleuses, sales et velues se posèrent sur elle, agrippant ses épaules, la tirant de sa place dans la crevasse d'où son visage avait émergé. Elle s'est battue, cherchant à mettre le revolver dans son chemisier.

Blenham devait savoir qu'elle le gardait là. Il l'a saisi et l'a jeté derrière lui et l'a maudite en l'entraînant avec lui. Alors que Barbee arrivait et que Steve arrivait juste derrière lui, les silhouettes de Blenham et Terry avaient toutes deux disparu comme si le flanc de la montagne s'était fendu pour eux et s'était refermé derrière eux.

"Ils sont dans un trou", cria Barbee. "Ces montagnes sont pleines de grottes. Ils ne peuvent pas s'éloigner bien loin."

Alors qu'ils gravissaient la pente raide, Barbee était toujours en tête. Il monta sur le plateau rocheux sur lequel Terry se tenait. Il entra dans la crevasse par laquelle Blenham avait traîné Terry.

"Il y a une fissure dans les rochers ici", a déclaré Barbee. "Il est allé par ici."

"Faites attention à lui !" prévint Steve, maintenant sur le rebord près du garçon. « Laissez-moi continuer ! »

Barbé rit.

« Il y a longtemps, je lui ai dit que je l'aurais !

Mais Blenham attendait dans un petit creux bordé de rochers. Il a tiré depuis la hanche, à l'aide d'un lourd revolver. Barbee resta un moment à regarder bêtement le ciel alors qu'il s'appuyait lentement contre le rocher. Puis il fit une embardée et tomba, se tordant, tournant de telle sorte qu'il gisait à moitié dans la fissure, son fusil heurtant le rebord à l'extérieur, son corps tombant de telle sorte que sa tête et ses épaules se retrouvaient en travers du fusil.

Steve enjamba le corps tremblant de Barbee, alerte, tous les nerfs tendus, le doigt replié sur la gâchette de son fusil. Mais encore une fois, Blenham s'était retiré. Dans le petit creux grossièrement circulaire d'où Blenham avait tiré à bout portant sur Yellow Barbee se trouvait le chapeau de Terry, foulé aux pieds. C'était encore une fois comme si la montagne avait englouti l'homme et la jeune fille qu'il avait emmenés avec lui.

Mais un instant plus tard, Steve vit et comprit. À moins de dix pas de là se trouvait l'entrée d'une grotte. Blenham s'y était retiré. Il y avait Blenham maintenant ; Blenham et Terry avec lui. Et le chemin, du moins pour le moment, était solidement bloqué. De toute évidence, il s'agissait d'un lieu de rencontre connu auparavant, précédemment employé. Elle avait une porte faite de lourdes dalles de cèdre. La porte était fermée et, bien sûr, barrée de l'intérieur.

« Terry ! » a appelé Steve.

Terry chercha à répondre ; Il entendit sa voix avec une terreur inarticulée, à peine plus qu'un halètement, étranglé dans sa gorge. Steve est devenu complètement blanc. Il visualisa les mains de Blenham sur elle.

Il s'est présenté à la porte, son fusil matraqué. Il n'y avait qu'une seule chose à faire ; défoncez la porte et venez à Blenham par le seul chemin le plus court, le plus rapide.

C'est alors que Blenham l'appela pour la première fois.

"Imbécile, n'est-ce pas, Steve Packard ? Regarde cette porte. Tu ne sais pas qu'avant de pouvoir la démolir, je peux t'abattre ! Et je peux faire plus que ça !"

Comme s'il l'avait cruellement retiré, le cri de Terry revint. Steve bondit en avant et frappa les lourdes planches de cèdre. Et Blenham cria de nouveau :

"Peut-être que vous pourrez entrer par effraction ; vous êtes assez nombreux. Mais vous la retrouverez morte quand la porte tombera !"

Steve avait de nouveau levé son fusil. Il la laissa maintenant s'enfoncer lentement pour que la crosse repose doucement sur le rocher à ses pieds. Blenham tenait la haute main ; Blenham était incroyablement vil ; Blenham était désespéré. Et Terry, son petit Terry que Blenham avait toujours regardé avec l'œil d'une brute et d'une bête, était là, juste au-delà de trois pouces de planches de cèdre solides et séchées.

« Si vous lui faites le moindre mal… » C'était la voix de Steve même si au début ni Blenham ni même Terry n'auraient pu la reconnaître. "Si tu lui fais le moindre mal, Blenham, je te tuerai. Pas d'un seul coup, juste par centimètres !"

Blenham lui répondit froidement.

"Je sais quand j'ai perdu un pli, Steve Packard. Ce n'est pas le premier et ce ne sera pas le dernier. Je les ai joués haut et j'ai toujours su que je prenais des risques. . Mais je joue en toute sécurité ! Comprenez-moi ? En toute sécurité ! »

« Vas-y, que veux-tu dire ?

"Le vieux Packard est là-bas. Les cris de cette fille ont gâché mon jeu. Il a maintenant appris une chose ou deux. Très bien, c'est juste une chance, une malchance !"

Sous ces mots, sa retenue disparut et sa rage éclata brièvement. Mais il était évident que l'astuce de Blenham était toujours en lui. Il reprit presque calmement :

"Vous et lui pouvez dire deux mots ensemble. Alors revenez ici et donnez-moi vos promesses, tous les deux, de me laisser partir. Ensuite, je la laisserai partir. Sinon, je suis comme mort - un " Elle aussi. Je vais lui mettre un pistolet sur la tempe, ce dernier truc, et lui faire sauter la cervelle. Et, en plus, j'en prendrai un ou deux d'entre vous avant que vous ne me laissiez tomber. "

Dans leur pourparler, l'interrompant, les yeux flamboyants, le visage brûlant de colère, monta le vieil homme Packard.

"Stephen," dit-il sévèrement, les yeux fixés sur le visage de son petit-fils, "dis-moi et dis-moi la pure vérité, alors Dieu t'aide : as-tu loué ce pâturage à Andy Sprague, pensant qu'il en était propriétaire ?"

Même s'il se demandait, Steve répondit brièvement, qu'il fallait en finir avec cela pour pouvoir à nouveau se tourner vers Blenham...

"Oui."

"Et les garçons disent que vous avez perdu du stock et que vous me le reprochez ? Et que vous avez fait empoisonner votre stock et qu'on vous a tiré dessus ? Et ils me l'ont blâmé ?"

"Oui," dit Steve.

"Moi aussi", dit lourdement le vieil homme. "Et je vous l'ai toujours blâmé. Et je n'ai jamais vendu à Andy Sprague. Lui et Blenham — Blenham nous a joués sur les deux tableaux, il a volé assez de vaches les uns aux autres..."

Sa voix était emportée par le rugissement de rage qui lui avait valu son surnom de vieux lion des montagnes du nord. Il est venu enjambant le corps du pauvre Barbee, poussé par Steve, dominant la porte de la grotte.

"Retiens-toi," ordonna Steve d'un ton bizarre. "Il est là-dedans. Mais il s'en prend à nous. Nous devons promettre de le laisser partir !"

"Laisse le partir!" cria le vieil homme, sa grande corpulence semblant en fait frémir de rage. "Après tout ce qu'il a fait, laissez-le partir ? Par le Seigneur, Stephen Packard, si vous êtes ce genre d'homme———"

"Elle est là avec lui," dit lourdement Steve. "Terry est là-dedans. Tu ne vois pas ?"

"Terry ? Cette fille du Temple ? Qu'avons-nous à faire———"

"En premier lieu," s'écria sèchement Steve, "c'est une fille et lui une brute. En deuxième lieu, elle est la prochaine Mme Packard et je ne laisserai pas Blenham la tripoter !"

Son grand-père le regardait longuement et attentivement. Puis il se détourna et cria d'un ton impérieux :

"Blenham, sors de ça !"

Blenham se moqua de lui.

"Et être abattu comme un chien ? Il y a une fille ici, Packard. Le jeune Packard s'en est pris à elle ; il veut l'épouser. Et à moins que vous et lui ne donniez votre parole de me laisser partir, j'y vais. pour lui braquer un pistolet sur la tempe et lui faire sauter la cervelle. Et je l'attraperai en sortant ; et je t'attraperai.

"Laisse le partir!" » appela Terry faiblement. "Laisse-le partir, Steve ! Oh, mon Dieu, si tu m'aimes..."

« Sortez, Blenham ! » cria Steve. "Je te donne ma parole, alors aide-moi, mon Dieu, à te laisser partir indemne. Sortez !"

"Pas si vite", se moqua Blenham, s'attardant sur sa carte haute. "Vous devez promettre pour vos hommes ; vous devez les envoyer à travers la vallée. Vous devez avoir un cheval à portée de main pour que je puisse le monter. Vous devez vous-même descendre la vallée en arrière. Un vieux Packard doit faire de même."

Le vieux Packard hurlait ses injures, mais à la fin, ne voyant rien d'autre à faire, il dévala la pente rocheuse en grommelant, retournant à son cheval et à ses hommes. Mais il avait peut-être d'abord connu l'humiliation suprême de sa vie. Il avait dit:

"Blenham, sur ma parole d'honneur en tant que Packard et gentleman,
je te laisserai partir. Et j'obligerai mes hommes à te laisser partir."

Et il y avait en fait des larmes qui pendaient à ses cils alors qu'il se
remettait en selle.

« Il ne t'a pas fait de mal, Terry ? » demanda Steve avant que lui aussi
ne descende la pente.

"Non," cria Terry. "Non, non ! Mais, oh, dépêche-toi, dépêche-toi,
Steve. Je sens que je vais étouffer, je vais mourir !"

Du bas de la vallée, ils regardèrent, à proximité d'une vingtaine
d'hommes aux yeux durs et remplis de colère, tandis que Blenham sortait de
la crevasse et se dirigeait vers le rebord. Ils ont vu comment il se moquait en
enjambant le corps de l'homme sur lequel il avait tiré.

"Barbee était un imbécile", a-t-il appelé. "C'est un imbécile les Packard,
vieux et jeune !"

Ils le virent descendre la pente, avec un air fanfaron de fanfaronnade,
mais manifestement vigilant et méfiant. Terry était arrivé sur le rebord et elle
aussi le regardait. Il descendit rapidement et se hissa sur la selle du cheval
qu'on lui avait laissé.

Et maintenant, ses soupçons étaient enfin dissipés. Son triomphe éclata
comme une lueur maléfique.

"J'étais prêt à partir", a-t-il appelé, "à tout moment !"

Il tendit le bras vers les collines bleues du vieux Mexique.

"Là-bas———"

Barbee, qu'on croyait mort, remua un peu là où il gisait. Le fusil sous
lui, il le poussa en avant de six pouces.

"Blenham!" » appela-t-il faiblement.

Blenham se retourna et tira, toujours à la hanche. Mais il avait tiré
précipitamment. Le fusil de Barbee, appuyé sur le rocher, était stable. Entre
son museau et la large poitrine de Blenham, il n'y avait qu'une courte distance
d'une cinquantaine de pieds. Le bruit du fusil de Barbee, la fine fumée qui
montait sous le nouveau soleil, voilà les principales affaires du monde
pendant leur petit fragment de temps.

Alors Blenham étendit les bras et se pencha en avant. Son pied s'est
coincé dans l'étrier. Le cheval effrayé plongeait, courait, traînant un homme
dont le corps était fouetté de-ci de-là.

"J'ai promis, il y a longtemps," murmura Barbee, "que je t'aurais, Blenham."

CHAPITRE XXVII

EN L'HONNEUR DE LA REINE DES FÉES !

"Gars Petit !"

La voix du vieil homme résonnait puissamment alors que le vieil homme lui-même allait et venait avec impatience dans la grande bibliothèque aux allures de grange de son ranch. Guy Little apparut avec une promptitude qui sentait soit la magie, soit l'attente préparée.

"Vous avez sonné, Votre Majesté ?"

"J'ai sonné, ton pied !" cria le vieux Packard. "J'ai crié mon vieux. Quel est le jour de la semaine, Guy Little ?"

"C'est mercredi, ton———"

"Et quel est le jour du mois ?"

"C'est le dix-neuvième, ton———"

"Alors dites-moi, monsieur," et le ton du vieil homme était colérique et provocant à un degré remarquable, "pourquoi, au nom du diable, mon petit-fils, Stephen, n'est pas encore arrivé !"

Guy Little aurait pu remarquer qu'il était plutôt tôt pour s'attendre à ce que quelqu'un se présente. Il n'était pas encore six heures du matin qui promettait d'être une des plus belles matinées jamais connues. Le vieil homme avait, comme Guy Little l'exprimait, "caracoler et piaffer" depuis une heure.

Guy Little souriait comme n'importe quel chérubin.

"Il est arrivé", rigola-t-il, même s'il avait voulu retenir la nouvelle en le taquinant. "Il est arrivé tard hier soir. Tu dormais et tu dormais, alors———"

"Il l'a fait, n'est-ce pas ?" beugla le vieil homme. "Il s'est glissé comme un putain de voleur dans la nuit, n'est-ce pas ? Eh bien, où est-il maintenant ? Il ne dort pas encore, je serai lié. Quand il devrait se lever et... Pourquoi, quand j'étais un jeune diable, son âge--"

"Il est dehors quelque part", a déclaré Guy Little. "Il est allé au cricket pour un plongeon matinal, je suppose, Votre Majesté."

"Pourquoi tu devinerais ça ?"

"Parce qu'à peu près tout ce qu'il portait était une serviette et une... une sorte de... culotte d'Immodes", expliqua Guy Little en toute confidentialité.

"Et," continua le vieil homme Packard, "où est-elle ?"

"Je veux dire la Reine des Fées, votre majesté ?" La voix de Guy Little n'était plus qu'un murmure.

"Je veux dire elle, la Reine des Fées", dit doucement le vieil homme. "Je dors, Guy Little ? Je ne veux pas qu'elle soit réveillée !"

« Réveillé, ton sourcil ! rigola Guy Little. " Je dirais qu'elle est allée se baigner aussi, Votre Majesté. Et... et entre nous deux, vieux gars, la sienne est presque aussi impudique que la sienne ! C'est un fait, et je ne le sais pas. Je me fiche de savoir de qui elle est la petite-fille. Bleue, vous savez, et pas grand-chose. Et une casquette rouge. Et... je ne voyais pas très bien à travers les rideaux et je ne leur ai pas fait savoir. "

Le vieux Packard le fixa d'un œil entendu.

"N'est-ce pas ?" il a ordonné. "N'est-ce pas, Guy Little ? Eh bien, s'il y a une chose dans ce monde qui mérite d'être connue et que ma petite-fille ne sait pas... Va commander un petit-déjeuner prêt en deux temps, Guy Little."

"Je l'ai fait", a déclaré Guy Little. "C'est déjà prêt. Les voilà. Ils ont l'air heureux, n'est-ce pas ? Comme quelques enfants."

"Et veille à ce que ces deux nouveaux chevaux de selle soient prêts juste après le petit-déjeuner, Guy Little."

"Ils sont prêts maintenant", rigola Guy Little. "Je me suis souvenu."

"Et—et elle aime———"

"Des fleurs sur la table ? Et son pamplemousse rempli de sucre ? Et le café avec du lait chaud ? Je ne sais rien de grand, Packard ?"

Steve et Terry, dégoulinants et riants, se mirent à courir alors qu'ils traversaient la prairie, aperçurent le grand homme et le petit à la fenêtre et crièrent un joyeux bonjour et Terry leur lança un baiser chacun. Et le vieux Packard, les mains sur les hanches, un regard de contentement absolu et ineffable, dit doucement :

" J'ai commis une erreur ou deux dans ma vie, Guy Little. Mais n'ai-je pas vécu assez longtemps pour commettre une erreur ici et là ? Et j'ai fait une erreur une fois ou deux sur un homme."

"Blenham vous a vraiment trompé", a suggéré Guy Little.

"Mais," poursuivit précipitamment le vieil homme, "je connais un vrai, honnête et pur-sang..."

"Fée Reine d'une femme."

"Fée reine d'une femme quand je la vois. Et cette petite chose là-bas, ses yeux brillent comme si je n'avais pas vu une paire d'yeux briller depuis plus de cinquante ans, Guy Little - eh bien, monsieur, elle est quoi. J'appelle une... Eh bien, c'est une Packard, mec !"

www.ingramcontent.com/pod-product-compliance
Lightning Source LLC
LaVergne TN
LVHW040012200726
843493LV00005B/1231